Schuldrechtliche Vereinbarungen über Kapitalbeschaffungsmaßnahmen
in GmbH und AG

Europäische Hochschulschriften
Publications Universitaires Européennes
European University Studies

Reihe II
Rechtswissenschaft

Série II Series II
Droit
Law

Bd./Vol. 4161

PETER LANG
Frankfurt am Main · Berlin · Bern · Bruxelles · New York · Oxford · Wien

Julia Winneke

Schuldrechtliche Vereinbarungen über Kapitalbeschaffungsmaßnahmen in GmbH und AG

PETER LANG
Europäischer Verlag der Wissenschaften

Bibliografische Information Der Deutschen Bibliothek
Die Deutsche Bibliothek verzeichnet diese Publikation in der Deutschen Nationalbibliografie; detaillierte bibliografische Daten sind im Internet über <http://dnb.ddb.de> abrufbar.

Zugl.: Hamburg, Univ., Diss., 2004

D 18
ISSN 0531-7312
ISBN 3-631-53704-2

www.peterlang.de

Meinen Eltern

Vorwort

Die vorliegende Arbeit wurde im Wintersemester 2003/2004 von der Rechtswissenschaftlichen Fakultät der Universität Hamburg als Dissertation angenommen. Rechtsprechung und Literatur wurden bis zum 31. Dezember 2004 berücksichtigt.

Mein aufrichtiger Dank gilt meinem Doktorvater, Herrn Professor *Dr. Heribert Hirte*. Er hat die Entwicklung der Arbeit mit großem Interesse verfolgt und mit wertvollen Anregungen unterstützt.

Herrn Professor *Dr. Reinhard Bork* danke ich für die rasche Erstellung des Zweitvotums.

Bei der FAZIT-*Stiftung* möchte ich mich für die großzügige Gewährung eines Promotionsstipendiums bedanken.

Weiterhin danke ich ganz herzlich *Dr. Verena Königer* und *Arthur Steinmann* für die sorgfältige Durchsicht der Arbeit und die freundschaftliche und verständnisvolle Unterstützung während der gesamten Dauer der Promotion. Ebenso bedanke ich mich bei meinen Geschwistern für die aufmunternden Gespräche in jener Zeit.

Mein besonderer Dank gilt schließlich meinen Eltern für ihre großzügige Unterstützung und stetige Motivation, die maßgeblich zum Gelingen der Dissertation beigetragen haben. In Liebe und Dankbarkeit widme ich ihnen dieses Buch.

Hamburg, im Frühjahr 2005 | Julia Winneke

Inhaltsverzeichnis

Abkürzungsverzeichnis

a. A.	andere Ansicht
a. E.	am Ende
a. F.	alte Fassung
Abs.	Absatz
AG	Aktiengesellschaft; Die Aktiengesellschaft (Zeitschrift)
AktG	Aktiengesetz vom 06.09.1965 (BGBl. I S. 1089)
Alt.	Alternative
Anh.	Anhang
Anm.	Anmerkung
Aufl.	Auflage
Az.	Aktenzeichen
BayObLG	Bayerisches Oberstes Landesgericht
BB	Der Betriebs-Berater (Zeitschrift)
Bd.	Band
Bearb./bearb.	Bearbeiter/bearbeitet
Begr.	Begründer
BeurkG	Beurkundungsgesetz vom 28.08.1969 (BGBl. I S. 1513)
BGB	Bürgerliches Gesetzbuch in der Fassung der Bekanntmachung vom 02.01.2002 (BGBl. I S. 42, 45)
BGBl.	Bundesgesetzblatt
BGH	Bundesgerichtshof
BGHZ	Entscheidungen des Bundesgerichtshofs in Zivilsachen
BKR	Zeitschrift für Bank- und Kapitalmarktrecht
BT-Drucks.	Bundestags-Drucksache
BuB	Bankrecht und Bankpraxis
CH	Schweiz
DB	Der Betrieb (Zeitschrift)
ders.	Derselbe
Diss.	Dissertation
DJZ	Deutsche Juristen-Zeitung
DStR	Deutsches Steuerrecht (Zeitschrift)
DZWir	Deutsche Zeitschrift für Wirtschaftsrecht
Einf.	Einführung
EuGH	Europäischer Gerichtshof

EWiR	Entscheidungen zum Wirtschaftsrecht
f./ff.	folgende Seite/folgende Seiten
FAZ	Frankfurter Allgemeine Zeitung
FGG	Gesetz über die Angelegenheiten der freiwilligen Gerichtsbarkeit vom 17. Mai 1898 (RGBl. S. 189) in der Fassung der Bekanntmachung vom 20.05.1898 (RGBl. S. 771)
Fn.	Fußnote
FS	Festschrift
GenG	Gesetz betreffend die Erwerbs- und Wirtschaftsgenossenschaften in der Fassung der Bekanntmachung vom 19.08.1994 (BGBl. I S. 2202)
ggf.	gegebenenfalls
GmbH	Gesellschaft mit beschränkter Haftung
GmbHG	Gesetz betreffend die Gesellschaften mit beschränkter Haftung vom 20.04.1892 (RGBl. S. 477) in der Fassung der Bekanntmachung vom 20.05.1898 (RGBl. S. 846)
GmbHR	GmbHRundschau
Halbbd.	Halbband
HansOLG	Hanseatisches Oberlandesgericht
HGB	Handelsgesetzbuch vom 10.05.1897 (RGBl. S. 219)
Hrsg.	Herausgeber
Hs.	Halbsatz
i. E.	im Ergebnis
i. S. d.	im Sinne der
InsO	Insolvenzordnung vom 05.10.1994 (BGBl. I S. 2866)
JW	Juristische Wochenschrift
JZ	Juristenzeitung
KapErhG	Gesetz über die Kapitalerhöhung aus Gesellschaftsmitteln und über die Verschmelzung von Gesellschaften mit beschränkter Haftung vom 23.12.1959 (BGBl. I S. 789)
KG	Kammergericht; Kommanditgesellschaft
LG	Landgericht
lit.	Littera
LM	Lindenmaier-Möhring, Nachschlagewerk des Bundesgerichtshofs
LZ	Leipziger Zeitschrift für Deutsches Recht
m.	mit
m. w. N.	mit weiteren Nachweisen
MitbestG	Gesetz über die Mitbestimmung der Arbeitnehmer (Mitbestimmungsgesetz) vom 04.05.1976 (BGBl. I S. 1153)

MM	manager-magazin
n. F.	neue Fassung
NJW	Neue Juristische Wochenschrift
NJW-RR	Neue Juristische Wochenschrift-Rechtsprechungsreport
Nr.	Nummer
NZG	Neue Zeitschrift für Gesellschaftsrecht
o. V.	ohne Verfasser
OLG	Oberlandesgericht
OLGRspr	Die Rechtsprechung der Oberlandesgerichte auf dem Gebiete des Zivilrechts
RG	Reichsgericht
RGBl.	Reichsgesetzblatt
RGZ	Entscheidungen des Reichsgerichts in Zivilsachen
rkr.	rechtskräftig
Rz.	Randzeichen
s./S.	siehe/Seite
SMG	Gesetz zur Modernisierung des Schuldrechts vom 26.11.2001 (BGBl. I S. 45)
sog.	sogenannt
StückAG	Gesetz über die Zulassung von Stückaktien (Stückaktiengesetz) vom 25.03.1998 (BGBl. I S. 590)
TransPuG	Gesetz zur weiteren Reform des Aktien- und Bilanzrechts, zu Transparenz und Publizität (Transparenz- und Publizitätsgesetz) vom 19.07.2002 (BGBl. I 2681)
u. a.	und andere/unter anderem
UmwG	Umwandlungsgesetz vom 28.10.1994 (BGBl. I S. 3210)
Univ.	Universität
v.	vom/vor
vgl.	vergleiche
Vorb.	Vorbemerkung
WM	Wertpapier-Mitteilungen. Zeitschrift für Wirtschafts- und Bankrecht
WpHG	Gesetz über den Wertpapierhandel (Wertpapierhandelsgesetz) in der Fassung der Bekanntmachung vom 09.09.1998 (BGBl. I S. 2708)
WpÜG	Gesetz zur Regelung von öffentlichen Angeboten zum Erwerb von Wertpapieren und von Unternehmensübernahmen (Wertpapiererwerbs- und Übernahmegesetz) vom 20.12.2001 (BGBl. I 3822)
z. B.	zum Beispiel

ZGR	Zeitschrift für Unternehmens- und Gesellschaftsrecht
ZHR	Zeitschrift für das gesamte Handels- und Wirtschaftsrecht
Ziff.	Ziffer
ZIP	Zeitschrift für Wirtschaftsrecht
zit.	zitiert
ZPO	Zivilprozeßordnung in der Fassung vom 12.09.1950 (BGBl. S. 533)
ZPO-RG	Gesetz zur Reform des Zivilprozesses vom 27.07.2001 (BGBl. I S. 1887)

§ 1 Einleitung

Kapitalgesellschaften müssen, um im Rechts- und Geschäftsverkehr auftreten zu können, ein bestimmtes Garantiekapital aufbringen. Dieses Garantiekapital dient den Gläubigern als Haftkapital. Bei der AG wird das Garantiekapital als Grundkapital bezeichnet und muss gemäß § 7 AktG mindestens € 50.000 betragen. In der GmbH trägt es die Bezeichnung Stammkapital. § 5 Abs. 1 GmbHG schreibt für das Stammkapital eine Mindesthöhe des Stammkapitals € 25.000 vor. Die Angabe der Höhe des Grund- bzw. Stammkapitals ist notwendiger Bestandteil der Satzung und des Gesellschaftsvertrages[1]. Die Veränderung des Garantiekapitals nach oben erfolgt durch Kapitalerhöhung. Die Kapitalerhöhung stellt eine Satzungsänderung dar, weil notwendig in der Satzung enthaltene Bestandteile, wie das Grund- und Stammkapital, nur im Wege des gesetzlich vorgesehenen Satzungsänderungsverfahrens geändert werden können. AktG und GmbHG regeln unterschiedliche Formen der Kapitalerhöhung, die zusammengefasst als Kapitalbeschaffungsmaßnahmen bezeichnet werden.

Kapitalbeschaffungsmaßnahmen erfordern wegen ihres satzungsändernden Charakters die Einhaltung eines streng formalisierten und dadurch zeitaufwändigen Verfahrens. Dieses birgt wegen einer Vielzahl von zwingenden gesetzlichen oder durch die Rechtsprechung festgelegten Vorgaben Gefahrenquellen, die z. B. die Eintragung der Kapitalerhöhung im Handelsregister verzögern oder die Nichtigkeit des Kapitalerhöhungsbeschlusses bedeuten können. Ebenso kann die Gesellschaft mit der Schwierigkeit konfrontiert sein, die neuen Anteile zu platzieren. Der Markt kann negativ auf den publizitätspflichtigen Kapitalerhöhungsbeschluss reagieren, weil ein solcher Beschluss Rückschlüsse auf die wirtschaftlichen Aktivitäten der Gesellschaft und deren finanzielle Situation zulassen kann. Schließlich entstehen durch die Verzögerung oder das Scheitern der Kapitalerhöhung er-

1 Die Funktionsähnlichkeit von Gesellschaftsvertrag und Satzung als Organisationsvertrag der Gesellschaft erlaubt es daher, in dieser Untersuchung den Begriff der Satzung einheitlich zu verwenden, soweit sich die Ausführungen auf Satzung und Gesellschaftsvertrag beziehen. Diese terminologische Vereinheitlichung ist allgemein anerkannt, vgl. nur *Fleck*, ZGR 1988, 104 (111); Hachenburg/*Ulmer*, Großkommentar GmbHG, § 2 Rz. 5; Scholz/*Priester*, GmbHG, § 53 Rz. 4. Soweit im Folgenden bei den rechtsformübergreifenden Ausführungen von Gesellschaftern die Rede ist, sind damit sowohl GmbH-Gesellschafter als auch Aktionäre gemeint.

hebliche Kosten für die Gesellschaft. Möglicherweise verschlechtert sich auch ihre Marktposition.

Daher haben sowohl die Gesellschaft als auch ihre Gesellschafter und mögliche Investoren, ein, wenn auch möglicherweise unterschiedlich motiviertes Interesse daran, diese Gefahren, so gering wie möglich zu halten und Maßnahmen zu unternehmen, die eine zügige und fehlerfreie Durchführung der Kapitalerhöhung ermöglichen. Ein in der Kautelarpraxis dafür häufig gewählter Weg ist die Regelung vorbereitender Maßnahmen in sog. schuldrechtlichen Vereinbarungen über Kapitalbeschaffungsmaßnahmen. Sie beinhalten nicht den Kapitalerhöhungsbeschluss selbst, da das Kapitalerhöhungsverfahren zwingend innerverbandlicher, gesellschaftsrechtlicher Natur ist. Daher kann das im Gesetz vorgesehene Verfahren nicht durch entsprechende schuldrechtliche, außerhalb der verbandlichen Ordnung stehender Vereinbarungen ersetzt werden. Vielmehr begründen die Vereinbarungen die schuldrechtliche Verpflichtung, die für die Erhöhung des Grund- bzw. Stammkapitals zwingend erforderlichen inner-gesellschaftsrechtlichen Maßnahmen zu beschließen, an der Kapitalerhöhung durch Übernahme eines Geschäftsanteils teilzunehmen oder den Gesellschaftern die Zuteilung eines Anteils zuzusichern.

Die Vereinbarungen sind schuldrechtlicher, nicht gesellschaftsrechtlicher Natur. Sie verpflichten die an ihnen beteiligten Parteien als Vertragspartner eines schuldrechtlichen, außerhalb des korporativen Verbandes stehenden Vertrages und nicht in ihrer organschaftlichen Funktion innerhalb der Gesellschaft. Soweit sich Gesellschafter in der Abrede verpflichten, bedeutet dies also, dass die Verpflichtung unabhängig von ihrer Beteiligung an der Gesellschaft ist. Daher gilt die Verpflichtung auch nur zwischen den an ihr beteiligten Parteien, zukünftige Gesellschafter werden bei Anteilserwerb grundsätzlich nicht Partei dieser Verpflichtung. Diese Vereinbarungen sind nicht materieller Satzungsbestandteil, so dass für ihre Festlegung nicht das förmliche Satzungsänderungsverfahren gilt. Sie sind grundsätzlich formfrei wirksam. Weiterhin müssen sie nicht im Handelsregister geführt werden. Sie unterliegen keiner Publizitätspflicht. So können Vorkehrungen in Bezug auf eine Kapitalerhöhung getroffen werden, ohne dass die Öffentlichkeit davon erfährt.

Wenn jedoch die Durchführung einer Kapitalerhöhung, nicht zuletzt zum Schutz der Gläubiger, denen das Grund- und Stammkapital der Gesellschaft als Haftsumme dient, einem gesetzlich vorgeschriebenen Verfahren zu folgen hat, stellt sich die Frage, ob und in welchem Umfang Vereinbarungen, welche die Kapitalerhöhung beeinflussen, außerhalb der Satzung getroffen werden dürfen. Mit dieser Frage beschäftigt sich vorliegende Untersuchung. Neben einer Analyse der rechtlichen und inhaltlichen Ausgestaltung solcher Vereinbarungen geht es auch darum, die Vereinbarkeit dieser Abreden mit zwingenden Grundsätzen des

Aktien- und GmbH-Rechts zu untersuchen. Zu solchen zwingenden Grundsätzen gehört die Formbedürftigkeit von Kapitalerhöhungsbeschlüssen, die kompetenzrechtliche Zuständigkeit für die Durchführung von Kapitalerhöhungen, das Bezugsrecht der Gesellschafter, aber auch die ebenfalls bestehende Freiheit der Gesellschafter, eine Kapitalerhöhung nicht zu beschließen oder keine Anteile zu übernehmen.

Bezüglich des möglichen Inhalts schuldrechtlicher Vereinbarungen über Kapitalbeschaffungsmaßnahmen konzentriert sich diese Arbeit auf vier relevante Inhalte: Kapitalerhöhungsverpflichtungen seitens der Gesellschafter und der Gesellschaft, Übernahmeverpflichtungen der Gesellschafter oder Investoren, Zusicherungen einer Anteilsgewährung durch die Gesellschaft und Verpflichtungen zu Mehrleistungen anlässlich einer Kapitalerhöhung seitens der Übernehmer. Diese Einteilung orientiert sich aus Darstellungsgründen an dem Ablauf einer Kapitalerhöhung, der grundsätzlich zwei Phasen kennt: die Beschlussfassung über die Kapitalerhöhung und ihre Durchführung. Eckpunkte der Durchführung bilden die Zulassung, die Übernahme und die anschließende Eintragung[2].

Die vorstehend genannten vier Verpflichtungsinhalte werden auf ihre spezifische Zulässigkeit, ihre Formbedürftigkeit, ihre Reichweite und auf Rechtsfolgen bei einem Verstoß gegen die Vereinbarung untersucht. Im Rahmen dessen erfolgt auch die Analyse rechtsformspezifischer Besonderheiten, wie etwa die Abgrenzung schuldrechtlicher Verpflichtungen anlässlich von Kapitalbeschaffungsmaßnahmen von entsprechenden korporativen Leistungspflichten in Form von Nebenleistungen oder Nachschusspflichten, wie sie das GmbHG vorsieht oder die Verpflichtungsinhalte von Vereinbarungen im Zusammenhang mit der Einräumung eines mittelbaren Bezugsrechts nach § 186 Abs. 5 AktG.

Die Arbeit behandelt ausschließlich Vereinbarungen im Zusammenhang mit Kapitalbeschaffungsmaßnahmen, die auf eine Erhöhung des Grund- bzw. Stammkapitals von außen abzielen. Maßnahmen der sog. Außenfinanzierung zeichnen sich dadurch aus, dass durch sie der Gesellschaft frisches Eigenkapital durch die Gesellschafter zugeführt wird. Das geschieht in GmbH und AG im Wege der ordentlichen Kapitalerhöhung bzw. der Kapitalerhöhung gegen Einlagen, in der AG darüber hinaus auch durch Schaffung sog. genehmigten oder bedingten Kapitals. Im Unterschied dazu werden bei der Kapitalerhöhung im Wege der Innenfinan-

---

2 Zwar ist die Zweiteilung des Kapitalerhöhungsverfahrens im GmbHG nicht so deutlich angelegt wie im AktG, weil § 55 GmbHG sowohl den Beschluss als auch die Übernahme regelt, während dies im AktG in unterschiedlichen Normen enthalten ist. Es ist aber dennoch auch für das GmbH-Recht anerkannt, dass Zulassung und Übernahme der Durchführung der Erhöhung dienen, vgl. nur Hachenburg/*Ulmer*, Großkommentar GmbHG, § 55 Rz. 1; zu kurz greift daher die Ausführung von *Schäfer/Stephan*, VC Verträge, 2003, Rz. 639, dass nur das AktG die Zweiteilung kenne.

zierung keine Mittel von außen zugeführt, vielmehr resultiert die Finanzierung aus dem betrieblichen Umsatzprozess[3]. Entsprechende Kapitalbeschaffungsmaßnahme ist die Kapitalerhöhung aus Gesellschaftsmitteln, auch nominelle Kapitalerhöhung genannt, welche die §§ 207 ff. AktG und §§ 57 c ff. GmbHG regeln.

Die Untersuchung beschränkt sich auf Kapitalbeschaffungsmaßnahmen im Wege der Außenfinanzierung, weil hier die Gesellschafter die Finanzierung der Gesellschaft in weitaus größerem Umfang selbst steuern können, als dies bei der Innenfinanzierung der Fall ist und daher schuldrechtliche Vereinbarungen eine bedeutendere Rolle spielen. Auch Vereinbarungen im Zusammenhang mit Kapitalherabsetzungen werden ausgeblendet, weil hier das Gesetz bereits in den §§ 229 ff. AktG und §§ 58 a ff. GmbHG ein vereinfachtes Verfahren vorsieht, so dass schuldrechtliche Vereinbarungen in diesem Bereich nicht die gleiche Bedeutung haben wie bei Kapitalbeschaffungsmaßnahmen[4].

Allen Kapitalbeschaffungsmaßnahmen ist gemein, dass sie auf eine Veränderung des Eigenkapitals abzielen. Daher werden keine Vereinbarungen behandelt, die auf eine Erhöhung des Fremdkapitals der Gesellschaft abzielen. Zwar kann es in den Bereichen der sog. eigenkapitalersetzenden Gesellschafterleistungen und der sog. Finanzplankredite zu Abgrenzungsfragen zwischen schuldrechtlicher oder korporativer Wirkung solcher Leistungspflichten kommen, weil diesem Fremdkapital eigenkapitalgleiche Wirkung zukommen kann. Sie gehören aber dennoch nicht zum Untersuchungsbereich dieser Arbeit, weil es sich bei ihnen nicht um eine Finanzierung durch Kapitalerhöhungen handelt.

Bezüglich der untersuchten Gesellschaftsformen behandelt die Arbeit nur die Verwendung von Abreden in AG und GmbH. In dogmatischer Hinsicht lässt sich dies damit begründen, dass bei diesen beiden Gesellschaftsformen besondere Form- und Publizitätsvorschriften bestehen und deswegen davon abweichende schuldrechtliche Vereinbarungen besondere Beachtung verdienen[5]. In rechtspraktischer Hinsicht ergibt sich dies aus der Tatsache, dass gerade wegen der besonderen Form- und Publizitätsvorschriften bei GmbH und AG besonders häufig auf die in vielerlei Hinsicht flexibleren schuldrechtlichen Vereinbarungen zurückgegriffen wird[6].

---

3 *Perridon/Steiner*, Finanzwirtschaft, S. 345; *Schmidt*, GesR, § 18 II.3. S. 522; *Wöhe/Bilstein*, Unternehmensfinanzierung, S. 14.

4 Zu den Rechtsfragen im Zusammenhang mit § 58 a ff. GmbHG s. ausführlich *Hirte* in Kölner Schrift zur InsO, 2000, 1253 (insbes. S. 1260 ff. Rz. 17 ff.).

5 Diesen Gedanken entwickelt *Noack*, Gesellschaftervereinbarungen, 1994, S. 6.

6 Vgl. die Untersuchung von *Baumann/Reiss*, ZGR 1989, 157-215, die sich von vornherein und ohne nähere Begründung auf die Analyse von Abreden in AG und GmbH beschränkt und *Joussen*, Gesellschafterabsprachen, 1995, S. 2, der, ebenfalls ohne Begründung, den Anwendungsbereich schuldrechtlicher Verträge bei Genossen-

Die praktische Bedeutung schuldrechtlicher Vereinbarungen über Kapitalbeschaffungsmaßnahmen ist hoch. Sie spielen eine wichtige Rolle im Bereich der Risikofinanzierung, auch Venture-Capital-Finanzierung genannt. Im Rahmen von Venture-Capital-Maßnahmen können sich Investoren in sog. Beteiligungsverträgen zur Übernahme eines im Rahmen einer noch durchzuführenden Kapitalerhöhung zu schaffenden Geschäftsanteils verpflichten. Die Beteiligungsverträge können auf seiten der Gesellschaft und/oder der Gesellschafter die Verpflichtung enthalten, eine Kapitalerhöhung zu beschließen bzw. auf eine solche Beschlussfassung hinzuwirken. Auch sog. Grundvereinbarungen zur Schaffung eines Joint-Ventures enthalten entsprechende Verpflichtungen. Ebenfalls bilden sie häufig einen Bestandteil in sog. business combination agreements, die auf Deutsch auch als Rahmenvereinbarungen bezeichnet werden. Solche fassen die beteiligten Gesellschaften, um die für einen Zusammenschluss notwendigen gesellschaftsrechtlichen Schritte vorzubereiten[7]. Schließlich finden sich schuldrechtliche Vereinbarungen auch häufig in sog. Konsortial- oder Gesellschaftervereinbarungen, die die Gesellschafter mit Blick auf die Regelung der Gesellschaftsverhältnisse untereinander treffen.

Vorstehende Aufzählung ist nur beispielhaft. Es gibt darüber hinaus eine Vielzahl von Vertragsformen, die Verpflichtungen im Zusammenhang mit Kapitalbeschaffungsmaßnahmen enthalten. Hier zeigen sich gerade auch drei Hürden, die diese Untersuchung in rechtspraktischer Sicht zu nehmen hat. Erstens ist es angesichts der Vielzahl der Vereinbarungstypen und der in ihnen neben den Vereinbarungen im Zusammenhang mit Kapitalbeschaffungsmaßnahmen enthaltenen sonstigen Regelungen nicht sinnvoll, einzelne Vertragstypen zu untersuchen und zu vergleichen. Zweitens auferlegen solche Verträge gerade wegen ihrer fehlenden Publizitätspflicht den beteiligten Parteien strenge, teilweise mit Vertragsstra-

---

schaften und Vereinen aus seiner Untersuchung ausschließt; zu Nebenleistungspflichten in Genossenschaften *Janke*, Nebenleistungspflichten GmbH, 1996, S. 54 f.; *Kulms*, Schuldrechtliche Organisationsverträge, 2000, S. 222 ff.; *Kamga Wafo*, Finanzverfassung Genossenschaft, 1999, S. 126 f. über Ansatzpunkte zur Verbesserung der genossenschaftlichen Kapitalversorgung.

7 In den der Verfasserin zur Verfügung gestellten business combination agreements war in der Präambel die Absicht der Parteien niedergelegt, ihre Geschäfte zu einer Gesellschaft zusammenzuschließen, was bei den englischsprachigen Verträgen häufig mit der Formulierung „combine their businesses among equals" umschrieben wird; als Beispiel für ein öffentlich bekannt gewordenes business combination agreements vgl. die Ausführungen bei *Horn* in FS Lutter, 2000, 1113 (1113, 1119) und Kölner Kommentar WpÜG/*v. Bülow*, § 30 Rz. 126 Fn. 133 über die Vereinbarung zwischen Rhône-Poulenc S. A. und Hoechst AG vom 20.05.1999.

fen versehene Geheimhaltungsverpflichtungen[8]. Drittens gibt es wenig Rechtsprechung zu dem Bereich. Der Grund dafür ist, dass die Staatsgerichte zur Lösung solcher Rechtsfragen eher selten angerufen werden, weil die Verträge häufig Schiedsklauseln enthalten, die festlegen, dass bei Streifragen allein ein Schiedsgericht anzurufen sei[9]. Schiedsurteile sind jedoch der Öffentlichkeit regelmäßig nicht zugänglich. Aus diesen Gründen bleibt allein der Weg, sich auf die Darstellung von Verpflichtungen über Kapitalbeschaffungsmaßnahmen, losgelöst von der jeweiligen Vertragskonstruktion, zu beschränken. Auch wegen der dargestellten Verschwiegenheitspflicht erfolgt die Darstellung nur in typisierter Form.

Die Gestaltungsmöglichkeiten und -grenzen von schuldrechtlichen Vereinbarungen im Kapitalgesellschaftsrecht waren insbesondere in den letzten zehn Jahren wiederholt Gegenstand wissenschaftlicher Analyse[10]. Untersuchungsgegenstand waren jeweils sog. Gesellschaftervereinbarungen. Darunter versteht man Abreden, die die Gesellschafter untereinander außerhalb der Satzung treffen. Beteiligte Parteien sind also nur die Gesellschafter, nicht aber die Gesellschaft oder Dritte. Vereinbarungen zugunsten der Gesellschaft und Dritten wurden allenfalls am Rande behandelt[11]. Vorliegende Untersuchung beschäftigt sich im Gegensatz dazu neben den Gesellschaftervereinbarungen auch mit Abreden, an denen die

---

8 Auch die Verfasserin musste sich bei der Analyse der ihr von Anwaltssozietäten zur Verfügung gestellten zahlreichen Verträge solchen Geheimhaltungsverpflichtungen unterwerfen, ohne die ihr eine Einsichtnahme in die Akten nicht erlaubt worden wäre. Auch aus diesem Grund können Vertragsbeispiele nicht in Gänze vorgestellt werden. Vergleichbaren Schwierigkeiten begegneten auch die Verfasser anderer Untersuchungen zu diesem Bereich, vgl. nur *Blaurock*, Unterbeteiligungen, 1981, S. 16; *Joussen*, Gesellschafterabsprachen, 1995, S. 3 Fn. 7; *Lutter*, Letter of Intent, S. VII; *Noack*, Gesellschaftervereinbarungen, 1994, S. 8 f.

9 Eine in der Praxis häufig vereinbarte Schiedsklausel sieht etwa vor, dass alle Streitigkeiten, die sich aus der gegenwärtigen Vereinbarung ergeben, nach der Schiedsgerichtsordnung der Deutschen Institution für Schiedsgerichtsbarkeit e. V. (DIS) unter Ausschluss des ordentlichen Rechtswegs endgültig entschieden werden; Muster einer DIS Standardschiedsklausel bei MünchVertragshdb/*Schütze*, Bd. 4/III, Formular II.3; vgl. auch das Musterbeispiel einer Schiedsklausel in einer Absichtserklärung bei *Lutter*, Letter of Intent, S. 197 mit allgemeinen Ausführungen auf S. 157 ff.; näher zu Absichtserklärungen unter § 2III.2.d).

10 *Dürr*, Nebenabreden, 1994; *Joussen*, Gesellschafterabsprachen, 1995; *Köhler*, Nebenabreden, 1992; *König*, Nebenvertrag, 1996; *Noack*, Gesellschaftervereinbarungen, 1994; *Ripka*, Poolverträge, 2000; *Weber, W.*, Side letter, 1996.

11 So z. B. *Dürr*, Nebenabreden, 1994, S. 65 ff., 76 ff; *Berger*, Nebenverträge, Münster Univ. Diss. 1995, S. 77 ff.; *Köhler*, Nebenabreden, 1992, S. 14, 21; den Einfluss Dritter auf die Gesellschaft über Stimmbindung behandeln dagegen *Herfs*, Einwirkungen Dritter, 1994, S. 317 ff. und *Weber, Ch.*, Privatautonomie, 2000, S. 338 ff., jeweils aber nicht unter Berücksichtigung sonstiger schuldrechtlicher Vereinbarungen.

Gesellschaft und/oder Dritte beteiligt sind. Diese Konstellation ist gerade im Bereich der bereits erwähnten business combination agreements oder der Beteiligungsverträge zu finden.

Die Arbeit gliedert sich in vier Kapitel. Im Anschluss an die Einleitung geht es in § 2 darum, schuldrechtliche Vereinbarungen über Kapitalbeschaffungsmaßnahmen in das System der schuldrechtlichen Vereinbarungen einerseits und in die gesetzliche und spezielle gesellschaftsrechtliche Ordnung andererseits einzuordnen. § 3 beschäftigt sich mit der Verwendung schuldrechtlicher Vereinbarungen über Kapitalbeschaffungsmaßnahmen in der GmbH, wobei Inhalt, Form und Rechtsfolgen besonders berücksichtigt werden. § 4 unternimmt das Gleiche für solche Vereinbarungen in der AG. Eine Zusammenfassung der Untersuchungsergebnisse in Thesen erfolgt in § 5.

§ 2 Einordnung der schuldrechtlichen Vereinbarungen über Kapitalbeschaffungsmaßnahmen in die gesetzliche Ordnung

Dieses Kapitel dient der allgemeinen Orientierung. Es beginnt mit einigen Definitionen, erörtert dann den gesetzlichen Rahmen, der die Zulässigkeit schuldrechtlicher Vereinbarungen im Kapitalgesellschaftsrecht im Allgemeinen und über Kapitalbeschaffungsmaßnahmen im Besonderen bestimmt, und beschäftigt sich nach einer Skizzierung der Besonderheiten schuldrechtlicher Vereinbarungen gegenüber korporativen Regelungen mit der Darstellung des möglichen Inhalts schuldrechtlicher Vereinbarungen über Kapitalbeschaffungsmaßnahmen.

I. Terminologie

Gewisse terminologische Festlegungen sind erforderlich, um für diese Untersuchung eine begriffliche Ordnung zu schaffen, die angesichts der im Untersuchungsbereich der Nebenabreden herrschenden begrifflichen Vielfalt erforderlich ist.

1. Schuldrechtliche Vereinbarungen im gesellschaftsrechtlichen Sinn

Schuldrechtliche Vereinbarungen im Verständnis dieser Untersuchung sind alle Abreden, die die Rechtsverhältnisse in oder zu der Gesellschaft auf schuldrechtlicher Ebene regeln. Sie gelten nur zwischen den an ihnen beteiligten Parteien. Es wird noch keine Eingrenzung hinsichtlich der beteiligten Parteien getroffen[1]. Umfasst sind Vereinbarungen unter Gesellschaftern, zwischen Gesellschaftern und ihrer Gesellschaft, zwischen Gesellschaftern und Dritten sowie zwischen der Gesellschaft und Dritten.

---

1 So auch die Terminologie und das Verständnis bei Großkommentar AktG/*Henze*, § 54 Rz. 53; *Hüffer*, AktG, § 54 Rz. 7.

2. *Korporative und nichtkorporative Satzungsbestandteile*

Den Gegenbegriff zu schuldrechtlichen Vereinbarungen bilden korporative Satzungsbestandteile, auch als statutarische Satzungsbestandteile bezeichnet[2]. Sie regeln ausschließlich das Verhältnis zwischen den Gesellschaftern und der Gesellschaft. Korporative Regelungen haben ihren Rechtsgrund nicht in einer schuldrechtlichen Vereinbarung, sondern in der Satzung. Sie berechtigen und verpflichten alle vorhandenen und zukünftigen Gesellschafter, da sie Bestandteil des Mitgliedschaftsrechts sind[3]. Die Änderung korporativer Regelungen ist nur durch satzungsändernden Beschluss möglich. Zu ihnen gehören die in §§ 3 Abs. 1 GmbHG, 23 Abs. 3, 4 AktG genannten Regelungsgegenstände, insbesondere auch gemäß §§ 3 Abs. 1 Nr. 3 GmbHG, 23 Abs. 3 Nr. 3 AktG die Höhe des Stamm- bzw. Grundkapitals.

Stellt man die Begriffe „schuldrechtlich - korporativ" gegenüber, so wird deutlich, dass dieses Begriffspaar eine andere als die im allgemeinen Zivilrecht übliche Bezugsgröße meint. Dort bildet das dingliche Rechtsgeschäft den Gegenbegriff zum schuldrechtlichen, zu dessen Erfüllung es dient. Diese Unterscheidung gilt natürlich auch im Gesellschaftsrecht. Jedoch drückt die Verwendung der Bezeichnung korporative oder statutarische Regelung gerade aus, dass Rechtsgrundlage das Statut der Gesellschaft ist. Dieses ist aber nicht ein bloß schuldrechtlicher Vertrag im Sinne eines Austauschverhältnisses nach den §§ 320 ff. BGB, sondern wegen der in ihm enthaltenden objektiven, die Gesellschaftsverfassung betreffenden Regelungen auch ein Organisationsvertrag.

Ebenfalls zu definieren ist der Begriff des nichtkorporativen Satzungsbestandteils[4]. Nichtkorporative Satzungsbestandteile bilden das Gegenstück zu korporativen Regelungen, weil sie anders als diese ihren Rechtsgrund nicht in der Satzung, sondern in einem schuldrechtlichen Vertrag haben. Sie sind formell Bestandteil der Satzung, aber nicht materiell. Nichtkorporative Satzungsbestandteile

---

2 Ebenso ist die Bezeichnung als materieller, echter oder normativer Satzungsbestandteil gebräuchlich. Diese Untersuchung verwendet jedoch vorzugsweise den Begriff des korporativen oder statutarischen Satzungsbestandteils, um den mitgliedschaftlichen Charakter der Regelung hervorzuheben.

3 Vgl. statt aller MünchKommAktG/*Bungeroth*, § 54 Rz. 41; Rowedder/*Zimmermann*, GmbHG, § 53 Rz. 7; *Weber, W.*, Side letter, 1996, S. 23.

4 Entsprechend der Begriffsvielfalt bei korporativen Satzungsbestandteilen verwendet man für nichtkorporative Satzungsbestandteile die Bezeichnung „formell" oder „unecht". Um der Einheitlichkeit willen und um den fehlenden mitgliedschaftlichen Charakter zu unterstreichen, wird hier der Verwendung des Begriffs „nichtkorporativ" der Vorzug gegeben, so auch *Priester*, DB 1979, 681 (681), allerdings mit der, ebenfalls zutreffenden Begründung, dass die Bezeichnung „nichtkorporativ" im Gegensatz zu den anderen Bezeichnungen allumfassend ist.

unterliegen hinsichtlich Entstehung, Änderung und Beendigung den Regelungen des Schuldrechts, nicht des Gesellschaftsrechts. Eine Satzungsänderung ist deswegen nicht erforderlich[5]. Dies zeigt die Ähnlichkeit von nichtkorporativen Regelungen und schuldrechtlichen Vereinbarungen im Hinblick auf Rechtsgrund und -wirkung[6]. Nichtkorporative Satzungsbestandteile sind aber auch von schuldrechtlichen Vereinbarungen zu unterscheiden. Denn nichtkorporative Regelungen werden ausschließlich in der Satzung getroffen. Sie könnten zwar auch in einer separaten Vereinbarung enthalten sein, die Gesellschafter ziehen aber aus Gründen, die in diesem Kapitel unten in Gliederungspunkt III erläutert werden, eine Aufnahme in die Satzung vor[7]. Nichtkorporative Satzungsbestandteile sind demnach schuldrechtliche Vereinbarungen in der Satzung.

3. Nebenverträge

Nebenverträge bilden eine Unterkategorie schuldrechtlicher Vereinbarungen. Es sind solche schuldrechtlichen Vereinbarungen, an denen mindestens ein Gesellschafter beteiligt ist. Gleichbedeutend ist der Begriff der Nebenabrede. Die Bezeichnung umfasst sowohl Abreden, an denen nur Gesellschafter beteiligt sind, als auch Abreden zwischen den Gesellschaftern und der Gesellschaft wie auch zwischen Gesellschaftern und Dritten[8]. In der Vergangenheit verwendeten einige Autoren den Begriff des Nebenvertrags ausschließlich für Vereinbarungen zwischen den Gesellschaftern[9]. Zur Begründung wurde angeführt, dass ein Nebenvertrag zu einem Gesellschaftsvertrag nur ein solcher sein könne, der den Gesellschaftsvertrag ergänze. Da jener aber auch nur von den Gesellschaftern geschlossen werde, könne für den Nebenvertrag nichts anderes gelten[10]. Gegen dieses formale Argument spricht, dass in materieller Hinsicht die Satzung auch durch Abreden ergänzt werden kann, an denen nicht nur Gesellschafter beteiligt sind. Diese Abreden zeichnen sich ja gerade dadurch aus, dass eine mitgliedschaftliche Pflicht, die in der Tat nur durch Gesellschafter übernommen werden könnte,

---

5 BGHZ 18, 205 (208); BayObLG BB 1980, 1442 (1442); *Hirte*, Kapitalgesellschaftsrecht, Rz. 2.54; Scholz/*Priester*, GmbHG, § 53 Rz. 17.

6 So ausdrücklich auch *Hirte*, Kapitalgesellschaftsrecht, Rz. 3.269.

7 MünchHdbGesR III/*Priester*, § 21 Rz. 2; s. dazu näher unten § 2III.2.

8 *Dürr*, Nebenabreden, 1994, S. 9; *Forstmoser* in FS Schluep, 1988, 359 (364) für Verträge, an denen mindestens ein Aktionär oder künftiger Aktionär oder an Aktien dinglich Berechtigter beteiligt ist; *König*, Nebenvertrag, 1996, S. 22.

9 *Liebmann/Saenger*, GmbHG, § 3 Anm. 12 c); *Mackenrodt*, Nebenvertragliche Abreden GmbH, Freiburg Univ. Diss. 1953, S. 8.

10 *Mackenrodt*, Nebenvertragliche Abreden GmbH, Freiburg Univ. Diss. 1953, S. 8.

durch sie nicht begründet wird und somit die Mitgliedschaft kein geeignetes Kriterium zur Bestimmung der an Nebenabreden beteiligten Personen ist.

Einige Autoren halten der Bezeichnung Nebenabrede entgegen, sie sei ungünstig, weil sie die Vorstellung erwecke, man spreche von etwas Nebensächlichem[11]. Dem ist entgegenzuhalten, dass nach dem etymologischen Verständnis dieses Präfix lediglich Auskunft gibt über das räumliche oder sachliche Verhältnis zweier Dinge zueinander, ohne damit eine Wertung zu verbinden[12]. Übertragen auf das Verhältnis von Nebenvertrag zur Satzung bedeutet dies, dass der Nebenvertrag „neben" der Satzung steht, also nicht Bestandteil der Satzung ist, aber in Beziehung zu ihr steht. Dabei stehen nicht nur solche Regelungen in Beziehung zur Satzung, die auch korporative Regelungen sein könnten. Auch nichtkorporative Regelungen können Nebenabreden sein, sofern sie das Verhalten der Gesellschafter, sei es in Bezug auf Abstimmungen oder auf Leistungspflichten, beeinflussen.

4. Gesellschaftervereinbarungen

Im Rahmen von Nebenverträgen nehmen Gesellschaftervereinbarungen einen besonderen Stellenwert ein. Gesellschaftervereinbarungen sind Nebenverträge, an denen nur Gesellschafter beteiligt sind. Übereinstimmend mit der allgemeinen Terminologie wird in dieser Untersuchung auch der Begriff Gesellschafterabrede oder -vertrag verwendet. Diese Bezeichnung gilt als Oberbegriff für Abreden sowohl zwischen GmbH-Gesellschaftern als auch zwischen Aktionären[13]. Sollte es im Einzelfall auf die Unterscheidung zwischen AktG und GmbHG ankommen, tragen Vereinbarungen unter Aktionären die Bezeichnung Aktionärsvereinbarungen.

---

11 *Noack*, Gesellschaftervereinbarungen, 1994, S. 6; *Weber, W.*, Side letter, 1996, S. 1 f.

12 Vgl. z. B. *Duden*, Das große Wörterbuch der deutschen Sprache, Stichwort: neben: „auf gleiche Weise, zusammen"; zustimmend auch *Weber, W.*, Side letter, 1996, S. 2, der jedoch den in der Kautelarpraxis auch häufig verwendeten englischen Begriff „side letter" vorzieht.

13 *Henze*, Aktienrecht, Rz. 31; *Hirte*, Kapitalgesellschaftsrecht, Rz. 3.269; *Noack*, Gesellschaftervereinbarungen, 1994, S. 6; Scholz/*Emmerich*, GmbHG, § 3 Rz. 71; *Winter*, ZHR 154 (1990), 259 (259); *Zöllner*, RWS-Forum 8, 1996, 89 (90).

II. Statutarische Gestaltungsfreiheit im GmbH- und Aktienrecht

Schuldrechtliche Vereinbarungen dienen dazu, Verpflichtungen, die die Rechtsverhältnisse in oder zu der Gesellschaft regeln, auf schuldrechtlicher Ebene zu vereinbaren. Für Verpflichtungen Dritter besteht keine andere Regelungsmöglichkeit, weil die Satzung korporative Pflichten Dritter nicht begründen kann. Der Grund dafür ist, dass der Gesellschaftsvertrag nur die Rechtsverhältnisse von Gesellschaftern und Gesellschaft regelt[14]. Denn der Gesellschaftsvertrag ist ein körperschaftlicher Organisationsvertrag, der nur die innergesellschaftlichen Rechtsbeziehungen regelt. Nun könnte man die Frage stellen, warum, sofern nicht Verpflichtungen von oder gegenüber Dritten betroffen sind, überhaupt eine Regelung außerhalb der Satzung erfolgen solle und ob es nicht einfacher sei, alle die Gesellschaft betreffenden Regelungen in die Satzung zu integrieren. Die Antwort auf die Frage erfolgt in zwei Schritten. Zunächst ist zu erörtern, welche Grenzen das GmbH- und das Aktienrecht der statutarischen Gestaltungsfreiheit, also der Integration korporativer Regelungen in die Satzung setzen. In einem zweiten Schritt geht es speziell um die Frage, ob Gesellschaftsvertrag und Satzung statutarische Nebenleistungspflichten festlegen können.

1. Satzungsstrenge versus Gestaltungsfreiheit

Im Aktienrecht begrenzt § 23 Abs. 5 AktG die Zulässigkeit korporativer Regelungen. Diese Norm postuliert den sog. Grundsatz der Satzungsstrenge. Dieser besagt zweierlei: erstens, dass alle Normen des AktG zwingendes Recht sind, von denen nur abgewichen werden darf, wenn das Gesetz dies ausdrücklich vorsieht, § 23 Abs. 5 S. 1 AktG; zweitens, dass Ergänzungen nur insoweit zulässig sind, als das AktG nicht abschließend ist, § 23 Abs. 5 S. 2 AktG[15]. Konsequenz des Grundsatzes der Satzungsstrenge ist, dass sog. fakultativ korporative Satzungsbe-

14 Hachenburg/*Ulmer*, Großkommentar GmbHG, § 53 Rz. 17; *Hergeth/Mingau*, DStR 2001, 1217 (1217); Kölner Kommentar AktG/*Zöllner*, § 179 Rz. 39; Scholz/*Priester*, GmbHG, § 53 Rz. 11; *Semrau*, Dritteinflussnahme, 2001, S. 37; grundsätzlich zu dem Problemkreis *Ulmer* in FS Werner, 1984, 911 (922 ff.) und *ders.* in FS Wiedemann, 2002, 1297 (1319, 1321) die in dem früheren Festschriftbeitrag aufgestellten Thesen im Wesentlichen bestätigend.

15 *Fleischer*, ZHR 168 (2004), 673 (687 ff.), insbesondere auch zu den verfassungsrechtlichen und gemeinschaftsrechtlichen Grenzen des § 23 Abs. 5 AktG; Großkommentar AktG/*Röhricht*, § 23 Rz. 167; *Hirte*, Bezugsrechtsausschluß, 1986, S. 31; *ders.*, ZGR Sonderheft 13, 1998, 61 (74); *May*, Sicherung des Familieneinflusses in AG, 1992, S. 62; MünchKommAktG/*Pentz*, § 23 Rz. 157; *Ulmer* in FS Werner, 1984, 911 (911).

standteile im Aktienrecht grundsätzlich verboten sind. Unter einem fakultativ korporativen Satzungsbestandteil versteht man eine solche Regelung, bei der die Gesellschafter entscheiden können, ob die Regelung als mitgliedschaftliche in die Satzung oder als schuldrechtliche in eine separate Vereinbarung aufgenommen werden soll. Eine Ausnahme von dem Grundsatz, dass alle Normen des AktG zwingendes Recht sind, regelt z. B. § 179 Abs. 2 S. 2 AktG für Satzungsänderungen. Die Satzung kann von der in § 179 Abs. 2 S. 1 AktG gesetzlich vorgesehenen qualifizierten Kapitalmehrheit von 75 % bei Hauptversammlungsbeschlüssen in gewissen Grenzen abweichen.

Der Grundsatz der Satzungsstrenge bezweckt die Sicherstellung der Verkehrsfähigkeit der Aktie[16]. Diese würde erheblich reduziert, wenn sich der Aktionär vor dem Anteilserwerb über den jeweiligen Satzungsinhalt der Gesellschaft informieren müsste, um sich vor unerwarteten Regelungen zu schützen[17].

§ 23 Abs. 5 AktG gilt seinem Wortlaut und seinem Regelungszweck nach nur für korporative Satzungsbestandteile. Die Norm betrifft in der Satzung enthaltene Abweichungen von gesetzlichen Regelungen. Schuldrechtliche Vereinbarungen, die außerhalb der Satzung getroffen werden, unterliegen dem Grundsatz der Satzungsstrenge nicht. Das bedeutet, dass in ihnen auch und gerade Regelungen getroffen werden können, die mit statutarischer Wirkung nicht geschaffen werden dürften[18]. Dies erklärt auch die rechtspraktische Bedeutung schuldrechtlicher Vereinbarungen im Aktienrecht.

Der Grundsatz der Satzungsstrenge gilt im GmbH-Recht nicht. Hier wird den Gesellschaftern insbesondere über § 3 Abs. 2 GmbHG, der im Folgenden näher erläutert wird, weitgehende korporative Gestaltungsfreiheit eingeräumt. Der Grund für diesen grundsätzlichen Unterschied im Vergleich zum Aktienrecht liegt darin, dass die GmbH aufgrund ihrer Struktur personalistisch ausgestaltet ist. Der Gesellschaftsvertrag muss flexibel und nach den Vorstellungen der Gesellschafter und der Gesellschaft formbar ausgestaltet sein. Bei der GmbH besteht kein unmittelbarer Bezug zum und keine Kontrolle durch den Kapitalmarkt.

---

16 *Hirte*, ZGR Sonderheft 13, 1998, 61 (65); *Hommelhoff* in FS Ulmer, 2003, 267 (269); *Hüffer*, AktG, § 23 Rz. 34; MünchKommAktG/*Pentz*, § 23 Rz. 150.

17 MünchKommAktG/*Pentz*, § 23 Rz. 150; daran zweifelnd *Hirte*, ZGR Sonderheft 13, 1998, 61 (76), der der Kontrolle der Satzungsgestaltung durch den Markt den Vorrang vor der formalen Kontrolle durch § 23 Abs. 5 AktG einräumen möchte; ähnlich kritisch schon zuvor *Mertens*, ZGR 1994, 426 (431).

18 *Friedewald*, Personalistische AG, 1991, S. 108 f.; *Geßler* in FS Luther, 1976, 69 (76); Großkommentar AktG/*Röhricht*, § 23 Rz. 240, 256, 258; *Hirte*, ZGR Sonderheft 13, 1998, 61 (69); MünchKommAktG/*Pentz*, § 23 Rz. 188.

Auch dies trägt zu einer erhöhten Flexibilität und Gestaltungsfreiheit in der GmbH bei.[19]

2. *Statutarische Nebenleistungspflichten in GmbH und AG*

Grundsätzlich gilt im Gesellschaftsrecht, dass die Gesellschafter nicht gesetzlich verpflichtet sind, neben ihrer Einlagepflicht weitere Leistungspflichten zu erfüllen, selbst dann nicht, wenn dies unter wirtschaftlichen Gesichtspunkten geboten wäre. Grundnorm für diese Regel ist § 707 BGB. Danach ist ein Gesellschafter „zur Erhöhung des vereinbarten Beitrages oder zur Ergänzung der durch Verlust verminderten Einlage nicht verpflichtet". Beitrag im Sinne der Norm ist die im Gesellschaftsvertrag übernommenen Verpflichtungen der Gesellschafter, zur Förderung des gemeinsamen Zwecks vermögenswerte Beiträge zu leisten[20]. Zweck dieser Regel ist, dass die Gesellschafter vor einer unfreiwilligen, da ohne ihr Zutun sich ergebenden Vermehrung ihrer Beitragspflichten zu schützen sind[21]. Beitragserhöhungen verlangen daher eine Änderung des Gesellschaftsvertrages, denn nur diese bringt den Willen der Gesellschafter zur Beitragserhöhung zum Ausdruck. Daraus erklärt sich auch die Freiheit der Gesellschafter, eine Kapitalerhöhung zu beschließen. Da sie grundsätzlich zu einer Erhöhung ihrer Beiträge nicht verpflichtet sind, ist die Entscheidung darüber, ob eine Erhöhung erfolgen soll, allein den Gesellschaftern überlassen. So sind sie auch nicht verpflichtet, sich an einer beschlossenen Kapitalerhöhung durch Übernahme eines Anteils zu beteiligen, selbst wenn sie dieser zugestimmt haben[22]. Die Bestimmung des § 707 BGB ist allerdings dispositiv. Der Gesellschaftsvertrag kann davon abweichende Regelungen vorsehen, so beispielsweise dass für die Beschlussfassung über die Beitragserhöhung eine einfache Mehrheitsentscheidung ausreichen soll[23]. § 707 BGB gilt nur für korporative Beitragspflichten. Den Gesellschaftern ist es unbenommen, sich untereinander oder gegenüber der Gesellschaft zu freiwilligen, also schuldrechtlichen Mehrleistungen zu verpflichten[24].

---

19 So ausdrücklich auch *Kulms*, Schuldrechtliche Organisationsverträge, 2000, S. 221.

20 MünchKommBGB/*Ulmer*, § 707 Rz. 1.

21 Ständige Rechtsprechung vgl. nur RGZ 68, 93 (96) (Genossenschaft); RGZ 151, 321 (326) (GmbH); MünchKommBGB/*Ulmer*, § 707 Rz. 1; Staudinger/*Habermeier*, BGB, § 707 Rz. 1.

22 Allg. Auffassung, eingehend OLG Stuttgart NZG 2000, 159 (162) (nicht rkr.); *Schmidt*, ZGR 1982, 519 (525).

23 MünchKommBGB/*Ulmer*, § 707 Rz. 6; Staudinger/*Habermeier*, BGB, § 707 Rz. 4.

24 MünchKommBGB/*Ulmer*, § 707 Rz. 8.

Das Prinzip der Begrenzung der Beitragspflicht gilt grundsätzlich für das gesamte Gesellschaftsrecht. Das bedeutet, dass sowohl die GmbH-Gesellschafter als auch die Aktionäre frei sind in der Entscheidung über eine Kapitalerhöhung. Davon zu unterscheiden ist die Frage nach der Zulässigkeit der Festlegung statutarischer Nebenleistungspflichten. Es bestehen insoweit im Aktien- und im GmbH-Recht unterschiedliche gesetzliche Regelungsmöglichkeiten. Als Grundregel, die im Folgenden näher erörtert wird, lässt sich formulieren, dass die Vereinbarung statutarischer Nebenleistungen im Gesellschaftsvertrag der GmbH grundsätzlich zulässig, in der Satzung der AG dagegen grundsätzlich unzulässig ist. Diese unterschiedliche Rechtslage in GmbH und AG hat auch Bedeutung für die Zulässigkeit schuldrechtlicher Nebenleistungspflichten. Denn die GmbH-Gesellschafter haben grundsätzlich ein Wahlrecht, ob sie zusätzliche Leistungspflichten als korporative oder als schuldrechtliche ausgestalten wollen. Aktionäre haben diese Wahlmöglichkeit nicht. Das bedeutet, dass sich bei der Beurteilung der Zulässigkeit schuldrechtlicher Nebenleistungspflichten zwischen GmbH-Gesellschaftern die Frage stellt, ob die Vereinbarung satzungspflichtig ist, weil das GmbHG eine Regelungsmöglichkeit vorsieht. Bei schuldrechtlichen Aktionärsvereinbarungen lautet die Frage dagegen, ob und inwiefern die Vereinbarung wegen der grundsätzlichen Unzulässigkeit statutarischer Nebenleistungspflichten als schuldrechtliche überhaupt zulässig ist.

a) GmbH

Die Möglichkeit, Nebenleistungspflichten im Gesellschaftsvertrag zu vereinbaren, regelt § 3 Abs. 2 Alt. 2 GmbHG. Danach müssen Bestimmungen, die den Gesellschaftern „außer der Verpflichtung von Kapitaleinlagen noch andere Verpflichtungen gegenüber der Gesellschaft“ auferlegen, im Gesellschaftsvertrag enthalten sein. Diese Regelung enthält drei Grundaussagen: erstens, dass Nebenleistungspflichten in der GmbH grundsätzlich zulässig sind, zweitens, dass sie beliebigen Inhalts sein können und schließlich drittens dass sie, um materiell wirksam zu sein, im Gesellschaftsvertrag geregelt sein müssen.

Die grundsätzliche Zulässigkeit von Nebenleistungspflichten wird in § 3 Abs. 2 GmbHG nicht ausdrücklich erwähnt, vielmehr von der Norm vorausgesetzt.

Hinsichtlich der inhaltlichen Anforderungen, die das Gesetz an Nebenleistungen stellt, enthält die Norm keine Einschränkungen. Zwar wurde vereinzelt früher angesichts des Wortlauts des § 3 Abs. 2 GmbHG, der von Verpflichtungen „außer der Leistung von Kapitaleinlagen“ spricht, die Auffassung vertreten, dass die Gesellschafter statutarisch nur zur Leistung von Stammeinlagen und nicht zu darüber hinausgehenden Geldleistungen verpflichtet werden könnten, weswegen

Mehrleistungen in Geld unzulässig sein sollten[25]. Diese Auffassung wurde bestärkt durch die Regelung in § 212 Abs. 1 HGB in der Fassung von 1900, dem der heute gültige § 55 AktG entspricht, der die Nebenleistungspflichten der Aktionäre ausdrücklich auf nicht in Geld bestehende Leistungen beschränkte.

Gegen eine solche Auslegung spricht aber zum einen, dass die Regelung des § 3 Abs. 2 GmbHG auch nach Einführung des § 55 AktG im Jahr 1965 stets unverändert blieb. Daher kann nicht davon ausgegangen werden, dass sie inhaltlich an die Konzeption der Nebenleistungs-AG angepasst werden sollte[26]. Zum anderen spricht dagegen, dass das GmbHG selbst an anderen Stellen die Zulässigkeit zur Verpflichtung zu weiteren Geldleistungen anerkennt – so in § 26 Abs. 1 GmbHG für Geldleistungen in Form von Nachschüssen und in § 32 a Abs. 1 GmbHG für Geldleistungen in Form von Darlehen. Nach § 3 Abs. 2 GmbHG können daher alle Kategorien von Nebenleistungspflichten im Gesellschaftsvertrag vereinbart werden. Diese sind neben Geldleistungspflichten die Sachleistungs-, Handlungs- und Unterlassungspflichten[27].

Gegenstand von Sachleistungspflichten als Nebenleistungspflichten ist die Überlassung von Sachen oder Rechten. Im Bereich der Handlungspflichten sind Konstellationen von Interesse, in denen sich die Gesellschafter in der Satzung zu einem bestimmten Stimmverhalten verpflichten. In Betracht kommt beispielsweise die Verpflichtung, für eine Kapitalerhöhung zu stimmen. Grundsätzlichen Bedenken begegnet eine solche Nebenleistungspflicht nicht. Allerdings ist aus rechtspraktischer Sicht der Zweck einer derartigen statutarischen Stimmbindung zu hinterfragen, da die Gesellschafterversammlung ebenso gut die Kapitalerhöhung selbst bereits beschließen könnte[28]. Die vierte Kategorie von Nebenleistungspflichten sind Unterlassungspflichten, die spiegelbildlich zu denkbaren positiven Verhaltenspflichten diese untersagen können. In dieser Untersuchung geht es daher auch um die Frage, ob sich ein statutarisches Verbot, Stimmbin-

---

25 *Brodmann*, GmbHG, § 3 Anm. 7; *Neukamp*, Reichsgesetz betreffend die GmbH[1], § 3 Anm. 4.

26 So ausdrücklich bereits RGZ 83, 216 (218) unter Bezugnahme auf § 212 Abs. 1 HGB; *Achterath*, Nebenleistungsverpflichtung GmbH, Köln Univ. Diss. 1937, S. 7; *Amend*, Nebenleistungsverhältnis GmbH, Erlangen Univ. Diss. 1936, S. 17 f.; *Immenga*, Personalistische Kapitalgesellschaft, 1970, S. 103; *Janke*, Nebenleistungspflichten GmbH, 1996, S. 14; unter dem Einfluss der Rechtsprechung seine Auffassung aufgebend *Neukamp*, Reichsgesetz betreffend die GmbH[5-7], § 3 Anm. 4.

27 MünchHdbGesR III/*Schiessl*, § 32 Rz. 8; ausführlich *Rohrer*, Nebenleistungspflichten, 1991, S. 35 ff; *Rossig*, Gesellschafterabsprachen bei GmbH und Close Corporation, 2003, S. 91.

28 Diesen Einwand erhebt *Overrath*, Stimmrechtsbindung, 1972, S. 2, hinsichtlich allgemeiner, nicht speziell auf Kapitalmaßnahmen bezogene statutarische Stimmrechtsbindungen.

dungen einzugehen, auf die Wirksamkeit eines gegenläufigen schuldrechtlichen Stimmbindungsvertrages auswirkt. Können sich die Gesellschafter außerhalb der Satzung zur Durchführung einer Kapitalerhöhung verpflichten, obwohl ihnen dieses nach der Satzung untersagt ist[29]?

Nebenleistungspflichten müssen, um wirksam zu sein, gemäß § 3 Abs. 2 GmbHG in die Satzung aufgenommen werden. Daraus folgt, dass Nebenleistungspflichten korporative Satzungsbestandteile sind. Als solche unterliegen sie dem Formzwang des § 2 Abs. 1 GmbHG und bedürfen somit der notariellen Beurkundung. Der Zweck des Formerfordernisses besteht darin, dem Gesellschafter das wirtschaftliche Risiko vor Augen zu führen, das in der Übernahme der mit der Gesellschafterstellung verbundenen mitgliedschaftlichen Pflichten liegt[30].

Für die Einführung von Nebenleistungspflichten nach Gründung der Gesellschaft gilt daneben § 53 GmbHG. Über diese Pflichten muss die Gesellschafterversammlung gemäß § 53 Abs. 3 GmbHG mit qualifizierter Mehrheit entscheiden. Der Beschluss muss notariell beurkundet werden.

Werden Nebenleistungspflichten durch Kapitalerhöhungen eingeführt, ist § 55 Abs. 2 S. 2 GmbHG zu beachten. Danach sind in der Übernahmeerklärung von neu hinzutretenden Gesellschaftern die Nebenleistungspflichten aufzuführen. Allerdings genügt es nach allgemeiner Ansicht, wenn die Übernahmeerklärung auf die Satzung oder den Kapitalerhöhungsbeschluss Bezug nimmt, der Inhalt der Nebenleistungsverpflichtung ist nicht wörtlich in die Übernahmeerklärung aufzunehmen[31]. Die Funktion dieses Formerfordernisses liegt darin, den neuen Gesellschafter vor der Übernahme von Verpflichtungen zu warnen, die sich nicht schon aus dem Gesetz ergeben, sondern die speziell für diese Gesellschaft vereinbart wurden[32]. Dies erklärt auch, warum § 55 Abs. 2 S. 2 GmbHG nicht für die Altgesellschafter gilt. Wegen ihrer Zugehörigkeit zur Gesellschaft zum Zeitpunkt der Übernahme neuer Anteile kann ihre Kenntnis vom Inhalt des Gesellschaftsvertrages vorausgesetzt werden.

Die genannten Formerfordernisse sind zwingend für korporative Nebenleistungspflichten, und zwar nur für diese. Sollen also die Gesellschafter in ihrer Eigenschaft als Mitglieder der Gesellschaft verpflichtet werden und soll diese Pflicht insbesondere auch zukünftige Gesellschafter binden, so ist dies im Gesellschaftsvertrag festzulegen.

Zusätzliche Geldleistungspflichten kann der Gesellschaftsvertrag außer als Nebenleistungspflicht nach § 3 Abs. 2 GmbHG auch als Nachschusspflicht ge-

---

29 S. dazu näher unter § 31.4.

30 OLG Frankfurt/M. GmbHR 1992, 665 (666).

31 Vgl. statt aller Hachenburg/*Ulmer*, Großkommentar GmbHG, § 55 Rz. 66; Scholz/*Priester*, GmbHG, § 55 Rz. 84.

32 RGZ 82, 116 (121).

mäß § 26 Abs. 1 GmbHG vorsehen. Nachschüsse im Sinne von § 26 Abs. 1 GmbHG sind satzungsmäßig festgelegte Zahlungen, zu deren Erbringung die Gesellschafter neben den Stammeinlagen verpflichtet werden können. Ähnlich wie Geldleistungspflichten in Form von Nebenleistungen bieten Nachschüsse die Möglichkeit, den Kapitalbedarf der Gesellschaft nachträglich zu regulieren. Da es, wie eingangs dieses Abschnitts erörtert, keine gesetzliche Nachschusspflicht gibt, bleibt es den Gesellschaftern überlassen, ob sie Nachschusspflichten festlegen. Entscheiden sie sich dafür, muss die Nachschusspflicht in den Gesellschaftsvertrag aufgenommen werden.

Im Gegensatz zu Nebenleistungspflichten ist der Leistungsgegenstand der Nachschusspflicht auf Geldleistungspflichten beschränkt. Dies ergibt sich bereits aus dem Wortlaut des § 26 Abs. 1 GmbHG, der von „Einzahlungen" spricht, während in § 3 Abs. 2 GmbHG die Formulierung „andere Verpflichtungen" gewählt wurde. Weiterhin setzt § 26 Abs. 1 GmbHG voraus, dass ein Beschluss über die Einforderung der Nachschüsse gefasst wird. Die Nachschusspflicht entsteht also, anders als die Nebenleistungspflicht, nicht bereits mit der Aufnahme in den Gesellschaftsvertrag. Sieht die Satzung Nachschusspflichten vor, sind die Gesellschafter zur Erbringung des Nachschusses nach dem Verhältnis ihrer Geschäftsanteile verpflichtet, § 26 Abs. 3 GmbHG. Nur unter den besonderen Voraussetzungen des § 27 Abs. 1 GmbHG können sie sich durch Preisgabe ihres Geschäftsanteils von der Zahlungspflicht befreien[33].

In der Praxis ist die Verwendung von Nachschusskapital unüblich[34]. Zum einen ist die Einführung von Nachschusskapital, insbesondere verglichen mit Vereinbarungen von Nebenleistungspflichten sehr formalisiert. Zum anderen sieht § 30 Abs. 2 GmbHG spezielle Rückzahlungsvoraussetzungen vor, die einen Rückzahlungsbeschluss wie auch die Veröffentlichung dieses Beschlusses im Handelsregister und die Einhaltung einer bestimmten Frist vor der Rückzahlung erfordern[35].

---

33 Das Recht zur Preisgabe des Geschäftsanteils wird als Abandonrecht bezeichnet, dazu *Scherf*, Nachschußpflicht, 2002, S. 52 f.

34 Frühe statistische Auswertungen bereits bei *Limbach*, Theorie und Wirklichkeit GmbH, 1966, S. 79 und *Winter*, GmbHR 1969, 145 (146 f.), die bereits die geringe praktische Bedeutung des Nachschusskapitals belegen; *Hommelhoff/Kleindiek* in FS 100 Jahre GmbHG, 421 (423); *Immenga*, Personalistische Kapitalgesellschaft, 1970, S. 104; *Scherf*, Nachschußpflicht, 2002, S. 27 f.; Scholz/*Emmerich*, GmbHG, § 26 Rz. 1.

35 Hachenburg/*Müller*, Großkommentar GmbHG, § 26 Rz. 5; *Lutter/Hommelhoff*, GmbHG, § 26 Rz. 2; *Noack*, Gesellschaftervereinbarungen, 1994, S. 313.

b) AG

Im Aktienrecht gilt gemäß § 54 Abs. 1 AktG das sog. Verbot der Mehrleistungsverpflichtung. Danach wird „die Verpflichtung der Aktionäre zur Leistung der Einlagen (...) durch den Ausgabebetrag begrenzt.“ Das bedeutet, dass die Satzung den Aktionären keine über die Einlagepflicht hinausgehenden Zusatzpflichten auferlegen darf. Anders als in der GmbH können Aktionäre nicht korporativ verpflichtet werden, Nachschüsse oder Nebenleistungen zu erbringen. Grund für die Regelung ist, dass gesetzliche Nachschusspflichten, ganz im Sinne des § 707 BGB, als mit dem „Wesen“[36] der AG unvereinbar angesehen werden. Das Wesen der AG zeichnet sich dadurch aus, dass es die Beschaffung hoher Kapitalbeträge durch einen großen Kreis von Anlegern ermöglicht, weswegen ihre Funktion häufig als Kapitalsammelbecken umschrieben wird[37]. Die Aktionäre sind in erster Linie Kapitalgeber, und darauf soll sich auch ihre Beitragspflicht beschränken. Mit dieser Funktion unvereinbar wäre eine über die Einlagepflicht hinausgehende Verpflichtung der Aktionäre unvereinbar.

Doch auch wenn die Satzung korporative Zusatzpflichten nicht vorsehen darf, ist es doch zulässig, wenn die Aktionäre untereinander oder individuell mit der Gesellschaft Zusatzpflichten auf schuldrechtlicher Grundlage schaffen. Denn das Verbot der Mehrleistungsverpflichtung gilt nur für statutarische Nebenleistung, nicht dagegen für schuldrechtliche[38]. Entscheidend für das in § 54 Abs. 1 AktG bestimmte Verbot ist der korporative Charakter der Leistungspflicht. Der Aktionär darf nicht in seiner Eigenschaft als Aktionäre zu über die Einlagepflicht hinausgehenden Leistungen verpflichtet werden. Denn dies würde auch bedeuten, dass solche Pflichten nur im Wege der Satzungsänderung veränderbar sind und dass zukünftige Aktionäre dieser Leistungspflicht ebenfalls unterliegen, weil auch dies die Verkehrsfähigkeit der Aktie beeinträchtigen würde.

Von der Regel des § 54 Abs. 1 AktG bildet § 55 Abs. 1 AktG eine Ausnahme. Danach kann die Satzung die Inhaber vinkulierter Namensaktien zu wiederkehrenden, nicht in Geld bestehenden Leistungen verpflichten. Nicht erfasst sind daher Verpflichtungen zu einmaligen oder dauerhaften Geldleistungen oder zu einmaligen sonstigen Leistungen, wie z. B. die Verpflichtung zur Teilnahme an

---

36 So wörtlich RGZ 121, 238 (241) noch zu § 211 HGB a. F, der Vorgängernorm des § 54 Abs. 1 AktG.

37 *Brunkhorst*, Finanzierungskompetenzen AG, Hamburg Univ. Diss. 1995, S. 1; MünchKommAktG/*Semler*, Einl. Rz. 8; MünchHdbGesR IV/*Hoffmann-Becking*, § 2 Rz. 4.

38 Allgemeine Auffassung vgl. bereits RGZ 83, 216 (218); *Hirte*, ZGR Sonderheft 13, 1998, 61 (69); *Hüffer*, AktG, § 54 Rz. 7; Kölner Kommentar AktG/*Lutter*, § 54 Rz. 21.

einer Kapitalerhöhung[39]. Die engen Voraussetzungen des § 55 Abs. 1 AktG erklären sich daraus, dass die Norm bei ihrer Einführung auf konkrete wirtschaftliche Bedürfnisse zugeschnitten war, nämlich insbesondere Sonderregelungen für die Zuckerrübenindustrie zu schaffen. Bezweckt war, die Aktionäre enger als die Genossen einer Genossenschaft zu binden, denen nach § 65 GenG ein jederzeitiges Austrittsrecht zusteht, aber gleichzeitig die Struktur der AG derjenigen einer Genossenschaft anzunähern. Das sollte dadurch geschehen, dass den Aktionären eine mitgliedschaftliche Lieferpflicht bezüglich nicht in Geld bestehender Leistungen – nämlich Zuckerrüben – auferlegt bzw. gestattet wurde, ohne ihnen ein Austrittsrecht zuzugestehen. Über diesen Anwendungsbereich hinaus hat die Norm bis heute keine große Bedeutung erlangt[40]. Sie kann daher in der weiteren Untersuchung vernachlässigt werden.

Die Vorschrift des § 54 Abs. 1 AktG ist zwingend. Beschlüsse der Hauptversammlung, die gegen § 54 Abs. 1 AktG verstoßen, sind gemäß § 241 Nr. 3 AktG nichtig[41].

III. Besonderheit schuldrechtlicher Vereinbarungen gegenüber korporativen Regelungen

Schuldrechtliche Vereinbarungen über Kapitalbeschaffungsmaßnahmen bilden nur einen Teil der in der Rechtspraxis üblichen Inhalte solcher Abreden. Weitere gängige Gegenstände schuldrechtlicher Vereinbarungen sind die Gewinnverteilung[42], die Verfügung über die Gesellschaftsanteile[43], die geschäftliche Ausrich-

---

39 So ausdrücklich *Priester*, ZGR 1977, 445 (465).

40 Zum Ganzen vgl. z. B. die Protokolle der „Konferenz der landwirthschaftlichen Sachverständigen zur Begutachtung des Entwurfs eines Handelsgesetzbuchs, 1. und 2. Sitzung vom 16. und 17. März 1896, S. 13 ff., abgedruckt bei *Schubert u. a.*, HGB 1897, Bd. II/1, S. 542 ff. und schließlich die endgültige Fassung der Norm in § 212 HGB 1897 vom 10.05.1897 in Reichs-Gesetzblatt 1897, Nr. 23, 219 (267), die den Vorläufer des heutigen § 55 AktG darstellte und im Kern unverändert blieb; *Brixner/Brixner*, AG 1965, 262 (263); *Friedewald*, Personalistische AG, 1991, S. 101 f.; *Hüffer*, AktG, § 55 Rz. 1; Kölner Kommentar AktG/*Lutter*, § 55 Rz. 3; *Kulenkampff*, Nebenleistungs-AG, Kiel Univ. Diss. 1927, S. 6 ff.

41 So bereits RGZ 113, 152 (155); Kölner Kommentar AktG/*Lutter*, § 54 Rz. 13; MünchKommAktG/*Bungeroth*, § 54 Rz. 21.

42 KG OLGRspr 24, 153 (153); MünchHdbGesR III/*Priester*, § 21 Rz. 7; *Noack*, Gesellschaftervereinbarungen, 1994, S. 324 f.

43 RG LZ 1913, 783 (784 f.); Kölner Kommentar AktG/*Lutter*, § 54 Rz. 22; *König*, Nebenvertrag, 1996, S. 26; Scholz/*Priester*, GmbHG, § 3 Rz. 72a.

tung der Gesellschaft[44] und das Wettbewerbsverhalten der Gesellschafter[45]. Daher erfolgt zunächst eine Einteilung der verschiedenen Inhalte schuldrechtlicher Vereinbarungen. Anschließend werden einige gemeinsame Merkmale aller schuldrechtlichen Vereinbarungen dargestellt.

1. Einteilung

Für die Einordnung der hier interessierenden Gegenstände schuldrechtlicher Vereinbarungen ist eine allgemeine Strukturierung nach Sachbereichen notwendig. In der Literatur finden sich unterschiedliche Ansätze, schuldrechtliche Vereinbarungen zu kategorisieren.

Mackenrodt, der sich in seiner Dissertation auf nebenvertragliche Abreden in der GmbH beschränkt, unterscheidet zwischen gesellschaftsbezogenen und gesellschaftsfremden Nebenverträgen[46]. Ausgangspunkt der Differenzierung ist die Frage, ob die nebenvertragliche Pflicht grundsätzlich auch als korporative, oder, wie *Mackenrodt* formuliert, „gesellschaftsrechtliche“ vereinbart werden könnte – dann gesellschaftsbezogene – oder ob sie eine eo ipso schuldrechtliche Pflicht bedeuten, die der korporativen Ausgestaltung unzugänglich wäre – dann gesellschaftsfremde. Zu den gesellschaftsbezogenen Nebenverträgen zählt *Mackenrodt* auch diejenigen, die die Aufhebung oder Änderung gesellschaftsbezogener Verpflichtungen zum Gegenstand haben und schließlich solche, die korporative Pflichten näher ausgestalten. Zu den gesellschaftsfremden Nebenverträgen zählt *Mackenrodt* zum einen solche, in denen die Gesellschafter untereinander Handlungs- oder Leistungspflichten vereinbaren; diese könnten nie gesellschaftsbezogen sein, da der Gesellschaftsvertrag nur die korporativen Rechtsverhältnisse zwischen Gesellschaft und Gesellschaftern regele. Als Beispiel für diese Form gesellschaftsfremder Nebenverträge führt *Mackenrodt* Stimmbindungsverträge an. Zum anderen gehörten zu diesen Nebenverträgen Verträge zwischen den Gesellschaftern und ihrer Gesellschaft. Diese Vertragsverhältnisse könnten nie korporativer Natur sein, weil die Gesellschafter ihrer Gesellschaft wie beliebige au-

44 So enthielt ein den Gegenstand der Entscheidung in RG JW 1930, 2675 (2676) bildender privatschriftlicher als „Ausführungsvertrag“ bezeichneter Nebenvertrag zum Gesellschaftsvertrag einer GmbH u. a. eine Klausel, wonach sich das Absatzgebiet der zu gründenden GmbH auf den europäischen Kontinent beschränke.

45 RG JW 1930, 2675 (2676).

46 *Mackenrodt*, Nebenvertragliche Abreden GmbH, Freiburg Univ. Diss. 1953, S. 10.

ßenstehende Dritte gegenüberstünden und die daraus entstehenden Beziehungen in die rein individualrechtliche Sphäre der Gesellschafter fielen[47].

Die von *Mackenrodt* gewählte Einteilung ist für die hier zu untersuchenden Inhalte schuldrechtlicher Vereinbarungen aus zwei Gründen nicht zweckmäßig. Erstens ist sie zu allgemein, weil es vorliegend, anders als in der Dissertation von *Mackenrodt*, nicht um eine allgemeine Untersuchung von Nebenverträgen geht, sondern um spezielle Inhalte. Diese ließen sich zwar teils als gesellschaftsbezogene und teils als gesellschaftsfremde einordnen, die von *Mackenrodt* gewählte Einteilung würde aber nur unzureichend Auskunft über die Struktur der Vereinbarungen geben.

Zweitens ist die Terminologie irreführend; denn es gibt Regelungsinhalte, die gesellschaftsfremd sind, aber mittelbar auch gesellschaftsbezogen. Als Beispiel seien Stimmbindungsverträge im Zusammenhang mit Kapitalerhöhungen genannt, die dazu dienen sollen, das Abstimmungsverhalten beim Kapitalerhöhungsbeschluss zu koordinieren. Diese wären nach der Einteilung von *Mackenrodt* gesellschaftsfremd, weil sie nur die Gesellschafter untereinander verpflichten. Da sie aber mit Blick auf Maßnahmen getroffen werden, die primär im Interesse der Gesellschaft liegen, um nämlich die Eigenkapitalbasis zu stärken, sind sie, was ihre tatsächliche Wirkung angeht, zugleich auch gesellschaftsbezogen. Dieser Doppelbezug erschließt sich aus der Definition *Mackenrodts* nicht.

Noack dagegen orientiert sich in seiner Habilitationsschrift, in der er nur Gesellschaftervereinbarungen, wenngleich für alle Kapitalgesellschaften, untersucht, bei der Einteilung dieser Vereinbarungen am Verhältnis des Verbands und seiner Mitglieder. Daraus ergeben sich nach *Noack* drei Kategorien: Vereinbarungen über die Ausübung von Mitgliedschaftsrechten, über die Mitgliedschaft als solche und schließlich über die Beziehungen zur Gesellschaft[48].

Noack differenziert in der erstgenannten Kategorie weiter zwischen Verwaltungs- und Vermögensrechten. Als wichtigstes Verwaltungsrecht sei das Stimmrecht häufig Gegenstand von Gesellschaftervereinbarungen. Dies geschehe in der Weise, dass seine Ausübung durch Stimmrechtsvereinbarungen im Voraus gelenkt werden solle. Regelungen der Vermögensrechte der Gesellschafter bezögen sich auf das Gewinnbezugsrecht und das Recht auf Beteiligung am Liquidationserlös. In die zweite Kategorie ordnet *Noack* Vereinbarungen ein, die sich auf die Mitgliedschaft selbst, also auf die in der Aktie oder dem Geschäftsanteil verkörperte Zugehörigkeit zur Gesellschaft, beziehen, wozu im Wesentlichen Vorkaufs-

---

47 Zum Ganzen *Mackenrodt*, Nebenvertragliche Abreden GmbH, Freiburg Univ. Diss. 1953, S. 9 ff.

48 Zum Ganzen *Noack*, Gesellschaftervereinbarungen, 1994, S. 13; *ders.* bereits in Anm. zu BGH WM 1993, 641, DZWir 1993, 247 (247).

und Optionsrechte zählen. Zu den Gesellschaftervereinbarungen über die Beziehung zur Gesellschaft, die dritte von *Noack* aufgestellte Kategorie, gehören neben Wettbewerbsabreden und Vereinbarungen über die Geschäftspolitik vor allem Regelungen über die Finanzierung der Gesellschaft, also Vereinbarungen über Leistungen an die Gesellschaft, die über die Erbringung der Einlage hinausgehen[49].

Die von *Noack* gewählte Einteilung ist sinnvoll, weil sie die einzelnen Regelungsbereiche, in denen Gesellschaftervereinbarungen relevant sind, hervorhebt, ohne im Gegensatz zu *Mackenrodt* zu schematisch vorzugehen. Zu berücksichtigen ist allerdings auch bei dem von *Noack* gewählten Ansatz, dass er entsprechend seines Untersuchungsgegenstandes nur eine Einordnung von Gesellschaftervereinbarungen vornimmt und keine sonstigen Nebenabreden oder Vereinbarungen mit Dritten einbezieht. Dennoch soll seine Einteilung als Ausgangspunkt gewählt werden. Eine Erweiterung um die in dieser Untersuchung zu behandelnden Abreden ist möglich: Die Koordinierung des Abstimmungsverhaltens bei Entscheidungen über Kapitalbeschaffungsmaßnahmen gehört zu der ersten von *Noack* bestimmten Kategorie, also zu dem Bereich der Vereinbarungen über die Ausübung von Mitgliedschaftsrechten, da diese Abreden das Stimmrecht betreffen[50]. Sonstige Abreden zwischen den Gesellschaftern und der Gesellschaft im Zusammenhang mit Kapitalbeschaffungsmaßnahmen lassen sich der dritten Kategorie zuordnen, da sie die Beziehung zur Gesellschaft regeln. Die Vereinbarungen können die Verpflichtung zu einer bestimmten Handlung – z. B. in bestimmter Weise abzustimmen – und die Verpflichtung zu einer bestimmten Leistung – z. B. zur Übernahme eines Anteils – betreffen. Diese Verpflichtungen treffen den Gesellschafter, da es sich um schuldrechtliche Vereinbarungen handelt, in Ergänzung zur Satzung mit Bezug zur Gesellschaft. Lediglich Vereinbarungen mit Dritten bedürfen der Einordnung in eine eigene Kategorie, da sie nicht Untersuchungsgegenstand in der Habilitationsschrift *Noacks* waren[51]. Daher wird zusätzlich zu den besprochenen Kategorien eine weitere geschaffen, die die Bezeichnung „Vereinbarungen mit Dritten“ tragen soll.

49 Zum Ganzen *Noack*, Gesellschaftervereinbarungen, 1994, S. 13 ff.

50 Ausführlich zu dem stimmbindenden Element dieser Vereinbarungen unten § 3I.1.a) (GmbH) und § 4I.1.a) (AG).

51 So ausdrücklich *Noack*, Gesellschaftervereinbarungen, 1994, S. 6.

2. *Gemeinsame Merkmale*

Es lassen sich für alle Inhalte schuldrechtlicher Vereinbarungen Grundaussagen treffen, die ihr Verhältnis zu den statutarischen Regelungen, die Bestimmung ihrer Rechtsform, etwaige Formerfordernisse, ihre Bindungswirkung, ihre Auslegung und die sich aus den vorstehenden Kriterien ergebende Frage ihrer Zulässigkeit betreffen.

a) Verhältnis zu statutarischen Regelungen

Zur Einordnung der schuldrechtlichen Vereinbarungen in das System der statutarischen Regelungen ist es notwendig, ihr rechtliches Verhältnis zu den korporativen Regelungen zu erörtern. Im Wesentlichen sind zwei Positionen zu unterscheiden: Nach dem sog. Trennungsprinzip ist die juristische Person in personen- und vermögensrechtlicher Hinsicht gegenüber ihren Mitgliedern selbstständig. Diese Trennung hat zur Konsequenz, dass sich schuldrechtliche Vereinbarungen und statutarische Regelungen als zwei voneinander unabhängige Ebenen gegenüber stehen und in ihrer Rechtswirkung gegenseitig nicht beeinflussen[52]. *Noack* hingegen entwickelt – ausgehend von der Trennungsthese – einen weiterreichenden Ansatz. Er betrachtet Gesetz, Statut und schuldrechtliche Gestaltungsebene als ein sich zu einer erweiterten Verbandsordnung zusammengesetztes Gesamtgebilde, in dem sich die einzelnen Ebenen gegenseitig bedingen und beeinflussen[53].

Bedeutung haben diese unterschiedlichen Ansätze vor allem im Bereich der Stimmbindung. Denn dort stellt sich die Frage, ob ein abredewidriges Abstimmungsverhalten eines Gesellschafters, also eine Abstimmung entgegen der in der Stimmbindungsvereinbarung festgelegten Abstimmungsweise, auf die Wirksamkeit des sodann gefassten Beschlusses durchschlägt. Das bedeutete im Ergebnis eine Durchbrechung des Trennungsprinzips.

Deswegen soll der Streit auch erst im Zusammenhang mit den Rechtsfolgen abredewidrigen Stimmverhaltens bei Kapitalerhöhungen genauer behandelt und entscheiden werden[54].

---

52 *Köhler*, Nebenabreden, 1992, S. 1; MünchKommAktG/*Pentz*, § 23 Rz. 192; MünchHdbGesR III/*Priester*, § 21 Rz. 20; *Ulmer*, NJW 1987, 1849 (1850 f.); *Winter*, ZHR 154 (1990), 259 (260); *Zetzsche*, NZG 2002, 942 (946).

53 *Noack*, Gesellschaftervereinbarungen, 1994, insbes. S. 5, 145 ff.; *Priester* in FS Claussen, 1997, 319 (335); *Westermann*, Satzung und Nebenordnung, 1994, 25 (37 ff.).

54 Ausführlich unten in § 3I.1.g)bb)(2) und § 4I.1.d)bb).

b) *Rechtliche Klassifizierung schuldrechtlicher Vereinbarungen*

Die Rechtsnatur schuldrechtlicher Vereinbarungen kann angesichts der vielfältigen Gestaltungsmöglichkeiten unterschiedlich sein. Es lassen sich dennoch zwei Gruppen unterscheiden. In der ersten Gruppe führt die Vereinbarung zur Schaffung eines gesellschaftsrechtlich organisierten Zusammenschlusses zwischen den Parteien in Form einer Gesellschaft bürgerlichen Rechts (GbR). In der zweiten Gruppe entstehen nur individualrechtliche Verpflichtungen zwischen den Parteien. Entscheidende Bedeutung kommt der Einordnung auf der Sekundärebene zu, wenn es um die Frage geht, welche gegenseitigen Ansprüche bei Vertragsverletzung bestehen.

Die an einer Gesellschaftervereinbarung beteiligten Gesellschafter bilden häufig eine GbR gemäß §§ 705 ff. BGB[55]. Eine GbR zeichnet sich dadurch aus, dass sie durch Gesellschaftsvertrag errichtet wird und auf die Erreichung eines gemeinsamen Zwecks gerichtet ist. Der Gesellschaftsvertrag ist grundsätzlich formlos wirksam. Gemeinsamer Zweck kann jeder erlaubte Zweck sein. Bei Gesellschaftervereinbarungen ist der Zweck je nach Inhalt der Vereinbarung auf gemeinsame Herrschaftsausübung, Festlegung der Geschäftspolitik oder Regelung des Wettbewerbsverhaltens der Gesellschafter gerichtet. Wesentlich für die Bejahung des gemeinsamen Zwecks ist, dass der Zweck über die eigenen Interessen hinaus geht. Dies lässt sich für die hier interessierenden Vereinbarungen im Zusammenhang mit Kapitalbeschaffungsmaßnahmen bejahen, weil sie auf die finanzielle Besserstellung der Gesellschaft gerichtet sind und dieses Ziel von den an der Vereinbarung beteiligten Parteien gemeinsam verfolgt wird.

Die GbR kann auf Dauer ausgerichtet sein, was dann der Fall ist, wenn sie eine Vielzahl von Regelungen ohne konkreten zeitlichen Bezug trifft. Gängiges Beispiel dafür ist der Stimmbindungsvertrag, den die Gesellschafter bei Gründung der Gesellschaft schließen, dessen Gegenstand die Koordinierung der Stimmrechte für alle anstehenden Gesellschafterbeschlüsse ist und der auf unbestimmte Dauer geschlossen wird, also allein durch Kündigung endet. Die GbR

---

55 Vgl. aus der Rechtsprechung z. B. BGH WM 1970, 962 (962); BGH WM 1987, 10 (11); *Ehricke*, Schuldvertragliche Nebenabreden, 2004, S. 15 f.; *Joussen*, Gesellschafterabsprachen, 1995, S. 59 ff.; Michalski/*Michalski*, GmbHG, § 3 Rz. 78; MünchHdbGesR III/*Priester*, § 21 Rz. 16; MünchKommBGB/*Ulmer*, vor § 705 Rz. 48 f.; *Schmidt*, GesR, § 58 III.7. S. 1710 f; in einer Sonderkonstellation in BGH WM 1992, 1812 (1814 f.) (AG) wurden dagegen sämtliche vertraglichen Ansprüche der Parteien, die gegenseitig jeweils in Aussicht gestellt hatten, Aktien der Gesellschaft zu zeichnen, untereinander abgelehnt, weil bei „der Durchführung einer Kapitalerhöhung korporationsrechtliche Verträge nur zwischen der Gesellschaft einerseits und den einzelnen Zeichnern andererseits zustande“ kämen.

kann auch als sog. Gelegenheitsgesellschaft errichtet sein. Dies ist dann der Fall, wenn sie sich auf die Erreichung eines konkreten Zwecks konzentriert, wie dies z. B. bei einer Kapitalerhöhungsverpflichtung der Fall sein kann, wenn die Vereinbarung nur das Stimmverhalten für eine konkret zu beschließende Kapitalerhöhung festlegt. Eine solche GbR endet dann durch Zweckerreichung, also für das Beispiel der Kapitalerhöhungsverpflichtung mit Fassung des Kapitalerhöhungsbeschlusses.

Eine sich als GbR konstituierende Gesellschaftervereinbarung zeichnet sich weiterhin dadurch aus, dass sie als sog. Innengesellschaft agiert. Das bedeutet, dass sich die Verbindung zwischen den Gesellschaftern auf die Innenbeziehungen beschränkt. Die Gesellschafter treten nicht nach außen als Gesellschaft auf und nehmen nicht am Rechtsverkehr teil[56]. Den Gesellschaftern kommt es regelmäßig darauf an, dass die Vereinbarung als solche nicht öffentlich wird und sich die beteiligten Parteien daher zu gegenseitiger Geheimhaltung verpflichten.

Daneben kann je nach Ausgestaltung, insbesondere bei einseitigen Verpflichtungen der Gesellschafter gegenüber ihrer Gesellschaft in Nebenverträgen oder gegenüber Dritten, eine Einordnung als Auftrag gemäß § 662 BGB oder als Geschäftsbesorgungsvertrag nach § 675 BGB in Betracht kommen[57]. Werden im Einzelfall Vertragspflichten aus verschiedenen Vertragstypen zu einem Vertrag verbunden, so kann auch ein Vertrag sui generis vorliegen, bei dem sich dann die jeweiligen Rechtsfolgen nach der jeweils am nächsten liegenden gesetzlichen Grundlage richtet. Diese Verpflichtungen unterscheiden sich von den vorgenannten, eine GbR konstituierenden Verpflichtungen, dadurch, dass sie nur individualrechtliche, nicht aber gesellschaftsrechtliche Pflichten zwischen den beteiligten Parteien begründen[58]. Bezugspunkt ist ein anderes gesellschaftsrechtliches Verhältnis, nämlich das zu der Gesellschaft, an der die Vertragspartner beteiligt sind oder im Falle der Vereinbarung mit Dritten zukünftig beteiligt sein werden, ohne dass die Vertragspartner selbst eine Gesellschaft bilden.

c) Form

Weiteres gemeinsames Merkmal schuldrechtlicher Vereinbarungen ist ihre grundsätzliche Formfreiheit. Dies folgt aus ihrem schuldrechtlichen Charakter. Im Einzelfall können sie formbedürftig sein, wenn das Gesetz bestimmte Vor-

---

56 MünchKommBGB/*Ulmer*, vor § 705 Rz. 69.

57 So bereits die frühe Untersuchung von *Lenk*, Abstimmungsverpflichtungen, Heidelberg Univ. Diss. 1935, S. 31 ff.; heute auch *Noack*, Gesellschaftervereinbarungen, 1994, S. 58.

58 *Altvater*, Stimmrechtsbindung AG, Rostock Univ. Diss. 1935, S. 18 f.; *Forstmoser* in FS Schluep, 1988, 359 (367); *Noack*, Gesellschaftervereinbarungen, 1994, S. 58.

gänge für formgebunden erklärt. So schreibt § 15 Abs. 4 GmbHG die notarielle Form für die Verpflichtung zur Abtretung eines Geschäftsanteils vor. Dies ist insbesondere bei Investitionen relevant, bei denen sich Dritte an einer Gesellschaft durch Erwerb eines bereits bestehenden Geschäftsanteils und nicht durch Übernahme eines im Wege einer Kapitalerhöhung neu geschaffenen beteiligen. Diese Möglichkeit der Investition, die vor allem im Bereich der Venture-Capital-Finanzierung von Bedeutung ist, stellt eine Alternative zu der hier behandelten Beteiligung durch Übernahme eines neuen Geschäftsanteils dar. Enthalten Beteiligungsverträge neben anderen Vereinbarungen Abtretungsverpflichtungen, stellt sich die Frage, ob die Formpflicht der Abtretungsverpflichtung nach §15 Abs. 4 GmbHG dazu führt, dass der gesamte Vertrag der notariellen Beurkundung bedarf[59]. Auch Kapitalerhöhungsbeschlüsse bedürfen gemäß §§ 55 Abs. 1, 53 Abs. 2 S. 1 GmbHG und §§ 182 Abs. 1, 130 AktG der notariellen Beurkundung. Dieser Formpflicht unterliegen schuldrechtliche Vereinbarungen über Kapitalbeschaffungsmaßnahmen grundsätzlich nicht, weil sie keine Satzungsänderung darstellen. Es wird aber zu erwägen sein, ob sich unter Berücksichtigung des Beurkundungszwecks möglicherweise doch eine Formpflicht ergeben kann[60].

Schuldrechtliche Vereinbarungen sind grundsätzlich auch nicht im Handelsregister zu veröffentlichen. Sie gehören, um beim Beispiel der Kapitalerhöhungen zu bleiben, nicht zu den in § 57 Abs. 3 GmbHG, §§ 188 Abs. 3, 195 Abs. 2 AktG genannten beim Handelsregister einzureichenden Unterlagen[61].

d) Bindungswirkung

Die mit schuldrechtlichen Vereinbarungen bezweckte Bindung der Parteien kann von unterschiedlicher Intensität sein. Schwächste Bindungswirkung haben bloße

---

59 Diese Frage wird hier ausgeblendet, weil sich die Untersuchung auf Beteiligung durch Übernahme neuer Anteile beschränkt, vgl. aber zu diesem Fragenkreis *Hergeth/Mingau*, DStR 2001, 1217 (1219), die in dem Fall die Formpflichtigkeit des Beteiligungsvertrages bejahen; *Weber, W.*, Side letter, 1996, S. 70 ff.; zu möglichen Auswirkungen der sog. Überseeringentscheidung des EuGH vom 05.11.2002 auf § 15 Abs. 4 GmbHG *Hirte*, FAZ v. 22.01.2003, Nr. 18, S. 19.

60 S. dazu unter § 3I.1.e) und § 4I.1.c).

61 *Köhler*, Nebenabreden, 1992, S. 4; MünchKommAktG/*Bungeroth*, § 54 Rz. 40; *Priester* in FS Claussen, 1997, 319 (319, 322 ff.); Scholz/*Emmerich*, GmbHG, § 3 Rz. 71; *Weber, W.*, Side letter, 1996, S. 17; *Winter*, ZHR 154 (1990), 259 (261 f.); auf weitergehende Offenlegungspflichten von Nebenverträgen mit Blick auf Konzernsachverhalte wird nicht eingegangen, s. aber dazu *Berger*, Nebenverträge, Münster Univ. Diss. 1995, S. 205 ff.; *Druey*, Gutachten H, 1992, S. H58 f.; *Hirte*, Vertragskonzern, 1993, S. 9; *Noack*, Gesellschaftervereinbarungen, 1994, S. 252 f.

Absichtserklärungen, in Zukunft bestimmte Maßnahmen durchführen und entsprechende Vereinbarungen treffen zu wollen oder sich über bestimmte, nicht gemeinsam koordinierte Verhaltensweisen wie Abstimmungsverhalten oder geplante Anteilsübertragungen informieren zu wollen. Hier ist noch keinerlei Bindung bezüglich der eigentlichen Maßnahme gewollt. Solche Erklärungen werden in der heutigen Vertragspraxis häufig mit dem englischen Begriff „letter of intent“ bezeichnet, weil sie ihren Ursprung im angloamerikanischen Rechtsraum haben[62].

Ähnlich unverbindlichen Charakter hat ein sog. “memorandum of understanding“, das die Parteien häufig vor komplexen Transaktionen festlegen und in dem sie den ernsthaften Willen dokumentieren, aktiv zu einer endgültigen Vereinbarung zu gelangen. Die Unverbindlichkeit kann dadurch zum Ausdruck gebracht werden, dass die Parteien festlegen, dass die Bestimmungen keine Rechtspflichten der Parteien begründen und sich die Verpflichtungen vielmehr erst aus den auf Grundlage der Absichtserklärung zu verhandelnden Verträge ergeben sollen, wie dies in ähnlicher Form in einigen der Verfasserin vorliegenden Verträgen vereinbart war. Das „memorandum of understanding unterscheidet sich vom letter of intent dadurch, dass der „letter of intent“ eine einseitige Absichtserklärung darstellt, während das „memorandum of understanding“ mehrseitig ist[63].

Stärkere Bindungswirkung haben Vereinbarungen, das Stimmrecht in engstem Einvernehmen ausüben zu wollen[64]. In ähnliche Richtung gehen Vereinbarungen, auf ein bestimmtes Verhalten eines nicht an der Vereinbarung beteiligten Dritten im Rahmen des gesetzlich Zulässigen hinwirken zu wollen[65]. Es wird

62 Ausführlich dazu *Lutter*, Letter of Intent, S. 3 ff., 19 ff.; Muster bei Münch-Vertragshdb/*Thümmel*, Bd. 4/III, Formular I.1, Anm. 1; *Rayermann*, Internationaler Konsortialvertrag, 2002, S. 128 f.; aktuell z. B. die Absichtserklärung zwischen dem Fiat-Konzern und dem Finanzinvestor Carlyle über den Verkauf einer Tochtergesellschaft von Fiat in FAZ v. 08.04.2003, Nr. 83, S. 21.

63 So die Unterscheidung bei *Lutter*, Letter of Intent, S. 14 f., 106 ff.

64 In BGHZ 90, 381 (391) – insoweit nur abgedruckt in WM 1984, 625 (627) – hatten die Parteien, Aktionäre einer AG, einen Konsortialvertrag geschlossen, in dem sie sich verpflichteten, im engsten Einvernehmen miteinander ihren Einfluss auf ihre Gesellschaft auszuüben, indem sie die den entsprechenden Organen zur Entscheidung vorzulegenden Fragen vorab mit dem Ziel einer Übereinstimmung erörtern wollten. Der BGH hatte u. a. die Frage zu entscheiden, ob der Konsortialvertrag der Beklagten einen unternehmerischen Einfluss i. S. d. § 17 AktG verschaffe, was das Gericht jedoch aus tatsächlichen Gründen ablehnte; *Noack*, Gesellschaftervereinbarungen, 1994, S. 35.

65 Solche Verpflichtungen finden sich in der Praxis häufig in Rahmenverträgen zwischen zwei Gesellschaften zur Vorbereitung eines Unternehmenskaufes, bei dem die Gesellschafter nicht Partei sind und deswegen die Gesellschaften nur jeweils abge-

zwar noch keine Vereinbarung hinsichtlich des tatsächlichen Abstimmungsverhaltens oder der zu entscheidenden Maßnahme getroffen und insoweit ist auch noch keine Festlegung gewollt. Die Bindungswirkung ist aber dennoch intensiver als bei reinen Absichtserklärungen, weil die Vereinbarung bereits festlegt, gewisse noch nicht näher definierte Maßnahmen vorab abzustimmen und sich nicht nur gegenseitig zu informieren. Welche Rechtsfolgen sich daran knüpfen, hängt von der jeweiligen Ausgestaltung im Einzelfall ab. Eine Inanspruchnahme wegen Verletzung des Vertrauensverhältnisses als Pflichtverletzung nach Maßgabe des § 280 Abs. 1 S. 1 BGB für den Fall, dass eine Partei die vorherige Abstimmung mit den anderen Parteien nicht sucht, ist denkbar[66]. Die letzte Stufe von Vereinbarungen, die immer Bindungswirkung haben, bilden schließlich solche, in denen konkrete Verhaltenspflichten oder Maßnahmen festgelegt werden. Die gewollte Bindung an die Vereinbarung erkennt man bereits daran, dass solche Vereinbarungen sehr häufig Vertragsstrafen für den Fall abredewidrigen Verhaltens vorsehen[67].

e) Auslegung

Ausgangspunkt zur Beantwortung der Frage, nach welchen Regelungen die Auslegung von schuldrechtlichen Vereinbarungen erfolgen muss, sind die §§ 133, 157 BGB und damit die Grundsätze der vertraglichen Auslegung. Sie gelten für schuldrechtliche Vereinbarungen[68]. Es gilt dagegen nicht der Grundsatz der sog. objektiven Auslegung, nach dem korporative Satzungsbestandteile ausgelegt werden. Der Grundsatz der objektiven Auslegung sagt, dass bei Zweifelsfragen nur auf den Satzungstext zurückgegriffen werden darf, nicht aber auf Umstände, die außerhalb der Urkunde liegen[69]. Der Grund für diesen strengeren Ausle-

---

milderte Verpflichtungen, die sich in ernsthaften Bemühungen erschöpfen, eingehen.

66 So auch *Noack*, Gesellschaftervereinbarungen, 1994, S. 36, noch zur Rechtslage vor Einführung des einheitlichen Tatbestandes der Pflichtverletzung in § 280 BGB n. F. durch das SMG, der jetzt auch die culpa in contrahendo umfasst; vgl. dazu Palandt/*Heinrichs*, § 280 Rz. 8.

67 Musterformulierung einer Vertragsstrafe s. unten in § 3I.1.g)bb).

68 BGHZ 14, 25 (36 f.) (GmbH); BGHZ 36, 296 (314 f.) (AG); *Berger*, Nebenverträge, Münster Univ. Diss. 1995, S. 138 ff.; *Hüffer*, AktG, § 54 Rz. 8; MünchKommAktG/*Bungeroth*, § 54 Rz. 38; *Noack*, Gesellschaftervereinbarungen, 1994, S. 84; *Priester*, DB 1979, 681 (686); Rowedder/*Schmidt-Leithoff*, GmbHG, § 2 Rz. 79; *Ulmer*, NJW 1987, 1849 (1851); *Winter*, ZHR 154 (1990), 259 (264).

69 BGHZ 14, 25 (36 f.) (GmbH); BGHZ 36, 296 (314 f.) (AG); BGHZ 123, 347 (350 f.) (AG); BGH WM 1983, 334 (334) (GmbH); Hachenburg/*Ulmer*, Großkommentar GmbHG, § 2 Rz. 139; *Noack*, Gesellschaftervereinbarungen, 1994, S. 80.

gungsgrundsatz ist, dass die Satzung nicht nur für die gegenwärtigen Gesellschafter, sondern auch für zukünftige und für Gesellschaftsgläubiger Bedeutung haben kann. Deswegen ist alleine der objektive Erklärungswert der Satzung maßgebend, da auch nur dieser für jedermann wegen der Veröffentlichung der Satzung im Handelsregister einsehbar und damit erkennbar ist[70].

Schuldrechtliche Vereinbarungen bedürfen dieses Schutzes grundsätzlich nicht, weil diese ohnehin nur zwischen den beteiligten Parteien gelten, die den Inhalt der Vereinbarung nebst allen dazugehörigen Unterlagen regelmäßig kennen. Dies gilt unabhängig vom Ort der Regelung, also davon, ob eine Regelung innerhalb der Satzung als nichtkorporativer oder außerhalb der Satzung getroffen wird, weil es auf den materiell schuldrechtlichen Charakter ankommt und nicht auf die Form.

Teilweise wird der Grundsatz der vertraglichen Auslegung für Vereinbarungen, an denen Dritte ein Interesse haben, dahingehend eingeschränkt, dass Umstände, die den Dritten nicht erkennbar waren, nicht zu ihren Ungunsten berücksichtigt werden dürften[71]. Dies gilt in erster Linie für nichtkorporative Regelungen. Bei diesen können – wie bei korporativen Satzungsbestandteilen – auch außenstehende Umstände eine Rolle spielen, die formal aus der Satzung nicht ersichtlich sind. Dennoch bleibt es nach der ganz überwiegenden Auffassung zu recht auch bei nichtkorporativen Satzungsbestandteilen bei der vertraglichen Auslegung, weil es keinen Unterschied machen kann, ob die Regelung zufällig in der Satzung enthalten ist oder nicht[72].

Für die gerichtliche Überprüfbarkeit schuldrechtlicher Vereinbarungen gilt § 545 Abs. 1 ZPO. Möglich ist daher nur eine beschränkte gerichtliche Überprüfung auf Verletzung von Gesetzen oder allgemein anerkannten Auslegungsregeln. Der Grundsatz der unbeschränkten Revisibilität korporativer Bestandteile kann dabei aus denselben Gründen wie bei der Auslegung selbst keine Anwendung finden[73].

70 So deutlich Rowedder/*Schmidt-Leithoff*, GmbHG, § 2 Rz. 78.

71 Kölner Kommentar AktG/*Kraft*, § 23 Rz. 104 und Kölner Kommentar AktG/*Lutter*, § 54 Rz. 25.

72 BGHZ 36, 296 (314) (AG); BGH LM Nr. 25 zu § 549 ZPO (GmbH); MünchKommAktG/*Bungeroth*, § 54 Rz. 38; *Noack*, Gesellschaftervereinbarungen, 1994, S. 85; *Priester*, DB 1979, 681 (686).

73 BGHZ 36, 296 (314); Großkommentar AktG/*Henze*, § 54 Rz. 63; Hachenburg/*Ulmer*, Großkommentar GmbHG, § 2 Rz. 150; MünchKommAktG/*Bungeroth*, § 54 Rz. 38; *Priester*, DB 1979, 681 (686); *Teichmann*, Gestaltungsfreiheit, 1970, S. 134, sämtlich noch zu § 549 ZPO a. F., neugef. durch Art. 2 ZPO-RG.

f) Zulässigkeit

Die vorangegangenen Ausführungen lassen auf eine grundsätzliche Zulässigkeit schuldrechtlicher Vereinbarungen schließen. Sie sind nur dann unzulässig, wenn die Prüfung ergibt, dass „es gesetzlich unstatthaft ist, Verpflichtungen der erwähnten Art außerhalb der Satzung zu begründen"[74]. In der zitierten Entscheidung vom 20.11.1925 hatte das RG über die Gültigkeit einer privatschriftlichen Vereinbarung zu entscheiden, die die Gesellschafter einer GmbH geschlossen hatten. In der Vereinbarung hatten sie sich u. a. verpflichtet, sowohl ihre gegenseitigen Pflichten als auch die gegenüber ihrer Gesellschaft zeitgleich mit der Gründung zu regeln. Später stritten die Gesellschafter über die Formwirksamkeit der Vereinbarung. Das RG hielt die Vereinbarung mit der Begründung für formwirksam, dass es mit dem Wesen der GmbH durchaus vereinbar sei, wichtige Abreden, auch wenn durch sie das erstrebte wirtschaftliche Ziel erst erreicht werde, außerhalb der Satzung zu treffen[75].

Schuldrechtliche Vereinbarungen in der AG unterliegen grundsätzlich nicht § 23 Abs. 5 AktG, weil der Grundsatz der Satzungsstrenge, wie oben in II.1 erörtert, nur für korporative Regelungen gilt. Die Grenze der Zulässigkeit verläuft dort, wo die Regelungsinhalte zwingendes Satzungsrecht berühren[76]. Die Grenzen werden unter § 4 herausgearbeitet.

In § 3 und § 4 geht es darum, die einzelnen Vereinbarungen im Zusammenhang mit Kapitalbeschaffungsmaßnahmen in AG und GmbH auf ihre gesetzliche Zulässigkeit zu überprüfen.

IV. Mögliche Inhalte schuldrechtlicher Vereinbarungen über Kapitalbeschaffungsmaßnahmen

Wie bereits einleitend erwähnt, orientiert sich die Darstellung der möglichen Inhalte schuldrechtlicher Vereinbarungen über Kapitalbeschaffungsmaßnahmen an den verschiedenen Formen der Kapitalerhöhung und an den einzelnen Phasen einer Kapitalerhöhung.

---

74 So bereits RGZ 112, 273 (277) (GmbH).

75 RGZ 112, 273 (278); ständige Rechtsprechung vgl. nur BGH 29.09.1969 LM Nr. 8 zu § 2 GmbHG = AG 1970, 86 (87).

76 Die Zulässigkeit für die AG noch ablehnend noch RGZ 49, 77 (80); in der Folgezeit aber bis heute grundsätzlich bejahend z. B. BGH WM 1987, 10 (11) m. Anm. *Flume*, JZ 1987, 572 (572); für die GmbH RGZ 83, 216 (218 f.); BGH WM 1983, 334 (334); BGH WM 1993, 641 (642) m. Anm. *Reimann*, EWiR § 2 GmbHG 1/93, 455 (455 f.).

1. Reguläre Kapitalerhöhung (§§ 182 ff. AktG, §§ 55 ff. GmbHG)

Die nachfolgenden Ausführungen in den Gliederungspunkten a) und b) beschränken sich auf die reguläre Kapitalerhöhung, weil nur diese gleichermaßen im AktG und GmbHG vorgesehen ist. Gliederungspunkte 2 und 3 behandeln dann im Überblick Sonderformen der Kapitalerhöhung im Aktienrecht.

a) Kapitalerhöhungsbeschluss

Die AG erhöht nach Gründung ihr Grundkapital im Wege der Kapitalerhöhung gegen Einlagen nach §§ 182 ff. AktG. Bei der Kapitalerhöhung gegen Einlagen wird das Grundkapital der Gesellschaft durch Ausgabe neuer Aktien gegen Bar- oder Sacheinlagen erhöht. Das Verfahren gliedert sich in zwei Phasen, den Kapitalerhöhungsbeschluss und die Durchführung der Kapitalerhöhung. Der Kapitalerhöhungsbeschluss beinhaltet die Entscheidung über die Erhöhung des Grundkapitals. Er ist eine satzungsändernde Maßnahme. Zwar sprechen Wortlaut und System nicht eindeutig dafür, dass es sich beim Kapitalerhöhungsbeschluss um eine Satzungsänderung handelt, weil in der Überschrift des sechsten Teils des AktG Satzungsänderung und Maßnahmen der Kapitalbeschaffung nebeneinander aufgeführt werden. Man könnte daher vermuten, die Eigenkapitalbeschaffung verlange keine Satzungsänderung[77]. Dennoch steht der satzungsändernde Charakter der Maßnahme außer Zweifel, weil § 23 Abs. 3 Nr. 3 AktG die Höhe des Stammkapitals als korporativen Satzungsbestandteil festlegt[78]. Gleiches gilt in der GmbH. Hier erfolgt die Erhöhung des Stammkapitals nach Gründung durch ordentliche Kapitalerhöhung nach §§ 55 ff. GmbHG. Diese Form der Kapitalerhöhung entspricht der Kapitalerhöhung gegen Einlagen bei der AG. Auch hier gliedert sich der Ablauf in zwei Phasen, die des Kapitalerhöhungsbeschlusses und die der Durchführung der Kapitalerhöhung. Auch der Kapitalerhöhungsbeschluss im Rahmen der ordentlichen Kapitalerhöhung stellt eine Satzungsänderung dar, weil der Betrag des Stammkapitals gemäß § 3 Abs. 1 Nr. 4 GmbHG korporativer Satzungsbestandteil ist. Kapitalerhöhungsverpflichtungen, also die Verpflichtungen seitens der Gesellschafter, einer Kapitalerhöhung zuzustimmen, betreffen die erste Phase der Kapitalerhöhung, weil sie der Vorbereitung des Kapitalerhöhungsbeschlusses dienen[79].

---

77 Diesen Gedanken wirft Großkommentar AktG/*Wiedemann*, § 179 Rz. 83 auf, ohne ihn zu unterstützen.

78 *Hüffer*, AktG, § 179 Rz. 35; Kölner Kommentar AktG/*Lutter*, § 182 Rz. 3.

79 Vgl. Musterformulierung einer Kapitalerhöhungsverpflichtung zwischen GmbH-Gesellschaftern unten § 31.1.a).

Das Erfordernis einer Satzungsänderung zum Zweck der Kapitalerhöhung hat, auch mit Blick auf die Zulässigkeit von Kapitalerhöhungsverpflichtungen, drei Konsequenzen, und zwar in Bezug auf Kompetenz, Stimmenmehrheit und Form.

aa) Kompetenz zur Beschlussfassung

Die Kompetenz, den Kapitalerhöhungsbeschluss zu fassen, liegt gemäß § 53 Abs. 1 GmbHG und § 179 Abs. 1 AktG zwingend bei der Gesellschafter- bzw. Hauptversammlung. Nur die Gesellschafter können über eine Satzungsänderung entscheiden. Sie können die Entscheidung nicht auf eine anderes Gesellschaftsorgan übertragen[80]. Die Kompetenzfrage spielt im Zusammenhang mit schuldrechtlichen Vereinbarungen über Kapitalbeschaffungsmaßnahmen insbesondere dann eine Rolle, wenn sich die Gesellschaft gegenüber einem Dritten, z. B. im Rahmen einer geplanten Venture-Capital-Finanzierung, zur Beschlussfassung über eine Kapitalerhöhung und zu deren Durchführung verpflichtet. Stellt eine solche Verpflichtung einen Eingriff in die originäre Zuständigkeit der Gesellschafter- bzw. Hauptversammlung dar und ist sie damit aus kompetenzrechtlichen Gründen unwirksam[81]?

bb) Erforderliche Stimmenmehrheit

Die Gesellschafterversammlung muss die Kapitalerhöhung mit einer Mehrheit von drei Vierteln der abgegebenen Stimmen beschließen. Allenfalls Erhöhungen hinsichtlich der erforderlichen Mehrheit sind möglich. Dies folgt aus § 53 Abs. 2 S. 2 GmbHG, der das Aufstellen „noch anderer Erfordernisse" zulässt. Geringere Mehrheiten sind somit unzulässig[82]. Auch die Hauptversammlung beschließt die Kapitalerhöhung gemäß § 182 Abs. 1 S. 1 AktG grundsätzlich mit qualifizierter Mehrheit in Höhe von 75 % des bei der Hauptversammlung vertretenen Grundkapitals. Jedoch kann die Satzung gemäß § 179 Abs. 2 S. 2 AktG auch eine andere Kapitalmehrheit vorschreiben, soweit die jeweils speziellere Norm nicht zwin-

80 *Brunkhorst*, Finanzierungskompetenzen AG, Hamburg Univ. Diss. 1995, S. 23; Hachenburg/*Ulmer*, Großkommentar GmbHG, § 53 Rz. 2, 23; *Hirte*, Kapitalgesellschaftsrecht, Rz. 3.278 zum Regelungsstand bei der „Societas Europea - SE"; *Teichmann*, ZIP 2002, 1109 (1115) zum Einfluss der Einführung der „Societas Europea - SE" auf das deutsche Recht in Bezug auf Kompetenz und Mehrheitsverhältnisse bei Satzungsänderungen.

81 Näher dazu unten in § 31.3.b) und § 41.3.b).

82 Ausnahmen, wonach die einfache Mehrheit für Satzungsänderungen genügt finden sich lediglich in einigen gesetzlichen Übergangsregelungen, so z. B. in §§ 37 Abs. 1 S. 2 MitbestG.

gende Mehrheitserfordernisse aufstellt. Spezielle Norm ist hier § 182 Abs. 1 S. 1 AktG. Sie enthält jedoch nachgiebiges Recht. Dies ergibt sich aus § 182 Abs. 1 S. 2 AktG, wonach die Satzung auch eine größere oder geringere Kapitalmehrheit als 75 % bestimmen kann. Erforderlich ist allein, dass eine Kapital*mehrheit* entscheidet, und wenn es auch nur eine einfache ist. Es gilt gemäß § 182 Abs. 1 S. 2 AktG jedoch eine Ausnahme für die Ausgabe stimmrechtsloser Vorzugsaktien, für deren Beschluss das Mehrheitserfordernis allenfalls über 75 % hinaus erhöht werden kann.

Wegen des zwingenden Charakters des Mehrheitserfordernisses sucht die Vertragspraxis auf schuldrechtlicher Ebene Auswege zur Veränderung der Einflussnahme bei Gesellschafter- bzw. Hauptversammlungsbeschlüssen. Gängiges Instrument ist der Stimmbindungsvertrag, auch Poolvertrag oder Konsortialvertrag genannt. Die an der Abrede beteiligten Gesellschafter verpflichten sich, ihre Stimmrechte einheitlich auszuüben und ihre gemeinsame Position vor der jeweiligen Gesellschafterversammlung nach einer definierten Mehrheit – regelmäßig wird eine einfache Mehrheit genügen – festzulegen. Die im Pool gesammelten Stimmrechte begegnen den übrigen „freien" Stimmrechten als Einheit, was zur Konsequenz haben kann und nach der Intention der an der Stimmbindungsvereinbarung beteiligten Gesellschafter auch haben soll, dass sie den Ausgang der Abstimmung entscheiden, weil sie „mit einer Stimme sprechen". Auch Kapitalerhöhungsverpflichtungen haben ein stimmrechtsbindendes Element. Der Gesellschafter verpflichtet sich, sein Stimmrecht in einer bestimmten Weise auszuüben, nämlich dem Kapitalerhöhungsbeschluss zuzustimmen oder im Falle einer Negativvereinbarung, die Zustimmung zu verweigern. Zahlreiche Autoren haben sich bereits mit verschiedenen Gesichtspunkten des Stimmbindungsvertrages beschäftigt, so vor allem mit der Zulässigkeit von Stimmbindungsvereinbarungen, mit der Rechtsnatur und verschiedenen Arten von Poolverträgen sowie der gerichtlichen Durchsetzbarkeit solcher Vereinbarungen[83]. Die Besonderheiten von Kapitalerhöhungsverpflichtungen haben wenn überhaupt nur am Rand Berücksichtigung gefunden[84]. Daher wird den Fragen nachgegangen, ob Kapitalerhöhungsverpflichtungen als auf einen Einzelfall bezogene Stimmbindungsvereinbarungen

83 Vgl. nur *Hintz-Bühler*, Aktionärsbindungsverträge, 2001 (CH), insbes. S. 49 ff., 190 ff.; *Lübbert*, Abstimmungsvereinbarungen, 1971, S. 95 ff. über das deutsche Recht; *Köhler*, Nebenabreden, 1992, insbes. S. 24 ff.; *Noack*, Gesellschaftervereinbarungen, 1994, insbes. S. 66 ff., S. 144 ff.; *Overrath*, Stimmrechtsbindung, 1973, insbes. S. 60 ff., 95 ff.; *Ripka*, Poolverträge, 2000, insbes. S. 21 ff.

84 *Lübbert*, Abstimmungsvereinbarungen, 1971, S. 76 erwähnt Kapitalerhöhungsverpflichtungen als ein Beispiel für Einzelfallvereinbarungen; *Noack*, Gesellschaftervereinbarungen, 1994, beschäftigt sich mit diesem Problem unter dem Gesichtspunkt „Finanzierung" auf S. 319 ff. seiner Habilitation.

zu begreifen sind oder ob sie schuldrechtliche Verpflichtungen eigener Art darstellen, und welche Konsequenzen sich aus der jeweiligen Einordnung ergeben.

cc) Formerfordernisse des Kapitalerhöhungsbeschlusses

Dritte Konsequenz aus der Notwendigkeit der Satzungsänderung zum Zweck der Kapitalerhöhung ist das Formerfordernis. Der Kapitalerhöhungsbeschluss bedarf gemäß § 53 Abs. 2 S. 1 GmbHG und § 130 Abs. 1 S. 1 AktG der notariellen Beurkundung. Im Aktienrecht muss gemäß § 184 Abs. 1 S. 1 AktG bereits der Kapitalerhöhungsbeschluss vor Durchführung zur Eintragung in das Handelsregister angemeldet werden. Im GmbH-Recht dagegen muss der Beschluss gemäß § 54 Abs. 1. S. 1 GmbHG erst nach Durchführung der Kapitalerhöhung in das Handelsregister eingetragen werden. Schuldrechtliche Vereinbarungen sind grundsätzlich weder notariell zu beurkunden noch einzutragen. Sie sind formfrei wirksam und nicht publizitätspflichtig. Zu analysieren wird aber sein, ob der Grundsatz der Formfreiheit auch für Kapitalerhöhungsverpflichtungen uneingeschränkt gilt und wo möglicherweise von diesem Grundsatz, z. B. wegen einer hohen Bindungsintensität der Vereinbarungen, abgewichen werden muss.

dd) Unterlassen einer Kapitalerhöhung

Ebenso wie eine Kapitalerhöhungsverpflichtung ist eine Verpflichtung der Gesellschafter mit dem entgegengesetzten Inhalt, die Durchführung einer Kapitalerhöhung zu unterlassen, denkbar. Eine solche Verpflichtung kann sinnvoll sein, wenn die Gesellschafter die Zusammensetzung des Gesellschafterkreises sicherstellen wollen[85]. Denn ohne eine Kapitalerhöhung können keine neuen Anteile geschaffen werden, können sich folglich auch keine potentiellen neuen Gesellschafter an der Gesellschaft beteiligen. Vereinbarungen mit einer solchen Zweckrichtung sind sowohl bei Familien- als auch Publikumsgesellschaften von Bedeutung. Bei Publikumsgesellschaften steht allerdings nicht die Stabilisierung des Aktionärskreises im Vordergrund, da sich dieser ständig verändert. Vielmehr geht es darum, außenstehenden Investoren zu signalisieren, dass der Wert der Altaktien jedenfalls nicht durch weitere Kapitalerhöhungen verwässert wird[86].

---

85 So z. B. in dem der Entscheidung BGH WM 1970, 904 (904) zugrundeliegenden Sachverhalt, in dem die Parteien vereinbart hatten, dass die zwischen ihnen geschlossenen Verträge nicht zum Nachteil einer Seite verändert werden dürften; näher dazu unter § 3I.4.

86 *Barthelmeß/Braun*, AG 2000, 172 (172); *Fredebeil*, Underwriting Agreement, 2002, S. 234; *Otto*, AG 1991, 369 (369, 371); *Technau*, AG 1998, 445 (457).

b) *Durchführung der Kapitalerhöhung*

Die zweite Phase der Kapitalerhöhung, die der Durchführung des Kapitalerhöhungsbeschlusses dient, vollzieht sich in mehreren Schritten, die inhaltlich voneinander zu trennen sind, zeitlich aber häufig zusammenfallen, ggf. sogar mit dem Kapitalerhöhungsbeschluss. Diese Schritte sind in der GmbH die Zulassung, Übernahme, Anteilserbringung und die Eintragung, in der AG sind es die Zeichnung, Anteilserbringung und Eintragung.

aa) *Zulassung*

In der GmbH ist der erste Schritt die Frage über die Zulassung der bereits vorhandenen oder zukünftigen Gesellschafter zur Übernahme eines neuen Anteils. Dies legt jedenfalls die Regelung in § 55 Abs. 2 S. 1 GmbHG nahe. Zwar ist das Erfordernis eines ausdrücklichen Zulassungsbeschlusses im Einzelnen streitig. Es besteht jedoch Einigkeit darüber, dass ein solcher Beschluss, wenn er gefasst wird, einen korporativen Akt darstellt, über den die Gesellschafterversammlung entscheidet[87]. Dieser kann, da er selbst keine Satzungsänderung ist, formfrei geschlossen werden kann.

Daneben ist es denkbar und in der Praxis üblich, dass die Gesellschaft den Alt- oder Neugesellschaftern die Übernahme eines neuen Anteils schuldrechtlich zusichert. Eine solche Zusicherung bedeutet im Ergebnis die Annahme der Zeichnungs- bzw. Übernahmeerklärung[88]. Hier ist der Zeitpunkt der Abgabe der Erklärung entscheidend. Denn für die AG stellt sich für Zusicherungen vor dem Kapitalerhöhungsbeschluss die Frage nach der Vereinbarkeit mit § 187 Abs. 2 AktG, der seinem Wortlaut nach jegliche Zusicherungen auf den Bezug von Aktien vor dem Hauptversammlungsbeschluss verbietet. Im GmbHG findet sich eine solche Vorschrift nicht. Hier stellt sich die Frage, ob der Rechtsgedanke des § 187 Abs. 2 AktG auch im GmbH-Recht gilt.

---

87 Nach der noch herrschenden Meinung ist ein Zulassungsbeschluss, der das Bezugsrecht festlegt, in jedem Fall erforderlich, insbes. auch dann, wenn zur Übernahme nur die Altgesellschafter zugelassen werden sollen, so Hachenburg/*Ulmer*, Großkommentar GmbHG, § 55 Rz. 33; MünchHdbGesR III/*Wegmann*, § 53 Rz. 15; Rowedder/*Zimmermann*, GmbHG, § 55 Rz. 27; *Winter*, Treubindungen GmbH, 1988, S. 263 f. Für den letztgenannten Fall in Analogie zu § 186 Abs. 1 AktG ein gesetzliches Bezugsrecht anerkennend und deswegen das Erfordernis eines Zulassungsbeschlusses ablehnend Baumbach/Hueck/*Zöllner*, GmbHG, § 55 Rz. 14; *Lutter/Hommelhoff*, GmbHG, § 55 Rz. 25; Scholz/*Priester*, GmbHG, § 55 Rz. 40; s. zu dem Streit näher unter § 3III.1.

88 So für eine entsprechende Erklärung einer GmbH *Fleck*, ZGR 1988, 104 (117).

bb) Übernahme

Zweiter Schritt bei der Durchführung der Kapitalerhöhung ist die Übernahme bzw. Zeichnung der neuen Anteile. In dem Zusammenhang sind schuldrechtliche Übernahmeverpflichtungen seitens der Alt- oder Neugesellschafter von Bedeutung.

(1) Übernahmevertrag

Der Übernahmevertrag zwischen GmbH und Übernehmer ist korporativer Natur, denn er ist auf Erwerb oder Erweiterung der Mitgliedschaftsrechte gerichtet[89]. Die Übernahmeerklärung des (neuen) Gesellschafters bedarf gemäß § 55 Abs. 1 GmbHG der notariellen Beglaubigung. Dieses Formerfordernis gilt aber dem Wortlaut dieser Vorschrift nach nur für die Erklärung des Übernehmers. Die Annahme ist daher formfrei wirksam[90]. In der Praxis ist es üblich und zulässig, den Übernahmevertrag bereits in den Kapitalerhöhungsbeschluss mit aufzunehmen[91]. Zuständig für die Annnahme des Übernahmeangebots ist die Gesellschafterversammlung. Dies ergibt sich aus dem korporativen Charakter des Übernahmevertrages. Es geht nicht nur um die rechtsgeschäftliche Bestätigung des Geschäfts nach außen, wofür gemäß § 35 GmbHG der Geschäftsführer zuständig wäre[92]. Vielmehr ist Gegenstand des Übernahmevertrages die Gestaltung des Gesellschaftsverhältnisses. Diese liegt jedoch im Kompetenzbereich der Gesellschafterversammlung[93]. Für die Annahme genügt die einfache Mehrheit[94].

Der Abschluss des Übernahmevertrages begründet die Verpflichtung des Übernehmers zur Übernahme des neuen Anteils. Die Gesellschaft verpflichtet sich, die in ihre Zuständigkeit fallenden Voraussetzungen zur Eintragung des Beschlusses, wie die Einforderung der Mindesteinlagen und die Anmeldung des Beschlusses zu schaffen.

---

89 BGHZ 49, 117 (119); Hachenburg/*Ulmer*, Großkommentar GmbHG, § 55 Rz. 60; *Lutter/Hommelhoff*, GmbHG, § 55 Rz. 26; MünchHdbGesR III/*Wegmann*, § 53 Rz. 24; Scholz/*Priester*, GmbHG, § 55 Rz. 71.

90 Allgemeine Ansicht, s. nur BGH WM 1966, 1262 (1263); *Lutter/Hommelhoff*, GmbHG, § 55 Rz. 26.

91 *Lutter/Hommelhoff*, GmbHG, § 55 Rz. 26; s. dazu auch das Muster bei HK GmbH-Recht/*Schulze*, Teil IX G 31.

92 So z. B. noch RGZ 98, 349 (352), allerdings ohne nähere Begründung.

93 BGHZ 49, 117 (119); Hachenburg/*Ulmer*, Großkommentar GmbHG, § 55 Rz. 72; Scholz/*Priester*, GmbHG, § 55 Rz. 73.

94 OLG Frankfurt/M., BB 1981, 1360 (1361) m. Anm. *Mertens*, AG 1981, 216 (217); Hachenburg/*Ulmer*, Großkommentar GmbHG, § 55 Rz. 71.

Parallel zur GmbH beinhaltet bei der AG die Zeichnung nach § 185 Abs. 1 S. 1 AktG die Verpflichtung des Zeichners zur Übernahme der neuen Aktien gegen Zahlung der Einlagen[95]. Sie erfolgt durch Ausstellung des Zeichnungsscheins, der gemäß § 185 Abs. 1 AktG schriftlich ausgestellt sein und bestimmte Angaben über den Ablauf der Kapitalerhöhung enthalten muss. Die Zeichnung ist ebenfalls ein körperschaftlicher Vertrag.

(2) Übernahmeverpflichtungen

Weder im GmbH- noch im Aktienrecht gibt es eine statutarische Pflicht seitens der Gesellschafter, sich an der Kapitalerhöhung durch Übernahme eines neuen Anteils zu beteiligen. Im Aktienrecht folgt dies bereits aus dem Verbot der statutarischen Mehrleistungsverpflichtung in § 54 Abs. 1 AktG. Eine statutarische Zeichnungspflicht würde im Ergebnis eine gesellschaftsrechtliche Nachschusspflicht bedeuten, die das Aktienrecht nicht kennt[96]. Rechtsformübergreifend ergibt sich dies auch aus § 707 BGB für die GmbH. Dies gilt auch für die Frage der Beteiligung an einer Kapitalerhöhung, selbst wenn die Gesellschafter dem Kapitalerhöhungsbeschluss zugestimmt haben[97]. In der AG bleibt daher nur der Weg, entsprechende Verpflichtungen auf schuldrechtlicher Basis festzulegen.

In der GmbH besteht zwar gemäß § 3 Abs. 2 GmbHG die Möglichkeit, statutarische Übernahmeverpflichtungen der Gesellschafter als Nebenleistungspflichten im Gesellschaftsvertrag festzulegen. Dennoch wird hier in der Praxis häufig auf schuldrechtliche Übernahmevereinbarungen zurückgegriffen, weil diese flexibler und leichter abänderbar sind. Bei Begründung von Übernahmepflichten zukünftiger Gesellschafter bleibt dagegen auch in der GmbH nur der Weg über die Regelung in schuldrechtlichen Verträgen, weil im Gesellschaftsvertrag keine Rechte und Pflichten Dritter begründet werden können. Solche Zeichnungsverpflichtungen bieten für die Gesellschaft den Vorteil, dass sich für sie das Risiko der Platzierbarkeit der Anteile reduziert[98]. Auch hier sind Erklärungen unterschiedlichen Inhalts üblich. Zum einen können die Gesellschafter oder Dritte sich im Rahmen eines Vorvertrages dazu verpflichten, sich durch Abgabe einer Über-

95 *Hirte*, Kapitalgesellschaftsrecht, Rz. 6.17.

96 Geßler u.a./*Hefermehl/Bungeroth*, Aktiengesetz, § 182 Rz. 7; Großkommentar AktG/*Wiedemann*, § 182 Rz. 38; *Hirte*, Kapitalgesellschaftsrecht, Rz. 6.25; *Priester*, ZGR 1977, 445 (465).

97 S. dazu schon oben § 2II.2.

98 Scholz/*Priester*, GmbHG, § 55 Rz. 114; in den der Verfasserin zu Recherchezwecken zur Verfügung gestellten Übernahmeverträge, war die leichtere Platzierbarkeit der Anteile häufig ausdrücklich als Zweck bereits in der Präambel solcher Verträge genannt.

nahmeerklärung an einer künftigen Kapitalerhöhung zu beteiligen[99]. Dann bezieht sich die Verpflichtung auf die Abgabe einer Übernahmeerklärung. Hier ist insbesondere zu fragen, ob ein solcher Vorvertrag formfrei wirksam ist oder dem Formerfordernis des § 185 Abs. 1 AktG bzw. § 55 Abs. 1 GmbHG genügen muss. Zum anderen können die Gesellschafter oder Dritte eine vorgezogene Übernahmeerklärung abgeben[100]. Eine solche Verpflichtung geht weiter als die vorstehend genannte, weil in ihr bereits die Übernahme des Anteils erklärt wird und nicht nur die Bereitschaft zur Übernahme. Hier ist vor allem zu prüfen, ob die Interessenten eine solche Erklärung auch schon vor dem Kapitalerhöhungsbeschluss abgeben können.

(3) Einschaltung eines Emissionskonsortiums

Darüber hinaus ergeben sich im Aktienrecht noch Sonderfragen im Zusammenhang mit der Platzierung der Anteile. Denn das AktG sieht Erleichterungen für die emittierende Gesellschaft bei der Platzierung der Aktien vor. So hat die Gesellschaft die Möglichkeit, den Aktionären ein mittelbares Bezugsrecht nach § 186 Abs. 5 AktG einzuräumen. Dies setzt einen Beschluss der Hauptversammlung voraus, dass die jungen Aktien zunächst von einem sog. Emissionskonsortium gezeichnet werden, das dann seinerseits die Anteile den Aktionären anbietet. Ein Emissionskonsortium setzt sich regelmäßig aus verschiedenen Banken zusammen, die für die Gesellschaft die Emission koordinieren. Die Aktionäre haben kein reguläres, sondern ein durch ein Konsortium vermitteltes Bezugsrecht. Im Rahmen dieser Untersuchung interessiert nicht so sehr die körperschaftsrechtliche Seite des Verfahrens, also etwa die Anforderungen an den Beschluss nach § 186 Abs. 5 AktG und die Abwicklung der Platzierung und Zeichnung, sondern eher die schuldrechtliche, also die Verpflichtungen, die Emittent, Konsortium und Altaktionäre vor dem Erhöhungsbeschluss eingehen sowie deren Vereinbarkeit mit dem AktG.

cc) Beitragsleistung

Nach Zeichnung bzw. Übernahme der Anteile sind die Einlagen in Form von Bar- oder Sacheinlagen zu leisten. Im Zusammenhang mit der Beitragsleistung

---

99 RGZ 149, 385 (394 ff.) über Übernahmeerklärungen Dritter bezüglich Anteile an einer GmbH; Großkommentar AktG/*Wiedemann*, § 185 Rz. 82; Hachenburg/*Ulmer*, Großkommentar GmbHG, § 55 Rz. 85; *Noack*, Gesellschaftervereinbarungen, 1994, S. 321 ff; Scholz/*Priester*, GmbHG, § 55 Rz. 114.

100 Hachenburg/*Ulmer*, Großkommentar GmbHG, § 55 Rz. 84; Scholz/*Priester*, GmbHG, § 55 Rz. 114.

wird der vierte Aspekt relevant, dem sich diese Untersuchung widmet, nämlich die Aufgeldzahlung anlässlich einer Kapitalerhöhung.

Auf die Einlageleistung bei Kapitalerhöhung in der AG finden gemäß § 188 Abs. 2 S. 1 AktG die Normen über die Einlageleistung bei Gründung der Gesellschaft entsprechende Anwendung. So gilt hinsichtlich der Höhe der Einlagen, dass Bareinlagen mindestens in Höhe von 25 % des geringsten Ausgabebetrages zu erbringen sind. Der geringste Ausgabebetrag entspricht gemäß der Legaldefinition in § 9 Abs. 1 AktG bei Nennbetragsaktien dem Nennwert der Aktie oder bei Stückaktien dem auf die einzelne Stückaktie entfallenden anteiligen Betrag des Grundkapitals. Allerdings besteht, was in der Praxis auch regelmäßig der Fall ist, die Möglichkeit, die Aktien zu einem höheren Betrag als dem geringsten Ausgabebetrag auszugeben, sog. Überpariemission. Diese Differenz wird als Aufgeld oder Agio bezeichnet[101]. § 9 Abs. 2 AktG lässt die Überpariemission ausdrücklich zu. Da das Agio Bestandteil des Ausgabebetrages ist, ist seine Höhe mit der Kapitalerhöhung zu beschließen und in den Kapitalerhöhungsbeschluss aufzunehmen. Die Ausgabe zu einem geringeren Preis als dem geringsten Ausgabepreis, sog. Unterpariemission, ist gemäß § 9 Abs. 1 AktG verboten. Bei der Überpariemission sehen die §§ 188 Abs. 2 S. 1, 36 a Abs. 1 AktG vor, dass das Agio bei Eintragung der Durchführung der Kapitalerhöhung vollständig geleistet sein muss.

Auch in der GmbH darf die Kapitalerhöhung erst angemeldet werden, wenn die Mindesteinlagen auf die Stammeinlagen erbracht sind. § 56 a GmbHG verweist bezüglich der Höhe der Einlageleistung auf die gründungsbezogenen Vorschriften des § 7 Abs. 2 S. 1, 3, Abs. 3 GmbHG. Somit beträgt wie bei der Gründung die Mindesteinlage für Bareinlagen ein Viertel der Stammeinlagen. Sacheinlagen sind vollständig zu leisten. Auch im GmbH-Recht sind Aufgeldzahlungen anlässlich einer Kapitalerhöhung üblich. Das Agio ist im GmbH-Recht nicht ausdrücklich geregelt. Dennoch ist seine Zulässigkeit anerkannt[102]. Es ist regelmäßig Nebenleistungspflicht nach § 3 Abs. 2 GmbHG. Da es als Nebenleistungspflicht einen Satzungsbestandteil bildet, ist die Leistungspflicht, wird sie im Zuge einer Kapitalerhöhung vereinbart, als Teil der satzungsändernden Maßnahme in den Kapitalerhöhungsbeschluss aufzunehmen[103]. Ein möglicherweise zu leistendes Aufgeld ist anders als im Aktienrecht nicht Bestandteil der Mindesteinlage.

---

101 Ausführlich dazu *Herchen*, Agio und verdecktes Agio, 2004, S. 1, 4; *Lutter*, Kapital, 1964, S. 477; MünchKommAktG/*Heider*, § 9 Rz. 35; *Priester* in FS Lutter, 2000, 617 (617).

102 Hachenburg/*Ulmer*, Großkommentar GmbHG, § 5 Rz. 155; *Herchen*, Agio und verdecktes Agio, 2004, S. 21 ff.; *Immenga*, Personalistische Kapitalgesellschaft, 1970, S. 103; *Priester* in FS Lutter, 2000, 617 (632); ausführlich dazu unten in § 3IV.1.b).

103 Scholz/*Priester*, GmbHG, § 55 Rz. 27.

Es besteht demnach keine Volleinzahlungspflicht vor Eintragung. Die Leistungspflicht bezüglich des Aufgeldes bestimmt sich im GmbH-Recht daher allein nach dem Gesellschaftsvertrag oder dem Übernahmevertrag[104].

Wegen der Volleinzahlungspflicht des Agios in der AG und des formalisierten Verfahrens zu seiner Begründung in AG und GmbH hat die Vertragspraxis Alternativen zur Aufgeldzahlung entwickelt. Statt des Aufgeldes verpflichten sich die Übernehmer von Anteilen, eine sog. schuldrechtliche Mehrleistung zu erbringen. Diese gleicht zwar wirtschaftlich dem Agio, unterliegt aber nicht den gleichen gesellschaftsrechtlichen Bestimmungen hinsichtlich ihrer Begründung und Erbringung. Solche schuldrechtlichen Mehrleistungsverpflichtungen sind grundsätzlich zulässig. Zweifel an der Zulässigkeit könnten sich aber wegen ihrer wirtschaftlichen Ähnlichkeit der schuldrechtlichen Mehrleistungsverpflichtung mit dem Agio ergeben. Die Zulässigkeit könnte dann zweifelhaft sein, wenn eine solche Zusatzzahlung anlässlich einer Kapitalerhöhung vereinbart wird und sie wegen der Bedingungen oder wegen der vereinbarten Rechtsfolgen für den Fall ihrer Nichtzahlung einem Agio gleichsteht, ohne dass die Gesellschafter die gesetzlich dafür vorgesehenen Voraussetzungen – Aufnahme in die Satzung und in den Kapitalerhöhungsbeschluss – einhalten. Dieser Fragenkreis wird in Rechtsprechung und Literatur unter dem Schlagwort „verdecktes Agio“ diskutiert[105]. Es geht um die Frage, wann ein solches verdecktes Agio vorliegt und welche Rechtsfolgen dies nach sich zieht.

Häufiger Diskussionsgegenstand im Zusammenhang mit der Beitragszahlung ist das Problem der sog. Voreinzahlungen auf künftige Kapitalerhöhungen. Es geht im Wesentlichen um die Frage, ob Leistungen seitens der Übernehmer von Anteilen, die im Hinblick auf eine noch zu beschließende und durchzuführende Kapitalerhöhung an die Gesellschaft erbracht werden, Tilgungswirkung hinsichtlich der noch zu leistenden Einlage haben[106]. Dieser Themenkreis gehört allerdings nicht mehr zum Untersuchungsgegenstand, weil es um die tatsächliche Leistungserbringung unter dem Gesichtpunkt des Grundsatzes der wirksamen

---

104 *Lutter/Hommelhoff*, GmbHG, § 7 Rz. 3.

105 LG Mainz WM 1986, 1315 (1317, 1320) (AG); *Heckschen*, DStR 2001, 1437 (1444); *Herchen*, Agio und verdecktes Agio, 2004, S. 171 ff.; *Priester* in FS Lutter, 2000, 617 (625); BayObLG ZIP 2002, 1484 (1486) spricht von „gewollter Einlage“.

106 Grundlegend BGHZ 118, 83 (89 ff.) (AG); BGH ZIP 1995, 28 (29 f.) (GmbH); BGH NZG 2001, 27 (29) (GmbH); BGH ZIP 2004, 849 (850) (GmbH); OLG Düsseldorf ZIP 2000, 837 (838) (GmbH) (nicht rkr.); *Lamb*, „Vorfinanzierung“ von Kapitalerhöhungen, 1991, S. 29 ff. zur AG, S. 125 ff. zur GmbH, zeitlich noch vor der neueren, grundlegenden BGH Rechtsprechung.

Kapitalaufbringung geht, und nicht um die zugrundeliegende Vereinbarung über die vorzeitige Leistungserbringung.

dd) Eintragung

In der AG wird die Kapitalerhöhung selbst gemäß § 189 AktG erst mit der Eintragung ihrer Durchführung wirksam. Bei der GmbH wird die Kapitalerhöhung mit Eintragung des Kapitalerhöhungsbeschlusses nach Übernahme der Anteile wirksam, § 57 Abs. 1 GmbHG. Die Eintragung ist jeweils Wirksamkeitsvoraussetzung für die Entstehung der Mitgliedschaftsrechte. Schuldrechtliche Vereinbarungen über Kapitalbeschaffungsmaßnahmen unterliegen dagegen, wie bereits mehrfach erwähnt, grundsätzlich keiner Publizitätspflicht.

2. Bedingte Kapitalerhöhung (§§ 192 ff. AktG)

§ 192 Abs. 1 AktG enthält die Legaldefinition der bedingten Kapitalerhöhung. Danach kann die Hauptversammlung eine Kapitalerhöhung zu dem Zweck beschließen, Aktien für ein Umtausch- oder Bezugsrecht, dessen Ausübungszeitpunkt und -umfang ungewiss sind, verfügbar zu haben[107]. Die Bezugsberechtigten können entscheiden, ob, wann und in welchem Umfang sie von ihrem Umtausch- oder Bezugsrecht Gebrauch machen. Um dieses Recht überschaubarer zu gestalten, darf die bedingte Kapitalerhöhung nur zu besonderen, in § 192 Abs. 2 AktG festgelegten Zwecken durchgeführt werden: zur Gewährung von Umtausch- oder Bezugsrechten an Gläubiger von Wandelschuldverschreibungen, zur Vorbereitung des Zusammenschlusses mehrerer Unternehmen sowie zur Schaffung von Aktien für Arbeitnehmer und Geschäftsführungsmitglieder der Gesellschaft oder verbundener Unternehmen.

Der Beschluss über die bedingte Kapitalerhöhung ist ebenso wie bei der Kapitalerhöhung gegen Einlagen eine satzungsändernde Maßnahme. Zuständig ist allein die Hauptversammlung, die mit qualifizierter Mehrheit von 75 % des in der Hauptversammlung vertretenen Grundkapitals beschließt. Anschließend ist der Beschluss gemäß § 195 Abs. 1 AktG zur Eintragung in das Handelsregister anzumelden. Im Gegensatz zur Kapitalerhöhung gegen Einlagen gibt es bei der bedingten Kapitalerhöhung kein gesetzliches Bezugsrecht. Dies erklärt sich daraus, dass das bedingte Kapital nur für die in § 192 Abs. 2 AktG genannten Zwecke verwendet werden darf. Aus dem jeweiligen Zweck ergibt sich der Kreis der Bezugsberechtigten. Der Ausgabezweck würde seinen Sinn verfehlen, wenn alle

---

107 *Henn*, HdbAktienrecht, Rz. 1255, *Hüffer*, AktG, § 192 Rz. 2.

Aktionäre ein Bezugsrecht hätten[108]. Vielmehr müssen die Bezugsrechte durch Vereinbarung zwischen der Gesellschaft und dem Berechtigten rechtsgeschäftlich begründet werden[109]. Schuldrechtliche Vereinbarungen im Zusammenhang mit dem Bezugsrecht scheinen hier also in größerem Umfang möglich zu sein als bei der Kapitalerhöhung gegen Einlagen. Auch im Zusammenhang mit der Schaffung bedingten Kapitals geht es um die Frage, schuldrechtliche Vereinbarungen in welchem Umfang schuldrechtliche Vereinbarung sinnvoll und zulässig sind.

Das GmbHG enthält keine Regelungen für eine bedingte Kapitalerhöhung. Es stellt sich die Frage, warum gesetzliche Regelungen nicht für erforderlich gehalten wurden. Darüber hinaus wird untersucht, ob eine dem bedingten Kapital vergleichbare Kapitalerhöhungsform auf schuldrechtlicher Grundlage geschaffen werden kann und ob eine solche Regelung vor dem Hintergrund fehlender gesetzlicher Vorgaben im GmbHG sinnvoll ist. Diesen Fragen wird in § 3V.b) näher nachgegangen.

3. Genehmigtes Kapital (§§ 202 ff. AktG)

Beim genehmigten Kapital wird der Vorstand in der Satzung ermächtigt, das Grundkapital bis zu einer in § 202 Abs. 1 AktG festgelegten Maximalhöhe selbst zu erhöhen. Dadurch gestaltet sich diese Finanzierungsform flexibler als die Kapitalerhöhung gegen Einlagen, weil der Vorstand selbst entscheiden kann, wann und in welchem Umfang er von der Ermächtigung Gebrauch macht. Hinsichtlich des Ablaufs dieser Form der Kapitalerhöhung ist zwischen der Bildung des genehmigten Kapitals einerseits und der Durchführung der Kapitalerhöhung durch Entscheidung des Vorstands über die Ausübung des genehmigten Kapitals andererseits zu unterscheiden[110].

Die Bildung genehmigten Kapitals geschieht durch Ermächtigung des Vorstands zur Kapitalerhöhung in der Gründungssatzung gemäß § 202 Abs. 1 oder später durch Satzungsänderung gemäß § 202 Abs. 2 AktG. Im letzteren Fall gelten die allgemeinen Vorschriften über die Satzungsänderung und die Vorschriften über die Kapitalerhöhung gegen Einlagen, soweit nicht die §§ 202 ff. AktG speziellere Regeln vorsehen. Die Zuständigkeit der Hauptversammlung für die Ermächtigung folgt somit, da eine Satzungsänderung erforderlich ist, aus §§ 202 Abs. 2 S. 1, 179 Abs. 1 S. 1 AktG. Die Mehrheitserfordernisse sind in § 202 Abs. 2 S. 2 AktG geregelt. Die Satzungsänderung erfordert eine Mehrheit von

---

108 *Hüffer*, AktG, § 192 Rz. 3.
109 MünchHdbGesR IV/*Krieger*, § 57 Rz. 27.
110 *Hüffer*, AktG, § 202 Rz. 3.

mindestens 75 % des bei Beschlussfassung vertretenen Kapitals. Im Unterschied zu § 182 Abs. 1 S. 2 AktG kann dieses Mehrheitserfordernis allenfalls verschärft, nicht aber erleichtert werden, § 202 Abs. 2 S. 3 AktG. Die Ermächtigung ist erst mit Eintragung in das Handelsregister wirksam, wie sich aus § 181 Abs. 3 AktG ergibt. Die Aktionäre haben grundsätzlich ein Bezugsrecht auch bezüglich der aus dem genehmigten Kapital entstehenden jungen Aktien. Dies folgt aus dem Verweis in § 203 Abs. 1 S. 1 AktG auf die grundsätzliche Anwendbarkeit der Normen über die Kapitalerhöhung gegen Einlagen und damit auch auf die Regelung des § 186 AktG Abs. 1 AktG. Die Hauptversammlung kann das Bezugsrecht selbst in dem Ermächtigungsbeschluss gemäß §§ 203 Abs. 1, 186 Abs. 3 AktG ausschließen oder den Vorstand auch zur Entscheidung über den Bezugsrechtsausschluss ermächtigen, § 203 Abs. 2 AktG[111].

In die zweite Phase der Kapitalerhöhung durch genehmigtes Kapital ist deren Durchführung, die sich wiederum in zwei Abschnitte unterteilen lässt. Der erste Abschnitt wird eingeleitet durch die Entscheidung des Vorstands, das Kapital zu erhöhen. Dies bedeutet, dass der Vorstand von der ihm durch die Hauptversammlung erteilten Ermächtigung Gebrauch macht. Im zweiten Abschnitt werden die Zeichnungsverträge abgeschlossen.

Für die Durchführung der Kapitalerhöhung bedarf es einer eigenen Entscheidung des Vorstands, auf welche die Hauptversammlung keinen Einfluss hat. Seine Ermächtigung begründet keine korporative Verpflichtung des Vorstands, die Kapitalerhöhung auch tatsächlich durchzuführen[112]. Vielmehr bewirkt sie eine Kompetenzverteilung dahingehend, dass es nun im alleinigen Ermessen des Vorstands liegt, ob und wann er das ihm eingeräumte Recht nutzt. Die Kapitalerhöhung ist infolge der Ermächtigung zu einer Frage der Geschäftsführung geworden[113]. Somit richtet sich die Verantwortlichkeit des Vorstands nach § 76 Abs. 1

---

111 Ein solcher Beschluss könnte folgendermaßen formuliert sein: „(...) Der Vorstand ist ermächtigt, mit Zustimmung des Aufsichtsrats das Grundkapital bis [genaues Datum, Anm. der Verfasserin] durch Ausgabe neuer Aktien gegen Sach- oder Bareinlagen einmal oder mehrmals, insgesamt jedoch um höchstens € [genaue Summe, Anm. der Verfasserin] zu erhöhen. Der Vorstand entscheidet über einen Ausschluss des Bezugsrecht mit Zustimmung des Aufsichtsrats. (...)“, so die Musterformulierung in MünchVertragshdb/*Hölters*, Bd. 1, Formular V.130.

112 OLG Hamm WM 1985, 197 (198); Großkommentar AktG/*Hirte*, § 202 Rz. 91; *ders.* bereits in Bezugsrechtsausschluß, 1986, S. 107; *Hüffer*, AktG, § 202 Rz. 6; Kölner Kommentar AktG/*Lutter*, § 202 Rz. 10; wenig überzeugend daher die Gegenansicht von *Venrooy*, AG 1981, 205 (207 f.), der bereits in dem Hauptversammlungsbeschluss die Entscheidung zur Expansion des Unternehmens sieht, an die der Vorstand gebunden sei.

113 Kölner Kommentar AktG/*Lutter*, § 202 Rz. 10; MünchHdbGesR IV/*Krieger*, § 58 Rz. 24.

AktG. Er entscheidet selbstständig und nach pflichtgemäßem Ermessen über die Durchführung der Kapitalerhöhung. Die Hauptversammlung kann den Vorstand nicht etwa durch einfachen Hauptversammlungsbeschluss anweisen, das genehmigte Kapital auszuschöpfen und eine Kapitalerhöhung auch tatsächlich durchzuführen[114]. Dem steht § 119 Abs. 2 AktG entgegen, wonach die Hauptversammlung in Fragen der Geschäftsführung grundsätzlich keine Zuständigkeit hat und nur nach Aufforderung des Vorstands entscheiden kann[115].

Mit Blick auf schuldrechtliche Vereinbarungen im Zusammenhang mit genehmigtem Kapital stellt sich daher die Frage, ob sich der Vorstand gegenüber der Hauptversammlung oder gegenüber Dritten zur Durchführung der Kapitalerhöhung verpflichten kann. Hier ist insbesondere zu fragen, ob der Wirksamkeit einer solchen Verpflichtung kompetenzrechtliche Erwägungen entgegenstehen, da § 202 Abs. 1 AktG dem Vorstand nur von der Hauptversammlung abgeleitete Kompetenzen einräumt[116].

Die Entscheidung des Vorstands ist eine Geschäftsführungsmaßnahme. Sie ist jedenfalls formell keine Satzungsänderung. Diese Eigenschaft hat nur der Hauptversammlungsbeschluss[117]. Daher besteht für die Vorstandsentscheidung auch kein besonderes Formerfordernis. Insbesondere kann und darf sie nicht ins Handelsregister eingetragen werden. Jedoch soll gemäß § 202 Abs. 3 S. 2 AktG der Aufsichtsrat der Ausgabe der neuen Aktien zustimmen. Ausgabe meint in diesem Zusammenhang den Entschluss des Vorstands, das genehmigte Kapital auszunutzen sowie den gesamten Zeichnungsvorgang[118]. Sachlich gehört diese Regelung also schon zur Durchführung der Ausgabe der Aktien, die in § 203 ff. AktG geregelt ist[119]. Dieses Zustimmungserfordernis ist auch Ausdruck des öffentlichen Interesses am störungsfreien Funktionieren des Kapitalmarktes[120]. Da aber die

114 *Godin/Wilhelmi*, AktG, § 202 Anm. 9; Großkommentar AktG/*Hirte*, § 202 Rz. 91; Kölner Kommentar AktG/*Lutter*, § 202 Rz. 10; *Lutter*, Kapital, 1964, S. 175.

115 Großkommentar AktG/*Hirte*, § 202 Rz. 91; *Hüffer*, AktG, § 119 Rz. 11.

116 Aus diesem Grund die Zulässigkeit von Verpflichtungen mit gesellschaftsrechtlicher Wirkung ablehnend Großkommentar AktG/*Hirte*, § 202 Rz. 91; ausführlich dazu unten bei § 4I.3.b).

117 So deutlich Kölner Kommentar AktG/*Lutter*, § 204 Rz. 18; unklar *Godin/Wilhelmi*, AktG, § 204 Anm. 5, die von „endgültig beschlossener Satzungsänderung" durch den Vorstand sprechen, aber dies wohl, wie die weiteren Ausführungen zeigen, eher faktisch denn rechtstechnisch meinen wegen der weitreichenden Rechtsfolgen der Vorstandsentscheidung.

118 Großkommentar AktG/*Hirte*, § 202 Rz. 167; Kölner Kommentar AktG/*Lutter*, § 202 Rz. 23.

119 Kölner Kommentar AktG/*Lutter*, § 202 Rz. 23.

120 Kölner Kommentar AktG/*Lutter*, § 202 Rz. 24.

Norm als Sollvorschrift ausgestaltet ist[121], ist die Zustimmung keine Wirksamkeitsvoraussetzung für die Zeichnungsverträge. Jedoch ist der Registerrichter verpflichtet, die Eintragung der Kapitalerhöhung bei fehlender Zustimmung zu verweigern, da er aufgrund des erwähnten öffentlichen Charakters des Zustimmungserfordernisses Überwachungsfunktion wahrnimmt[122].

Die Ausgabe der Aktien richtet sich wegen der Verweisung in § 203 Abs. 1 S. 1 AktG auf die Anwendung der §§ 185 bis 191 AktG nach den Regeln der Kapitalerhöhung gegen Einlagen. Nachdem die Zeichner die Einlagen, deren Höhe sich gemäß des Verweises in § 188 Abs. 2 S. 1 AktG nach § 36 a AktG richtet, geleistet haben, haben Vorstand und Aufsichtsrat die Durchführung der Kapitalerhöhung zur Eintragung in das Handelsregister anzumelden, §§ 203 Abs. 1 S. 1, 188 Abs. 1 AktG. Wie die Kapitalerhöhung gegen Einlagen wird auch die Kapitalerhöhung aus genehmigtem Kapital erst mit der Eintragung wirksam, §§ 203 Abs. 1 S. 1, 189 AktG.

Auch die Schaffung genehmigten Kapitals ist ebenso wenig wie die bedingte Kapitalerhöhung im GmbHG vorgesehen. Ebenso wie im Zusammenhang mit dem bedingten Kapital werden in § 3V.a) die Zulässigkeit und der Nutzen schuldrechtlicher Alternativen untersucht.

V. Zusammenfassung

Schuldrechtliche Vereinbarungen über Kapitalbeschaffungsmaßnahmen fügen sich in das Gesamtgebilde schuldrechtlicher Vereinbarungen im Gesellschaftsrecht ein. Sie dienen dazu, das Kapitalerhöhungsverfahren zu flexibilisieren, um die Beschlussfassung über eine Kapitalerhöhung vorzubereiten und deren Durchführung sicherzustellen. Mögliche Vertragspartner können die Gesellschafter, die Gesellschaft und Dritte, die in die Gesellschaft investieren möchten, sein. Die Flexibilisierung des Kapitalerhöhungsverfahrens kann, entsprechend dem zweistufigen Verfahren einer Kapitalerhöhung bestehend aus Kapitalerhöhungsbeschluss und dessen Durchführung, durch Kapitalerhöhungsverpflichtungen, Übernahmeverpflichtungen, Anteilszusicherungen oder durch Erbringung schuldrechtlicher Mehrleistungen anlässlich von Kapitalbeschaffungsmaßnahmen geschehen. Zwar gewährt das GmbH-Recht im Gegensatz zum Aktienrecht einen weiteren Gestaltungsspielraum zur Schaffung korporativer Leistungspflichten, so dass – jedenfalls für Verpflichtungen zwischen den Gesellschaftern und der Gesell-

---

121 § 202 Abs. 3 S. 2 AktG lautet: „Die neuen Aktien sollen nur mit Zustimmung des Aufsichtsrats ausgegeben werden."

122 Großkommentar AktG/*Hirte*, § 202 Rz. 252.

schaft – schuldrechtliche Vereinbarungen im GmbH-Recht nicht zwingend erforderlich zu sein scheinen.

Dass schuldrechtliche Vereinbarungen in der Kautelarpraxis gleichwohl auch und gerade in der GmbH eine wichtige Rolle spielen, erklärt sich aus den vorteilhaften Eigenschaften solcher Vereinbarungen. Die weitgehende inhaltliche Gestaltungsfreiheit von schuldrechtlichen Vereinbarungen sowie ihre fehlende Form- und Publizitätspflicht gewähren ein Maß an Flexibilität, welches korporative Vereinbarungen wegen ihrer strengen gesetzlichen Vorgaben nicht bieten können.

§ 3 Schuldrechtliche Vereinbarungen über Kapitalbeschaffungsmaßnahmen in der GmbH

Schuldrechtliche Vereinbarungen über Kapitalbeschaffungsmaßnahmen in der GmbH dienen der Vorbereitung, Ergänzung und Sicherung der Beschlussfassung sowie der Durchführung der Kapitalerhöhung. Solche Maßnahmen können die Gesellschafter dadurch treffen, dass sie vereinbaren, einem Kapitalerhöhungsbeschluss zuzustimmen und einen Anteil zu übernehmen. Umgekehrt können sie sich auch dazu verpflichten, eine Kapitalerhöhung zu unterlassen oder auf den Bezug eines Geschäftsanteils zu verzichten. Die Gesellschaft kann ihrerseits die Verpflichtung eingehen, dem potentiellen Übernehmer die Anteilsübernahme zuzusichern. Denkbar ist auch, dass sich die Gesellschaft oder die Gesellschafter Dritten gegenüber zur Beschlussfassung über eine Kapitalerhöhung verpflichten. In diesem Kapitel sind die Voraussetzungen und Rechtsfolgen schuldrechtlicher Vereinbarungen über Kapitalbeschaffungsmaßnahmen in der GmbH zu untersuchen.

I. Kapitalerhöhungsverpflichtungen

Kapitalerhöhungsverpflichtungen sind Vereinbarungen über die Verpflichtung zur Beschlussfassung über eine Kapitalerhöhung. Sie sind in der Kautelarpraxis von großer Bedeutung, weil sie die tatsächliche Durchführung der Kapitalerhöhung sicherstellen und Unwägbarkeiten im Zusammenhang mit dieser Maßnahme bereits im Vorfeld klären können. Die erste Unwägbarkeit besteht darin, dass eine Kapitalerhöhung einerseits im Interesse der Gesellschaft liegen kann, z. B. um die Haftungsmasse zu vergrößern und um Investitionen zu ermöglichen, die Gesellschafter andererseits aber keine Rechtspflicht trifft, das Eigenkapital der Gesellschaft zu erhöhen. Wie bereits vorstehend in § 2II.1 erläutert, trifft die Gesellschafter wegen § 707 BGB keine gesetzliche Beitragserhöhungspflicht. Die Gesellschafterversammlung ist grundsätzlich gesetzlich nicht verpflichtet, eine Kapitalerhöhung zu beschließen[1]. Ihr obliegt nach §§ 55 Abs. 1, 53 Abs. 1 GmbHG

---

1 Eingehend OLG Stuttgart NZG 2000, 159 (162) (nicht rkr.); in Ausnahmefällen kann sich eine Zustimmungspflicht aus Treupflichtgesichtspunkten ergeben, und zwar dann, wenn die Kapitalerhöhung für die Weiterexistenz der Gesellschaft zwingend erforderlich ist, näher dazu unten § 3I.4.

das Recht, aber nicht die Pflicht, einen solchen Beschluss zu fassen. Kapitalerhöhungsverpflichtungen dienen dazu, auf schuldrechtlicher Grundlage eine solche schuldrechtliche, nicht eine korporative Pflicht zu schaffen. Gleichzeitig dienen solche Verpflichtungen auch dazu, das Abstimmungsverhalten der Gesellschafter untereinander zu koordinieren, um sicherzustellen, dass eine Kapitalerhöhung beschlossen wird.

1. Kapitalerhöhungsverpflichtungen zwischen Gesellschaftern

Um dem im vorangegangenen Abschnitt beschriebenen Interesse der Gesellschaft oder der Gesellschafter an der Beschlussfassung über eine Kapitalerhöhung Rechnung zu tragen, können die Gesellschafter untereinander Vereinbarungen über die Verpflichtung zur Vornahme einer Kapitalerhöhung treffen.

a) Inhalt

Eine Kapitalerhöhungsverpflichtung ist die schuldrechtliche Pflicht zur Beschlussfassung über eine Kapitalerhöhung. Der Kapitalerhöhungsbeschluss stellt eine Satzungsänderung dar, weil die Höhe des Stammkapitals gemäß § 3 Abs. 1 Nr. 3 GmbHG einen notwendigen Satzungsbestandteil bildet. Eine Veränderung der Höhe des Stammkapitals bedeutet somit gleichzeitig auch eine Veränderung des Gesellschaftsvertrages, die nur unter den Voraussetzungen der § 53 ff. GmbHG wirksam erfolgen kann. Zuständig für die Entscheidung über die Kapitalerhöhung ist die Gesellschafterversammlung gemäß § 53 Abs. 1 GmbHG. Sie entscheidet durch Beschluss, für den eine Mehrheit von drei Vierteln der abgegebenen Stimmen erforderlich ist, § 53 Abs. 2 S. 1 GmbHG. Der Beschluss bedarf der notariellen Beurkundung gemäß § 53 Abs. 1 S. 1 GmbHG.

Da der Kapitalerhöhungsbeschluss eine Satzungsänderung darstellt, bedeutet also die Kapitalerhöhungsverpflichtung die Pflicht, die Satzung inhaltlich dahingehend abzuändern, dass das Stammkapital erhöht wird. Eine solche Vereinbarung könnte folgendermaßen lauten:

> „Die Gesellschafter verpflichten sich, in einer unverzüglich einzuberufenden Gesellschafterversammlung eine Erhöhung des Stammkapitals um € X auf € XY zu beschließen“[2].

---

2 Musterformulierung angelehnt an MünchVertragshdb/*Heidenhain/Meister*, Bd. 1, Formular IV.27.

Diese Vereinbarung enthält in Bezug auf den vorzunehmenden Kapitalerhöhungsbeschluss ein materiell-rechtliches und ein instrumentelles Element. Materiell-rechtlich soll die Satzung dergestalt geändert werden, dass das Stammkapital erhöht wird. Das instrumentelle Element der Vereinbarung beantwortet die Frage nach dem „Wie" der Veränderung. Die Veränderung soll durch koordiniertes Abstimmungsverhalten erreicht werden. Erforderlich ist also dann zunächst die Entscheidung jedes Gesellschafters, ob er sich an der Maßnahme beteiligt oder nicht. Wollen alle Gesellschafter oder eine Gruppe erreichen, dass die Kapitalerhöhung beschlossen wird, ist es sinnvoll und in der Praxis weit verbreitet, das Abstimmungsverhalten dieser Gesellschafter koordinieren.

Übliches Gestaltungsinstrument zur Koordinierung von Stimmrechten ist der Stimmbindungsvertrag, der bereits in § 2III.2.b). vorgestellt wurde. Der Stimmbindungsvertrag kann allgemein gefasst sein und sich auf alle in der Zukunft anfallenden Gesellschafterbeschlüsse beziehen. Dies beinhaltet dann auch Kapitalerhöhungsbeschlüsse, ohne dass diese ausdrücklich genannt werden. Solche Verträge tragen in der Praxis auch häufig die Bezeichnung „Konsortial- oder Poolvertrag", weil die daran beteiligten Gesellschafter ein Konsortium bilden und ihre Stimmrechte gleichsam in einem Pool zusammengefasst werden[3]. Ein Poolvertrag könnte folgenden Wortlaut haben:

„§ 1 Einheitliche Stimmabgabe
Die Vertragsparteien werden in Zukunft bei allen Gesellschafterbeschlüssen übereinstimmend mit Ja oder Nein stimmen oder sich übereinstimmend der Stimme enthalten.

§ 2 Festlegung des Abstimmungsverhaltens
Vor jedem Gesellschafterbeschluss werden die Vertragsparteien ihr Stimmverhalten durch einen zwischen den Vertragsparteien zu treffenden Beschluss festlegen. Der Beschluss wird mit der Mehrheit der abgegebenen Stimmen gefasst. Je € 100,- eines Geschäftsanteils gewähren eine Stimme. (...)"[4].

---

3 Die Begriffe „Konsortialvertrag" und „Poolvertrag" werden hier gleichbedeutend verwendet; so auch *Weber, W.*, Side letter, 1996, S. 4; anders die Differenzierung bei MünchKommBGB/*Ulmer*, vor § 705 Rz. 68, der danach differenziert, ob die Anteile bei den bisherigen Inhabern bleiben (dann Pool) oder nicht (dann Beteiligungskonsortium); *Noack*, Gesellschaftervereinbarungen, 1994, S. 7 spricht dagegen nur von „Konsortium" als den durch die Vereinbarung bewirkten organisierten Zusammenschluss mehrerer Gesellschafter; *Ripka*, Poolverträge, 2000, S. 15 f. bevorzugt den Begriff „Poolvertrag", weil die Bezeichnung „Konsortium" der Finanzwirtschaft zugehöre und auch nur dort verwendet werden solle.

4 So die Musterformulierung in MünchVertragshdb/*Hölters*, Bd. 1, Formular IV.28. Aus dem entsprechenden Muster wurde nur auszugsweise zitiert, da an dieser Stelle nur die Vereinbarungen über das Abstimmungsverhalten interessieren.

Zu klären ist, wie sich Kapitalerhöhungsverpflichtung und Verpflichtung aus dem Poolvertrag zueinander verhalten. Ist die Kapitalerhöhungsverpflichtung eine Form der Stimmbindung oder ist sie etwas grundlegend anderes?

Kapitalerhöhungsverpflichtung und Poolvertrag unterscheiden sich in zwei Punkten, und zwar in Bezug auf den Grad an Konkretisierung, der mit dieser Vereinbarung erreicht wird und in Bezug auf die Dauer der Verpflichtung. Die Kapitalerhöhungsverpflichtung legt im Gegensatz zu dem Poolvertrag den Inhalt des zu fassenden Beschlusses bereits fest. Sie bezieht sich auf die Zustimmung zu einer konkret zu beschließenden Maßnahme. Die Verpflichtung im Poolvertrag ist darauf beschränkt, für alle in Zukunft anfallenden Beschlüsse eine vorherige Übereinstimmung in Bezug auf das konkrete Abstimmungsverhalten zu erreichen. Es ist jeweils noch ein zwischen den Parteien des Poolvertrages zu fassender Beschluss über das Abstimmungsverhalten nötig. Hingegen verpflichtet die Kapitalerhöhungsvereinbarung nur punktuell, weil sie nur für den konkreten Kapitalerhöhungsbeschluss gilt. Sie endet mit der Beschlussfassung über die Kapitalerhöhung. Die Verpflichtung aus dem Poolvertrag ist dagegen dauerhaft, weil sie sich auf alle zukünftig anfallenden Beschlüsse der Gesellschafterversammlung bezieht Die Gemeinsamkeiten von Kapitalerhöhungsverpflichtung und Poolvertrag liegen darin, dass der jeweilige satzungsändernde Beschluss noch gefasst werden muss und dass beide Vereinbarungen die Stimmrechtsausübung mehr oder weniger konkret festlegen.

Die Literatur differenziert zwischen sog. Dauerstimmbindungsvereinbarungen und sog. Ad-hoc-Vereinbarungen. Dauerstimmbindungen entsprechen der hier beschriebenen Form des allgemeinen Poolvertrages. In Ad-hoc-Vereinbarungen verpflichten sich die Gesellschafter zur unverzüglichen Vornahme einer bestimmten Maßnahme[5]. Solche Ad-hoc-Vereinbarungen sind für alle Maßnahmen denkbar, insbesondere auch für einen unverzüglich vorzunehmenden Kapitalerhöhungsbeschluss. Die Ad-hoc-Vereinbarung dient dann der Erfüllung eines kurzfristigen Finanzierungsbedürfnisses der Gesellschaft. Ein solches kann sich ergeben, wenn die Gesellschaft wegen einer konkret in Aussicht stehenden Investitionsmöglichkeit, z. B in Form einer Beteiligung an einer dritten Gesellschaft dringend Kapital benötigt und kein oder nicht ausschließlich Fremdkapital aufnehmen möchte oder kann. Das hier verwendete Beispiel einer Kapitalerhöhungsverpflichtung[6] würde nach dieser Definition also eine Ad-hoc-Vereinbarung darstellen, weil sich die Gesellschafter darin zur unverzüglichen Einberufung einer

5 Hachenburg/*Ulmer*, Großkommentar GmbHG, § 55 Rz. 30; *Hoffmann-Becking*, ZGR 1994, 442 (443); *Lübbert*, Abstimmungsvereinbarungen, 1971, S. 76; *Schmidt*, GesR, § 21 II.4. S. 620; Scholz/*Schmidt*, GmbHG, § 47 Rz. 40 f.

6 S. dazu eingangs von § 31.1.a).

Gesellschafterversammlung und zur Beschlussfassung über eine Kapitalerhöhung verpflichten.

Teilweise entsteht der Eindruck, dass einige Stimmen in der Literatur Ad-hoc-Vereinbarungen als ein von Stimmbindungsvereinbarungen zu unterscheidendes Instrument begreifen[7]. *Sieger/Schulte* begründen dies damit, dass Stimmbindungsvereinbarungen noch eine Beschlussfassung über die jeweilige satzungsändernde Maßnahme erforderten, während dies bei Vereinbarungen über die Vornahme von Satzungsänderungen nicht der Fall sei[8]. Dagegen betrachten andere Autoren Ad-hoc-Vereinbarungen als eine Form der Stimmbindung[9].

Gegen die Auffassung von *Sieger/Schulte* spricht, dass sie Dauerstimmbindungsvereinbarungen und Ad-hoc-Vereinbarungen an einem Punkt unterscheiden, an welchem sich die beiden Vereinbarungsformen tatsächlich nicht unterscheiden. Denn Ad-hoc-Vereinbarungen ersetzen nicht den satzungsändernden Beschluss, auch sie erfordern eine Abstimmung im Rahmen einer Gesellschafterversammlung. In der eingangs dieses Abschnitts a) genannten Musterformulierung einer Kapitalerhöhungsverpflichtung stellt die Vereinbarung rechtlich nicht etwa den vorweggenommenen Kapitalerhöhungsbeschluss dar. Dieser bedarf zwingend der in §§ 55 Abs. 1, 53 Abs. 1, 2 S. 1 GmbHG genannten Voraussetzungen und wäre daher in der hier gewählten Form nichtig. Die Vereinbarung jedoch ist lediglich die Verpflichtung jedes an ihr beteiligten Gesellschafters, dem noch zu fassenden Beschluss zuzustimmen. Der Unterschied zu einer Dauerstimmbindung liegt allein darin, dass die Stimmrechtsbindung hier nicht mehr ausdrücklich angesprochen wird, vielmehr in dem Entschluss, die konkret bestimmte Maßnahme umgehend zu beschließen, bereits enthalten ist.

Daher ist es überzeugend, mit der letztgenannten Auffassung Ad-hoc-Vereinbarungen als eine Form von Stimmbindungsvereinbarungen zu verstehen. Einige der im Folgenden zu diskutierenden Fragen betreffen deswegen allgemeine Probleme aus dem Bereich der Stimmbindungen, andere stellen sich dagegen nur im Zusammenhang mit Kapitalerhöhungsverpflichtungen.

---

7 So legt die Formulierung bei Hachenburg/*Ulmer*, Großkommentar GmbHG, § 55 Rz. 30 eine solche Unterscheidung nahe, auch wenn *Ulmer* selbst auf den Unterschied nicht näher eingeht: „Die Gesellschafter können sich im Rahmen von Stimmbindungsverträgen, aber auch ad hoc verpflichten, der Erhöhung des Stammkapitals zuzustimmen (...)"; ähnlich bei Rowedder/*Zimmermann*, GmbHG, § 55 Rz. 46; *Sieger/Schulte*, GmbHR 2002, 1050 (1051, 1053).

8 *Sieger/Schulte*, GmbHR 2002, 1050 (1053).

9 *Lübbert*, Abstimmungsvereinbarungen, 1971, S. 76 f.; Scholz/*Schmidt*, GmbHG, § 47 Rz. 39.

b) Zulässigkeit

Kapitalerhöhungsverpflichtungen sind grundsätzlich zulässig. Dies ergibt sich hinsichtlich ihres Inhalts daraus, dass schuldrechtliche Vereinbarungen zu allen erlaubten Zwecken geschlossen werden können und somit auch im Zusammenhang mit Kapitalerhöhungen. Ebenso ist mit Blick auf das instrumentelle Element ihre Zulässigkeit zu bejahen. Denn Rechtsprechung und Literatur halten Stimmbindungsvereinbarungen für zulässig[10]. Es gibt kein allgemeines gesetzliches Verbot von Stimmbindungsvereinbarungen im GmbH-Recht[11]. Sie können nur ausnahmsweise unzulässig sein wegen Verstoßes gegen die allgemeinen Regelungen wie etwa der §§ 134, 138 BGB. Denn solche Vereinbarungen sind nur obligatorischer Natur und wirken nicht dinglich im Sinne einer Verfügung über das Stimmrecht[12]. Eine solche wäre unwirksam wegen des aus § 47 Abs. 1 GmbHG und § 717 BGB abgeleiteten Abspaltungsverbotes. Danach gehören Geschäftsanteil und Stimmrecht untrennbar zusammen. Das Stimmrecht kann nicht isoliert ohne den Geschäftsanteil auf einen anderen übertragen werden[13].

Bei einer Kapitalerhöhungsverpflichtung unterwerfen sich die Gesellschafter gemeinsam einer bestimmten Verhaltenspflicht, nämlich ihr Stimmrecht in dem Sinne auszuüben, dass sie einer Kapitalerhöhung zustimmen werden. Ihr Stimmrecht verbleibt aber bei ihnen. Seine Ausübung wird auf schuldrechtlicher Ebene lediglich gewissen Einschränkungen unterworfen. Weil aber das Stimmrecht als solches unberührt bleibt, ist jeder Gesellschafter auch frei darin, sein Stimmrecht entgegen der Vereinbarung auszuüben. Er kann also auch wirksam die Zustimmung zur Kapitalerhöhung in der Gesellschafterversammlung verweigern. Welche Konsequenzen eine solche Verweigerung gegenüber den übrigen Gesellschaftern hat und welche Rechtsschutzmöglichkeiten diese haben, ist erst eine

---

10 RGZ 112, 273 (278) (GmbH); RGZ 119, 386 (388) (AG); RGZ 133, 90 (93 ff.) (AG); RG JW 1927, 2992 (2993) (GmbH); RGZ 158, 248 (252 ff.) (AG); BGHZ 48, 163 (166 ff.) (GmbH); BGH WM 1970, 904 (905) (GmbH); *Dürr*, Nebenabreden, 1994, S. 30 ff.; *Berger*, Nebenverträge, Münster Univ. Diss. 1995, S. 61 ff.; *König*, Nebenvertrag, 1996, S. 44; *Noack*, Gesellschaftervereinbarungen, 1994, S. 66; *Raiser*, KapGesR, § 16 Rz. 90.

11 Hachenburg/*Hüffer*, Großkommentar GmbHG, § 47 Rz. 74; *Overrath*, Stimmrechtsbindung, 1973, S. 10; auf die im Aktienrecht geltenden Regelung des § 136 Abs. 2 S. 1 AktG und der Frage der analogen Anwendbarkeit auf Nebenverträge im GmbH-Recht wird wegen der sachlichen Nähe erst unten in § 31.2 näher eingegangen.

12 RG JW 1927, 2992 (2993); BGHZ 48, 163 (167); Hachenburg/*Hüffer*, Großkommentar GmbHG, § 47 Rz. 65; *Noack*, Gesellschaftervereinbarungen, 1994, S. 36.

13 MünchHdbGesR III/*Wolff*, § 38 Rz. 5; MünchKommBGB/*Ulmer*, § 717 Rz. 7; Scholz/*Schmidt*, GmbHG, § 47 Rz. 17.

Frage der Rechtsfolge, der in diesem Kapitel unten in g)bb)(2) nachgegangen wird. Die Wirksamkeit der Stimmabgabe berührt dies nicht. Daher verstoßen Kapitalerhöhungsverpflichtungen nicht gegen das Abspaltungsverbot.

Eine weitere Zulässigkeitsvoraussetzung für eine Kapitalerhöhungsverpflichtung ist, dass der Verpflichtungsinhalt hinreichend bestimmbar sein muss, um dem Gesellschafter die Reichweite seiner Verpflichtung vor Augen zu führen. Daher müsste eine entsprechende Vereinbarung – anders als die oben unter a) nur als Beispiel verwendete Regelung – den Betrag, um den das Stammkapital erhöht wird, bezeichnen. Es genügt auch, wenn eine Spannbreite genannt wird, die die Unter- und Obergrenze der Erhöhung festlegt[14].

c) Rechtsnatur

Die in § 2III.2.b) getroffenen Feststellungen hinsichtlich der Rechtsnatur schuldrechtlicher Vereinbarungen gelten auch für Kapitalerhöhungsverpflichtungen. Sie können eine GbR, ein Auftrag, eine Geschäftsbesorgung oder ein Vertrag sui generis sein[15]. Dabei ist die Einordnung der Zustimmungspflicht als Auftrags- oder Geschäftsbesorgungsverhältnis allerdings fernliegend, weil es bei den Vereinbarungen nicht im Vordergrund steht, „für einen anderen" tätig zu werden. Darüber hat das Kriterium der (Un) Entgeltlichkeit des Tätigwerdens zwischen den Gesellschaftern keine Bedeutung. Es liegt daher außer in den Fällen, in denen eine GbR vorliegt, näher, einen Vertrag sui generis anzunehmen[16].

Wie bei jedem Vertrag sui generis üblich, findet zur Klärung von Einzelfragen jeweils das dem Vertrag am nächsten stehende Recht Anwendung, das wiederum Auftrags-, Dienst- oder Geschäftsbesorgungsrecht sein kann[17]. Eine genauere Einordnung ist hier wegen der Vielfältigkeit der Gestaltungsmöglichkeiten nicht möglich und auch nicht nötig[18].

---

14 Hachenburg/*Ulmer*, Großkommentar GmbHG, § 55 Rz. 30; *Noack*, Gesellschaftervereinbarungen, 1994, S. 319; Scholz/*Priester*, GmbHG, § 55 Rz. 113.

15 HK GmbH-Recht/*Fichtelmann*, Teil I § 47 Rz. 16; *Lübbert*, Abstimmungsvereinbarungen, 1971, S. 142 ff.; Scholz/*Schmidt*, GmbHG, § 47 Rz. 35.

16 *Forstmoser* in FS Schluep, 1988, 359 (367); *Martinek*, Moderne Vertragtypen I, S. 4 f.; *Noack*, Gesellschaftervereinbarungen, 1994, S. 58; zu den Voraussetzungen, unter denen durch die Vereinbarung von Zustimmungspflichten eine GbR begründet werden kann s. oben in § 2III.2.b).

17 *Noack*, Gesellschaftervereinbarungen, 1994, S. 58.

18 Hachenburg/*Hüffer*, Großkommentar GmbHG, § 47 Rz. 72.

d) Dauer

Kapitalerhöhungsverpflichtungen erledigen sich als Ad-hoc-Vereinbarungen mit der Ausführung der eingegangenen Verpflichtung, hier also mit der Stimmrechtsausübung in der Gesellschafterversammlung. Dauerstimmbindungen sind dagegen grundsätzlich auf unbestimmte Dauer geschlossen, weil sich die aus ihnen ergebenden Verpflichtungen noch nicht konkretisiert haben und immer wieder neu entstehen. Da es sich bei Dauerstimmbindungen wie in § 2III.2.b) ausgeführt regelmäßig um eine GbR handelt, gilt für jeden Gesellschafter das jederzeitige Kündigungsrecht des § 723 Abs. 1 S. 1 BGB[19]. Da dies den Interessen der Gesellschafter widersprechen kann, ist es in der Praxis üblich, im Stimmbindungsvertrag eine Vertragsdauer anzugeben[20].

e) Form

Gesellschafterabreden sind grundsätzlich formfrei wirksam. Sie bedürfen weder der Aufnahme in den Gesellschaftsvertrag noch notarieller Beurkundung noch werden sie in das Handelsregister eingetragen. Dies folgt aus ihrem schuldrechtlichen Charakter. Eine solche Vereinbarung kann sogar konkludent getroffen werden[21].

Es stellt sich jedoch die Frage, ob der Grundsatz der Formfreiheit auch für Kapitalerhöhungsverpflichtungen uneingeschränkt gilt. Zweifel könnten sich aus der Regelung in § 53 Abs. 2 S. 1 GmbHG ergeben, die u. a. notarielle Beurkundung für Satzungsänderungen verlangt und die über § 55 Abs. 1 S. 1 GmbHG auch für Kapitalerhöhungen gilt. Es käme allenfalls eine analoge Anwendung der Norm auf die Vereinbarung über die Zustimmungspflicht zur Kapitalerhöhung in Betracht, da die Vereinbarung selbst keine Satzungsänderung darstellt. Eine Analogie verlangt neben der Vergleichbarkeit zunächst das Vorliegen einer Regelungslücke[22].

---

19 Allgemeine Ansicht vgl. nur BGHZ 50, 316 (322); ausführlich dazu *Joussen*, Gesellschafterabsprachen, 1995, S. 202 ff.

20 Die in MünchVertragshdb/*Heidenhain/Meister*, Bd. 1, Formular IV.28, Anm. 6 gewählte Dauer von 5 Jahren ist, wie dies die Verfasserin bei Analyse der ihr zur Einsichtnahme zur Verfügung gestellten Vertragsmuster feststellen konnte, nicht unüblich; je nach Ausgestaltung kann sogar eine Laufzeit von 30 Jahren noch zulässig sein, so BGH WM 1987, 10 (11).

21 Hachenburg/*Hüffer*, Großkommentar GmbHG, § 47 Rz. 68.

22 Vgl. allgemein zu den Analogievoraussetzungen *Larenz/Canaris*, Methodenlehre, S. 202 ff.

Eine Regelungslücke wäre zu bejahen, wenn überhaupt ein Regelungsbedürfnis für die Anforderungen an die Form solcher Vereinbarungen besteht. Ein solches bejahen die Rechtsprechung und Teile der Literatur mit der Begründung, der Formzwang des § 53 Abs. 2 S. 1 GmbHG habe auch Warn- und Belehrungsfunktion dahingehend, dass den Gesellschaftern vor Augen geführt werden solle, welche Reichweite die von ihnen eingegangene Verpflichtung habe[23]. Ein Bedürfnis zur Warnung und Belehrung bestünde dann auch bei den an einer Stimmbindungsabrede beteiligten Gesellschaftern, weil sie damit eine Verpflichtung eingingen, die sie gesetzlich und auch statutarisch nicht übernehmen müssten. Mit deren Reichweite seien sie deswegen möglicherweise nicht vertraut. Allerdings wird Warn- und Belehrungsfunktion im Zusammenhang mit dieser Auffassung eher im Sinne einer Beweissicherungsfunktion verstanden, die dem Registerrichter die Überprüfung der Eintragungsvoraussetzungen erleichtern soll[24].

Die vorstehende Argumentation würde überzeugen, wenn auch der Notar bei seiner Beurkundung einer Belehrungspflicht nachkommen müsste. Dagegen spricht aber, dass sich nach ganz überwiegender Meinung die Beurkundung nach § 53 Abs. 2 S. 1 GmbHG nicht auf die einzelnen Stimmabgaben im Sinne formbedürftiger Willenserklärungen bezieht, sondern auf die tatsächlichen Wahrnehmungen des Notars über die Stimmabgabe und das Abstimmungsergebnis[25]. Daher erfolgt die Beurkundung nach §§ 36 f. BeurkG durch Aufnahme einer Niederschrift über die Wahrnehmungen des Notars. Sie erfolgt gerade nicht nach §§ 6 ff. BeurkG durch Aufnahme einer Niederschrift über die Erklärungen der Beteiligten, vor deren Abgabe der Notar seinen Prüfungs- und Belehrungspflichten nach § 17 Abs. 1 BeurkG nachkommen müsste[26]. Eine Belehrungspflicht trifft den Notar daher nicht. Aus dem Grund wird in der Rechtsprechung und Li-

---

23 BGHZ 80, 76 (79); BGHZ 105, 324 (338); ohne nähere Begründung *Fleck*, ZGR 1988, 104 (114); *Lutter/Hommelhoff*, GmbHG, § 53 Rz. 34; wenig überzeugend allerdings der nicht näher begründete Ansatz von Michalski/*Hermanns*, GmbHG, § 55 Rz. 64 a, Zustimmungspflichten seien formpflichtig, weil durch sie die gleiche Bindung wie durch den Kapitalerhöhungsbeschluss herbeigeführt werde. Ein Kapitalerhöhungsbeschluss ist, wie vorstehend unter § 3I.1.a) gezeigt, nach wie vor erforderlich.

24 BGHZ 80, 76 (79); BGHZ 105, 324 (339).

25 KG NJW 1959, 1446 (1447); LG Essen BB 1982, 1821 (1822); Eylmann/Vaasen/*Limmer*, BeurkG § 37 Rz. 11; HK GmbH-Recht/*Schulze*, Teil I § 53 Rz. 6; Hachenburg/*Ulmer*, Großkommentar GmbHG, § 53 Rz. 42; Scholz/*Priester*, GmbHG, § 53 Rz. 69.

26 Ausführlich zu den Belehrungspflichten des Notars nach § 17 Abs. 1 S. 1 BeurkG Eylmann/Vaasen/*Frenz*, BeurkG § 17 Rz. 4 ff.; *Hirte*, Berufshaftung, 1996, S. 74 ff.

teratur auch vertreten, dass Verpflichtungen über Satzungsänderungen nicht beurkundungspflichtig seien[27].

Doch selbst wenn man § 53 Abs. 2 S. 1 GmbHG auch eine Warnfunktion zuschreiben wollte, sprechen dennoch die besseren Argumente dafür, Gesellschaftervereinbarungen über Kapitalerhöhungen nicht der Beurkundungspflicht des § 53 Abs. 2 S. 1 GmbHG zu unterwerfen. Es besteht weder ein Aufklärungserfordernis noch ein Beweisbedürfnis. Die Gesellschafter sind nicht daran gehindert, bei dem Kapitalerhöhungsbeschluss entgegen ihrer im Vorfeld eingegangenen Verpflichtung ihre Zustimmung zu verweigern, wie in diesem Abschnitt oben unter b) dargestellt. Dies genügt allerdings nicht als einziges Argument, denn es wäre widersinnig, ein Schutzbedürfnis mit dem Argument abzulehnen, die Rechtsbindung könne im Wege des Vertragsbruchs vermieden werden.

Es bedarf aber auch keiner Beweissicherung gegenüber dem Registerrichter, da solche Vereinbarungen ohnehin nicht der Publizitätspflicht unterliegen und daher auch nicht beim Registergericht eingereicht werden.

Im Ergebnis ist daher festzuhalten, dass Kapitalerhöhungsverpflichtungen formfrei wirksam sind.

f) Anspruchsberechtigte

Da die Vereinbarung über die Zustimmungspflicht schuldrechtlichen Charakter hat, sind aus ihr alle Gesellschafter, die an der Vereinbarung beteiligt sind, anspruchsberechtigt und -verpflichtet. Wenn alle der Vereinbarung zugestimmt haben, können dies alle Gesellschafter der GmbH sein. Die Gesellschaft selbst ist grundsätzlich nicht anspruchsberechtigt, weil sie nicht Vertragspartei ist. Sie kann aber möglicherweise ein eigenes Forderungsrecht nach § 328 BGB haben. Wollen die Vertragsparteien ein eigenes Forderungsrecht der Gesellschaft ausschließen, können sie dies auch ausdrücklich tun. Eine solche Klausel lässt dann keinen Raum für eine Auslegung nach § 328 Abs. 2 BGB. Sie könnte folgendermaßen lauten:

> „Anspruchsberechtigt aus diesem Vertrag sind ausschließlich die Vertragspartner. Es handelt sich nicht um einen Vertrag zugunsten der Gesellschaft im Sinne des § 328 BGB.“[28].

---

27 BGH ZIP 1983, 432 (433); OLG Köln EWiR § 53 GmbHG 1/03, 121 (121) (rkr.); OLG Saarbrücken AG 1980, 26 (27); *Frey*, Anm. zu OLG Köln EWiR § 53 GmbHG 1/03, 121 (122); Hachenburg/*Ulmer*, Großkommentar GmbHG, § 53 Rz. 43; *Hergeth/Mingau*, DStR 2001, 1217 (1219); *Noack*, Gesellschaftervereinbarungen, 1994, S. 320; *Sieger/Schulte*, GmbHR 2002, 1050 (1052); *Zöllner* in FS Ulmer, 2003, 725 (748).

g) Rechtsfolgen schuldrechtlicher Zustimmungspflichten

Dieser Abschnitt untersucht die Rechtsfolgen des abredegemäßen und abredewidrigen Abstimmungsverhaltens beim Kapitalerhöhungsbeschluss, das heißt die Rechtsfolgen einer Zustimmung zu einem Kapitalerhöhungsbeschluss aufgrund zuvor vereinbarter Kapitalerhöhungsverpflichtung oder einer Zustimmungsverweigerung trotz zuvor eingegangener Kapitalerhöhungsverpflichtung. Dabei ist zwischen der schuldrechtlichen und der korporativen Ebene zu unterscheiden. Auf schuldrechtlicher Ebene geht es um die gegenseitigen Ansprüche der Vertragspartner der Vereinbarung. Die jeweiligen Ansprüche hängen davon ab, ob die Stimmabgabe in Übereinstimmung oder entgegen der Stimmbindung erfolgte und ob die Stimmbindung selbst wirksam oder unwirksam war. Auf korporativer Ebene sind die Auswirkungen der Stimmabgabe bei wirksamer und unwirksamer Stimmbindung auf den Kapitalerhöhungsbeschluss zu untersuchen. In einem ersten Schritt wird daher zunächst geklärt, unter welchen Voraussetzungen die Kapitalerhöhungsverpflichtung unwirksam sein kann. In einem zweiten Schritt wird das jeweils denkbare Abstimmungsverhalten bei wirksamer und bei unwirksamer Stimmbindung auf seine Rechtsfolgen hin analysiert.

aa) Grenzen der Zulässigkeit

Die Vereinbarung schuldrechtlicher Zustimmungspflichten ist grundsätzlich zulässig. In welchen Fällen eine solche Vereinbarung ausnahmsweise unzulässig sein kann, wird in diesem Abschnitt untersucht. Dabei ist zu differenzieren zwischen gesetzlichen und statutarischen Zulässigkeitsgrenzen.

(1) Gesetzliche Stimmverbote

Gesetzliche Stimmverbote bezeichnen Tatbestände, die dem Gesellschafter untersagen, von seinem Stimmrecht Gebrauch zu machen und führen bei Verstoß zur Nichtigkeit der Stimme wegen Verstoßes gegen ein gesetzliches Verbot nach § 134 BGB. Es ist zwischen speziellen gesellschaftsrechtlichen und allgemeinen zivilrechtlichen Stimmverboten zu unterscheiden.

Wichtige gesellschaftsrechtliche Stimmverbote sind in § 47 Abs. 4 GmbHG normiert. Die Regelung schließt den Gesellschafter von der Abstimmung aus, wenn es um die Beschlussfassung über ihn betreffende Sachentscheidungen geht, namentlich seine Entlastung, seine Befreiung von einer Verbindlichkeit, die Vor-

---

28 So die Musterformulierung in MünchVertragshdb/*Heidenhain/Meister*, Bd. 1, Formular IV.27.

nahme eines ihn betreffenden Rechtsgeschäftes oder die Durchführung eines gegen ihn gerichteten Rechtsstreits. Dahinter steckt der auch in § 136 Abs. 1 AktG und § 34 BGB niedergelegte Rechtsgedanke, dass niemand Richter in eigener Sache sein soll. Gesellschaftervereinbarungen, die den Zweck verfolgen, eines dieser Stimmverbot zu umgehen, indem sie auch dem Gesellschafter, der nach dem Gesetz von der Abstimmung ausgeschlossen ist, eine Abstimmung im Rahmen der Gesellschaftervereinbarung erlauben, verstoßen gegen § 47 Abs. 4 GmbHG. Denn sie räumen dem Gesellschafter über den Umweg der Gesellschaftervereinbarung den Einfluss auf das Abstimmungsergebnis ein, den er nach dem Gesetz nicht haben darf. Eine solche Gesellschaftervereinbarung ist unwirksam[29].

Die Norm statuiert aber kein Verbot, Satzungsänderungen insbesondere Kapitalerhöhungen vorzunehmen[30]. Dies ist Ausdruck der den Gesellschaftern zustehenden Satzungsfreiheit. Zwar liegen Entscheidungen über Satzungsänderungen auch im Interesse der Gesellschafter, sie dienen aber nicht originär persönlichen Belangen und bergen bei der Abstimmung über die Satzungsänderung nicht das Konfliktpotential, welches die in § 47 Abs. 4 GmbHG genannten Tatbestände enthalten. Daher stellt § 47 Abs. 4 GmbHG keine Zulässigkeitsgrenze schuldrechtlicher Zustimmungspflichten zu Kapitalerhöhungsbeschlüssen dar[31].

Zulässigkeitsgrenze für schuldrechtliche Zustimmungsverpflichtungen ist aber § 138 Abs. 1 BGB. Hier ist insbesondere an den Stimmenkauf zu denken, der in Betracht kommt, wenn sich der Gesellschafter für seine Stimmabgabe einen sachfremden Vorteil versprechen lässt, der über den Vorteil hinausgeht, den er ohnehin durch die jeweilige Maßnahme erreicht. Ein Stimmvertrag, der den Tatbestand des Stimmenkaufs erfüllt, ist nach § 138 BGB nichtig, nicht nach § 134 BGB, da das GmbHG, anders als das AktG in § 405 Abs. 3 Nr. 6, 7 AktG, kein ausdrückliches Verbot des Stimmenkaufs statuiert[32]. Fraglich ist, in welchen Konstellationen ein sittenwidriger Stimmenkauf bei Vereinbarungen über schuld-

---

29 *Joussen*, Gesellschafterabsprachen, 1995, S. 85; *Lübbert*, Abstimmungsvereinbarungen, 1971, S. 155; *Schmidt*, GesR, § 21 II.4. S. 617.

30 Hachenburg/*Hüffer*, Großkommentar GmbHG, § 47 Rz. 166; Scholz/*Schmidt*, GmbHG, § 47 Rz. 113.

31 Zur Reichweite des § 47 Abs. 4 GmbHG bei Stimmbindungsverträgen *Joussen*, Gesellschafterabsprachen, 1995, S. 84; *König*, Nebenvertrag, 1996, S. 50 f.; *Noack*, Gesellschaftervereinbarungen, 1994, S. 123 f., 144 f.; *Overrath*, Stimmrechtsbindung, 1973, S. 37 f.

32 OLG Colmar OLGRspr. 6, 503 (504); Baumbach/Hueck/*Zöllner*, GmbHG, § 47 Rz. 78; Hachenburg/*Hüffer*, Großkommentar GmbHG, § 47 Rz. 77; *Lübbert*, Abstimmungsvereinbarungen, 1971, S. 153; *Overrath*, Stimmrechtsbindung, 1973, S. 30; *Ripka*, Poolverträge, 2000, S. 129; a. A. Michalski/*Römermann*, GmbHG, § 47 Rz. 522.

rechtliche Zustimmungspflichten überhaupt vorliegen kann. Der Tatbestand des Stimmenkaufs ist erfüllt, wenn ein Gesellschafter der Vereinbarung gegen Zahlung einer Geldsumme zustimmt. Zwar ist der Gesellschafter nach wie vor frei, sich in der Gesellschafterversammlung anders zu entscheiden. Wenn er aber der Kapitalerhöhung zustimmt, so liegt die Vermutung nahe, er habe dies aufgrund der Geldzahlung getan.

Es genügt aber nicht jeder Zusammenhang zwischen Vorteil und Stimmbindung. In dem der Entscheidung des RG vom 13.02.1914 zugrundeliegenden Sachverhalt hatten sich die Gesellschafter-Geschäftsführer bei ihrer Anstellung u. a. dazu verpflichten müssen, einer Kapitalerhöhung zuzustimmen. Sie stimmten in der Gesellschafterversammlung für die Kapitalerhöhung, allerdings gegen die Stimme des Beklagten, der seinerseits die abgegebenen Stimmen der übrigen Gesellschafter wegen der Vereinbarung für unwirksam hielt. Die Gesellschaft erhob daraufhin Klage auf Feststellung der Wirksamkeit der Abstimmungen[33]. Das RG entschied, dass kein Fall des Stimmenkaufs vorliege, weil nicht ersichtlich sei, dass die Gesellschafter-Geschäftsführer gegen ihre bessere Einsicht gestimmt hätten[34]. Diese Argumentation zeigt, dass die Rechtsprechung den Tatbestand des Stimmenkaufs nur dann bejaht, wenn eine Unmittelbarkeit zwischen Stimmbindung und sachfremdem Vorteil besteht[35]. Diese fehlte im vorliegenden Fall, weil nicht auszuschließen war, dass für die Zustimmung zur Kapitalerhöhung sinnvolle wirtschaftliche Erwägungen sprachen, die die Gesellschafter der Entscheidung über die Zustimmung zugrunde legten, ohne von ihrer Bestellung zum Geschäftsführer beeinflusst zu sein. Daher liegt ein Verstoß gegen § 138 Abs. 1 BGB nur dann vor, wenn die Vorteilsgewährung sachbezogenen Entscheidungen bei Beschlussfassung keinen Raum lässt.

(2) Gesellschaftsvertrag

Fraglich ist, ob auch der Gesellschaftsvertrag selbst Zulässigkeitsschranke der Kapitalerhöhungsverpflichtung sein kann. Als strengste Grenze wäre ein satzungsmäßiges Verbot, Stimmbindungsabreden einzugehen, welches dann auch die Vereinbarung einer schuldrechtlichen Zustimmungspflicht einschließen würde, denkbar. Zwei Fragestellungen sind bei der Untersuchung der Frage, ob ein solches Verbot taugliche Zulässigkeitsgrenze sein kann, zu unterscheiden: Kann erstens der Gesellschaftsvertrag überhaupt zulässigerweise ein solches Verbot re-

---

33 RG DJZ 1914, 630 (630 f.) (GmbH) mit ausführlicher Darstellung des Sachverhalts.

34 Argumentation beruht noch auf § 317 HGB a. F. der historischen Vorgängernorm zu § 405 Abs. 3 Nr. 6 und 7 AktG.

35 So im Ergebnis, allerdings ohne nähere Begründung, auch Scholz/*Schmidt*, GmbHG, § 47 Rz. 45.

geln? Und welche Auswirkung hat dies zweitens auf die Wirksamkeit einer entgegen des Verbots getroffenen Vereinbarung?

Die ganz überwiegende Meinung bejaht die Zulässigkeit satzungsmäßiger Stimmbindungsverbote[36]. *Koppensteiner* begründet dies mit der Regelung in § 15 Abs. 5 GmbHG, welche die Zulässigkeit weiterer Abtretungsbeschränkungen von Gesellschaftsanteilen regelt[37]. Richtig ist, dass § 15 Abs. 5 GmbHG mit Stimmbindungsvereinbarungen kollidieren kann, weil über solche Vereinbarungen Dritte Einfluss auf die Gesellschaft ausüben können. Eine solche Einflussnahme will die Vinkulierung gerade vermeiden. Jedoch gilt § 15 Abs. 5 GmbHG nur für den speziellen Fall der Vinkulierung und ist daher nicht als allgemeingültige Rechtsgrundlage für statutarische Stimmbindungsverbote geeignet.

Schmidt dagegen versteht ein solches Verbot als Konkretisierung der gesellschaftsrechtlichen Treupflicht und hält es deswegen für zulässig[38]. Die Treupflicht ist im GmbHG nicht definiert, aber in Rechtsprechung und Literatur als nicht nur im Personen- sondern auch im Kapitalgesellschaftsrecht geltende Nebenpflicht der Gesellschafter anerkannt. Sie begründet die Förderungs- und Interessenwahrungspflicht der Gesellschafter und drückt sich vor allem in einem Schädigungsverbot zum Schutz der Gesellschaft und der Mitgesellschafter aus[39].

Dem Ansatz von *Schmidt*, dass ein statutarisches Stimmbindungsverbot die Treupflicht konkretisiert, ist zuzugeben, dass es den Rahmen des in der Gesellschaft zulässigen Verhaltens definiert und somit auch Treupflichtcharakter hat. Die Treupflicht ist aber als alleinige Rechtsgrundlage zu unbestimmt, weil sie die Besonderheiten schuldrechtlicher Vereinbarungen nicht ausreichend berücksichtigt. Vielmehr ist nach einer Rechtsgrundlage zu suchen, die einerseits allgemein auf alle in solchen Vereinbarungen festgelegten Pflichten anwendbar ist und andererseits aber wegen ihrer Verankerung im Gesetz Voraussetzungen und Reichweite solcher Pflichten konkretisiert.

Als Rechtsgrundlage für ein derartiges Verbot kommt § 3 Abs. 2 GmbHG in Betracht[40]. Nebenleistungen im Sinne der Norm sind nicht nur (positive)

---

36 Baumbach/Hueck/*Zöllner*, GmbHG, § 47 Rz. 78 b.; Hachenburg/*Hüffer*, Großkommentar GmbHG, § 47 Rz. 86; *Overrath*, Stimmrechtsbindung, 1973, S. 35; Scholz/*Schmidt*, GmbHG, § 47 Rz. 48; Rowedder/*Koppensteiner*, GmbHG, § 47 Rz. 30; verneinend noch *Lübbert*, Abstimmungsvereinbarungen, 1971, S. 156, allerdings ohne auf eine Zulässigkeit nach § 3 Abs. 2 GmbHG einzugehen.

37 Rowedder/*Koppensteiner*, GmbHG, § 47 Rz. 30.

38 Scholz/*Schmidt*, GmbHG, § 47 Rz. 48.

39 BGHZ 65, 15 (20); *Schmidt*, GesR, § 20 IV.2. S. 590 ff.; *Winter*, Treubindungen GmbH, 1988, S. 1 ff.

40 Zum Regelungsinhalt s. die Ausführungen oben in § 2II.2.a).

Leistungs-, und Handlungs- sondern auch (negative) Unterlassungspflichten[41]. Als eine solche Unterlassungspflicht stellt sich auch das Verbot zur Eingehung von Stimmbindungsvereinbarungen dar, denn es verpflichtet die Gesellschafter, die Koordinierung ihres Abstimmungsverhaltens zu unterlassen. Der Gesellschaftsvertrag kann folglich ein statutarisches Stimmbindungsverbot als Nebenleistungspflicht nach § 3 Abs. 2 GmbHG regeln.

Allerdings können die Gesellschafter dennoch außerhalb des Gesellschaftsvertrages wirksam ihr Abstimmungsverhalten koordinieren. Das hat seinen Grund wiederum in der Trennung der korporativen und schuldrechtlichen Regelungsebenen. § 3 Abs. 2 GmbHG regelt nur statutarische Leistungs- und Unterlassungspflichten, nicht schuldrechtliche. Ein statutarisches Stimmbindungsverbot berührt somit die Wirksamkeit einer schuldrechtlichen Kapitalerhöhungsverpflichtung nicht[42]. Es hat daher keine Auswirkung auf eine entgegen des Verbots eingegangene Kapitalerhöhungsverpflichtung.

bb) Rechtsfolgen wirksamer Stimmbindung

Nachdem vorstehend mögliche Zulässigkeitsgrenzen schuldrechtlicher Zustimmungspflichten erörtert wurden, geht es nun um die Rechtsfolgen bindungsgemäßen und bindungswidrigen Stimmverhaltens bei wirksamer Stimmbindung. Zur Veranschaulichung wird von folgendem Grundfall ausgegangen:

A, B und C sind Gesellschafter der X-GmbH und zu jeweils 1/3 an ihr beteiligt. A ist Geschäftsführer der Gesellschaft. Bei Satzungsänderungen gilt die gesetzliche Mehrheit von 75 % der abgegebenen Stimmen. A und B schließen außerhalb des Gesellschaftsvertrages privatschriftlich eine Ad-hoc-Vereinbarung, in der sie festlegen, unverzüglich eine Gesellschafterversammlung einzuberufen und eine ordentliche Kapitalerhöhung zu beschließen. Weiterhin enthält die Vereinbarung eine Vertragsstrafenregelung, die folgendermaßen formuliert ist: „Im Falle einer Zustimmungsverweigerung zu einem rechtmäßigen Kapitalerhöhungsbeschluss durch einen Gesellschafter hat dieser an den anderen Gesellschafter eine Vertragsstrafe von € 10.000 zu zahlen. Das Recht, Schadensersatz, Erfüllung oder Unterlassung zu verlangen, wird durch die Zahlung der Vertragsstrafe nicht berührt. Die Vertragsstrafe wird auf den Schadensersatz angerechnet.“[43] C ist nicht Vertragspartei der Vereinbarung.

---

41 Hachenburg/*Hüffer*, Großkommentar GmbHG, § 47 Rz. 86; *Janke*, Nebenleistungspflichten GmbH, 1996, S. 13.

42 *Overrath*, Stimmrechtsbindung, 1973, S. 35; Scholz/*Schmidt*, GmbHG, § 47 Rz. 48.

43 Formulierung angelehnt an MünchVertragshdb/*Heidenhain/Meister*, Bd. 1, Formular IV.28, Anm. 5.

(1) Bindungsgemäße Stimmabgabe

Entsprechend dem Ausgangsfall beschließen nun A und B gegen die Stimme des C in der Gesellschafterversammlung eine Kapitalerhöhung. Die Kapitalerhöhungsverpflichtung ist wirksam, da keine Anhaltspunkte ersichtlich sind, die auf eine Unwirksamkeit schließen lassen. Auch die Rechtsfolgenseite ist unproblematisch. A und B haben auf schuldrechtlicher Ebene ihre Pflicht aus der Vereinbarung erfüllt. Ebenso ist auf korporativer Ebene der Kapitalerhöhungsbeschluss wirksam, weil von einer ordnungsgemäßen Einberufung der Gesellschafterversammlung und der Einhaltung der erforderlichen Formvorschriften auszugehen ist, denn der Beschluss ist mit der erforderlichen Mehrheit von 75 % der abgegebenen Stimmen zustande gekommen und andere Gründe für die Unwirksamkeit des Beschlusses sind nicht ersichtlich. Bei der Beurteilung der Wirksamkeit der Beschlussfassung hat allerdings die Wirksamkeit der Kapitalerhöhungsverpflichtung keine Bedeutung[44]. Hier gilt sowohl nach der Trennungs- als auch nach der Einheitsthese, dass die Wirksamkeit der Stimmbindung die des Beschlusses unberührt lässt. Nach der Trennungsthese ist dies der Fall, weil die Ebenen ohnehin strikt zu trennen sind, nach der Einheitsthese, weil keine Anhaltspunkte ersichtlich sind, die eine Beeinflussung der korporativen Ebene durch die schuldrechtliche erforderlich machen könnten.

(2) Bindungswidrige Stimmabgabe

Nun werden die Rechtsfolgen abredewidrigen Abstimmungsverhaltens bei wirksamer Kapitalerhöhungsverpflichtung untersucht.

(a) Zustimmungsverweigerung aus Schädigungsabsicht

Der Ausgangsfall wird dergestalt abgewandelt, dass B entgegen der Stimmbindungsvereinbarung seine Zustimmung verweigert, um A zu schädigen. C stimmt dem Kapitalerhöhungsbeschluss ebenfalls nicht zu, die Kapitalerhöhung scheitert. Bezüglich der Rechtsfolgen sind Stimmbindungsebene und Beschlussebene wiederum zu trennen.

A hat gegen B einen Erfüllungsanspruch, der auf Einhaltung des vereinbarten Abstimmungsverhaltens, also Zustimmung zur Kapitalerhöhung, gerichtet ist. Seit der Entscheidung des BGH vom 29.05.1967 ist anerkannt, dass die Parteien einer Gesellschaftervereinbarung einen nach § 894 ZPO vollstreckbaren An-

44 Scholz/*Schmidt*, GmbHG, § 47 Rz. 53.

spruch auf Erfüllung der in der Vereinbarung eingegangenen Pflichten haben[45]. Denn es könne grundsätzlich die Erfüllung schuldrechtlichen Verpflichtungen verlangt werden und auch bei Stimmbindungsvereinbarungen bestehe ein entsprechendes Interesse an einem durchsetzbaren Erfüllungsanspruch[46]. Die Durchsetzung seines Erfüllungsanspruches dient aber möglicherweise nicht mehr den Interessen des A, weil die Kapitalerhöhung bei Rechtskraft des Urteils wegen der Verfahrensdauer selten noch aktuell ist.

Daneben kann A auch unter den Voraussetzungen des § 280 Abs. 1 BGB wegen Verletzung der dem B nach der Kapitalerhöhungsverpflichtung obliegenden Zustimmungspflicht Schadensersatz verlangen. Daneben könnten wegen der Schädigungsabsicht des B auch deliktische Ansprüche nach §§ 823 Abs. 1, 826 BGB bestehen. Schwierigkeiten kann allerdings jeweils die Bezifferung des Schadens bereiten. Der Schaden könnte in der wegen der unterbliebenen Kapitalerhöhung verursachten Minderung des Wertes des Geschäftsanteils liegen, zu deren Bestimmung der hypothetische Geschäftsverlauf zugrundegelegt werden müsste, der jedoch schwer vorhersehbar und beweisbar ist[47]. Hilfreich ist es daher, B auf Zahlung der in der Vereinbarung vorgesehenen Vertragsstrafe in Anspruch zu nehmen, von deren Wirksamkeit hier mangels entgegenstehender Anhaltspunkte ausgegangen werden kann. Das gewählte Beispiel zeigt die praktische Bedeutung von Vertragsstrafen in schuldrechtlichen Vereinbarungen. Sie machen eine nachweisbare Bezifferung des Schadens entbehrlich[48].

Der Beschluss kommt wegen der Zustimmungsverweigerung von B und C nicht zustande, da die nötige Mehrheit für Satzungsänderungen fehlt. Das bindungswidrige Abstimmungsverhalten des B hat auf die Wirksamkeit seiner Stimmabgabe keinen Einfluss. A kann nicht etwa analog § 243 AktG den Beschluss anfechten, weil B ihm gegenüber die Zustimmung zugesichert hatte. Die Zusicherung des B erfolgte nur auf schuldrechtlicher Ebene, mit seiner Verweigerung hat er dagegen weder gegen das GmbHG noch gegen den Gesellschaftsvertrag verstoßen. Das wäre aber für eine Beschlussanfechtung erforderlich.

---

45 Ständige Rechtsprechung seit BGHZ 48, 163 (170 ff.) mit Anm. *Barz*, GmbHR 1968, 100 (101); OLG Koblenz ZIP 1986, 503 (504 f.) (rkr.) über die Zulässigkeit einer einstweiligen Verfügung zur Durchsetzung von Stimmbindungsverträgen zwischen GmbH-Gesellschaftern; *Hirte*, Kapitalgesellschaftsrecht, Rz. 3.276; *Joussen*, Gesellschafterabsprachen, 1995, S. 217; *Noack*, Gesellschaftervereinbarungen, 1994, S. 71 ff.; Rowedder/*Koppensteiner*, GmbHG, § 47 Rz. 34 f.; *Schmidt*, GesR, § 21 II.4. S. 617; kritisch noch Kölner Kommentar AktG/*Zöllner*[1], § 136 Rz. 112 und *Zutt*, ZHR 155 (1991), 190 (192).

46 BGHZ 48, 163 (170 ff.).

47 *Joussen*, Gesellschafterabsprachen, 1995, S. 215; *Lübbert*, Abstimmungsvereinbarungen, 1971, S. 174; Scholz/*Schmidt*, GmbHG, § 47 Rz. 60.

48 *Ripka*, Poolverträge, 2000, S. 29; Scholz/*Schmidt*, GmbHG, § 47 Rz. 61.

(b) Zustimmungsverweigerung wegen statutarischen Stimmbindungsverbots

Es folgt eine andere Abwandlung des Ausgangsfalles. Der Gesellschaftsvertrag der X-GmbH enthält eine Regelung, wonach die Gesellschafter weder innerhalb noch außerhalb des Gesellschaftsvertrages ihr Abstimmungsverhalten koordinieren dürfen. A und B vereinbaren dennoch die Kapitalerhöhungsverpflichtung. In der Gesellschafterversammlung sieht sich A allerdings an der Zustimmung zur Kapitalerhöhung wegen des statutarischen Stimmbindungsverbots gehindert und stimmt dem Kapitalerhöhungsbeschluss nicht zu. B stimmt für die Kapitalerhöhung, C dagegen. Der Beschluss kommt nicht zustande. Wegen des abredewidrigen Abstimmungsverhaltens des A könnte B nun grundsätzlich Erfüllung, Schadensersatz nach § 280 Abs. 1 S. 1 BGB bzw. Zahlung der Vertragsstrafe verlangen, weil A gegen die Kapitalerhöhungsverpflichtung verstoßen hat[49]. Die Kapitalerhöhungsverpflichtung ist wirksam, da das statutarische Stimmbindungsverbot, wie bereits in diesem Abschnitt oben unter aa)(2) erörtert, die Wirksamkeit schuldrechtlicher Vereinbarungen nicht berührt.

Jedoch scheint dieses Ergebnis widersprüchlich zu sein. Allen Gesellschaftern oblag nach dem Gesellschaftsvertrag die Nebenleistungspflicht, keine Abstimmungsvereinbarungen einzugehen. A und B haben sich auf schuldrechtlicher Ebene über diese Unterlassungsverpflichtung hinweggesetzt. A stimmt aber dann auf korporativer Ebene entgegen der Vereinbarung, weil er nun meint, andernfalls seine korporative Nebenleistungspflicht zu verletzen. B hält sich dagegen an die Abrede, jedoch nach wie vor nicht aber an seine gesellschaftsvertragliche Pflicht.

Fraglich ist, ob diese Kollision der schuldrechtlichen und statutarischen Leistungspflichten Einfluss auf die Wirksamkeit der Stimmbindungsvereinbarung und die Ansprüche des B gegen A hat. Dies entscheidet sich wiederum danach, ob man eine Wechselwirkung zwischen schuldrechtlicher und korporativer Ebene anerkennt oder nicht. Bejaht man mit der Trennungsthese in ihrer strengen Anwendung die strikte Trennung zwischen beiden Ebenen, so kommt man vorliegend zur Wirksamkeit der Stimmbindungsvereinbarung und damit zur Bejahung der Ansprüche des B. Legt man dagegen die Einheitsthese zugrunde, führt dies zur Unwirksamkeit der Stimmbindungsvereinbarung, da auch die korporative

49 Hinsichtlich des Anspruchs auf Zahlung der Vertragsstrafe ist allerdings zu berücksichtigen, dass die oben unter § 3I.1.g)bb) zitierte Vereinbarung für den Vertragsstrafenanspruch die Rechtmäßigkeit des Kapitalerhöhungsbeschlusses verlangt. Ob dieser möglicherweise wegen Verstoßes gegen das statutarische Stimmbindungsverbot unwirksam und damit anfechtbar ist, soll allerdings noch nicht an dieser Stelle, sondern am Ende dieses Gliederungspunktes im Zusammenhang mit der Analyse der Rechtsfolgen auf korporativer Ebene erörtert werden.

Ebene verletzt wurde. *Noack* begründet dieses Ergebnis damit, dass die korporative Ebene deswegen eine Direktwirkung auf die schuldrechtliche erzeuge, weil letztlich mittels der Stimmbindung eine Veränderung auf korporativer Ebene angestrebt werde[50].

Die Position *Noacks* mag sachgerecht sein, sofern es um Dauerstimmbindungsvereinbarungen geht. Denn bei solchen kann wegen der unbestimmten Vielzahl an Entscheidungen, bei denen die Stimmbindungsvereinbarungen relevant werden – nämlich bei jedem zukünftigen Beschluss – von einer gewollten Veränderung der korporativen Ebene gesprochen werden kann. Für den Fall einer Kapitalerhöhungsverpflichtung im Gewand einer Ad-hoc-Vereinbarung überzeugt die Annahme einer Direktwirkung jedoch nicht, weil es ähnlich einer Satzungsdurchbrechung lediglich um die Festlegung eines einzelnen, konkreten Abstimmungsverhaltens geht, welches die korporative Ebene nicht verändert. Daher ist im Ansatzpunkt der Trennungsthese zu folgen. Dem Problem der Pflichtenkollision kann dadurch begegnet werden, dass A im Beispielsfall gegen den Anspruch des B die Einrede nach § 242 BGB erheben kann. Zwar könnte gegen eine solche Einrede sprechen, dass nach dem Trennungsprinzip korporative und schuldrechtliche Pflichten strikt zu trennen sind und daher Pflichtenkollisionen nicht zugunsten der korporativen Ebene gelöst werden dürfen. Andererseits würde aber so das gesellschaftsvertragskonforme Verhalten des A sanktioniert, obwohl die Nichteinhaltung der Stimmbindungsvereinbarung im Beschlusszeitpunkt im Gesellschaftsinteresse lag. Es erscheint daher treuwidrig im Sinne des § 242 BGB, dass ein Gesellschafter von einem anderen die Abstimmung in einer Art und Weise verlangen kann, nach der er selbst nicht abstimmen darf[51]. Daher ist im Ergebnis die Stimmbindungsabrede selbst wirksam, jedoch sind die Ansprüche des B wegen § 242 BGB nicht durchsetzbar.

Weiterhin ist zu prüfen, ob sich die Pflichtenkollision auf die Rechtmäßigkeit des Beschlusses auswirkt. Anhaltspunkte für eine Nichtigkeit des Beschlusses sind nicht ersichtlich. Wohl aber ist eine Anfechtung seitens des A nach § 243 Abs. 1 AktG analog zu erwägen. Das würde voraussetzen, dass B mit seiner Stimmabgabe gegen Gesetz oder Satzung verstoßen hat. Richtig ist, dass auch B eine Pflichtverletzung beging, als er die Stimmbindungsabrede schloss. Diese zieht aber, wie vorstehend erörtert, wegen des Trennungsprinzips allein schuldrechtliche Konsequenzen nach sich. Auf korporativer Ebene hat B keinen Satzungsverstoß begangen, denn die Stimmbindungsabrede selbst war nicht im Gesellschaftsvertrag als materieller Satzungsbestandteil verankert. Somit hat B auch nicht gegen den Gesellschaftsvertrag verstoßen, als er der Kapitalerhöhung zu-

50 *Noack*, Gesellschaftervereinbarungen, 1994, S. 147.
51 *Zöllner*, ZHR 155 (1991), 168 (178).

stimmte. A kann daher den Kapitalerhöhungsbeschluss nicht anfechten. Der Beschluss ist rechtmäßig und wirksam[52]. Zusammenfassend zu dem Komplex des bindungswidrigen Abstimmungsverhaltens lässt sich daher festhalten, dass es auch hier grundsätzlich bei der Trennung der Regelungsebenen bleibt und im Falle des statutarischen Stimmbindungsverbotes aus Wertungsgesichtspunkten § 242 BGB den Ansprüchen des abredegemäß abstimmenden Gesellschafters entgegensteht.

(c) Stimmbindung aller Gesellschafter

Die vorstehenden Fallvarianten zeichneten sich dadurch aus, dass jeweils zwei Gesellschafter eine Vereinbarung schließen, um ihren Stimmeinfluss gegenüber dem dritten Gesellschafter zu bündeln. Die Rechtslage ändert sich, wenn alle Gesellschafter der GmbH eine schuldrechtliche Vereinbarung über eine Kapitalerhöhung treffen. Entsprechend wird der Ausgangsfall weiter abgewandelt:

A, B und C schließen eine Vereinbarung, wonach sie sich verpflichten, zukünftig Kapitalerhöhungen nur einstimmig vorzunehmen. Im Gesellschaftsvertrag bleibt es aber bei dem gesetzlichen Mehrheitserfordernis für Satzungsänderungen. Später beschließen aber A und B eine Kapitalerhöhung gegen die Stimme des C, weil sie sie für wirtschaftlich notwendig halten[53].

Auch hier ist wiederum zunächst zu prüfen, ob die Stimmbindungsvereinbarung zulässig und wirksam ist. Gesellschafterabreden, die im Kern eine Erschwerung zukünftiger Kapitalerhöhungen bedeuten, sind in der Kautelarpraxis verbreitet[54]. Sie dienen häufig dazu, die Position gegenüber einem potentiellen Investor zu stärken, der sich an der Gesellschaft beteiligen will. Die Altgesellschafter würden wegen der dann neuen Mehrheitsverhältnisse Gefahr laufen, an Einfluss zu verlieren. Durch eine Gesellschafterabrede des genannten Inhalts können sie die Aufnahme des neuen Gesellschafters steuern, denn dieser kann, außer im Falle der Veräußerung bereits bestehender Anteile nur durch den Erwerb der im Zuge einer Kapitalerhöhung neu geschaffenen Anteile Gesellschafter werden. Neue Anteile sollen aber grundsätzlich nur entstehen, wenn sich alle Gesellschafter über die Kapitalerhöhung einig sind. Den Gesellschaftern steht es offen, auch

---

52 Wegen der Rechtmäßigkeit des Kapitalerhöhungsbeschlusses ist daher auch der Anspruch des B auf Zahlung der Vertragsstrafe wirksam entstanden, der Durchsetzbarkeit steht aber wiederum § 242 BGB entgegen.

53 Ist eine Kapitalerhöhung für die Existenz der Gesellschaft zwingend erforderlich, kann sich eine Zustimmungspflicht aus Treupflichtgesichtspunkten ergeben, dazu näher unten in § 3I.4.

54 *Noack*, Gesellschaftervereinbarungen, 1994, S. 147; dies entsprach auch der Erfahrung der Verfasserin bei Analyse der ihr zur Verfügung gestellten Vertragsmuster.

durch negative Leistungspflichten die Geschäftspolitik der Gesellschaft zu beeinflussen. Auch dies ist Ausdruck der Vertragsfreiheit. Daher ist die hier zu untersuchende Stimmbindungsabrede zulässig und wirksam.

Da A und B wegen ihrer abweichenden Stimmabgabe gegen die ihnen obliegende Pflicht, nur bei Einstimmigkeit eine Kapitalerhöhung zu beschließen, verstoßen haben, kann C jedenfalls Erfüllung, Schadensersatz nach § 280 BGB bzw. Zahlung der Vertragsstrafe verlangen[55].

Interessant ist aber vor allem die Frage nach der Wirksamkeit des Kapitalerhöhungsbeschlusses. Die Stimmabgabe der Gesellschafter ist grundsätzlich wirksam. Zwar waren A und B aus der Vereinbarung gegenüber C verpflichtet, nur mit seiner Zustimmung die Kapitalerhöhung zu beschließen, nach dem Gesellschaftsvertrag genügte jedoch für Satzungsänderungen eine drei Viertel Mehrheit der abgegebenen Stimmen, die A und B mit ihren Stimmen erreichten. Fraglich ist aber, ob C, statt Erfüllungsklage gegen A und B zu erheben, den Kapitalerhöhungsbeschluss wegen Verstoßes gegen die zugrundeliegende Vereinbarung gegenüber der X-GmbH anfechten kann. Denn hier könnte eine Besonderheit, die möglicherweise eine vom Trennungsprinzip abweichende Beurteilung verlangt, darin gesehen werden, dass alle Gesellschafter der Gesellschaftervereinbarung zugestimmt hatten.

Der BGH hatte in der sog. „Kerbnägel-Entscheidung" vom 20.01.1983 zu entscheiden, ob die Anfechtungsklage eines Gesellschafters gegen die beklagte GmbH wegen eines Gesellschafterbeschlusses, sich an einem Unternehmen zu beteiligen, begründet war, weil sich alle Gesellschafter zuvor untereinander schuldrechtlich verpflichtet hatten, eine solche Geschäftstätigkeit zu unterlassen[56]. Der BGH entschied, dass eine Anfechtung aus diesem Grund möglich sei. Nach Auffassung des Senats sei eine als Satzungsänderung mangels Einhaltung der Formvorschriften unwirksame Vereinbarung, der sämtliche Gesellschafter zugestimmt hatten, so lange als Regelung der Gesellschaft zu behandeln, wie die an der Vereinbarung beteiligten Gesellschafter der Gesellschaft angehörten. In einem solchen Fall sei es nicht nötig, „den vertragswidrig überstimmten Gesellschafter auf den umständlichen Weg der Klage gegen die Mitgesellschafter zu

---

55 Die Formulierung der Vertragsstrafenklausel würde bei einer solchen Gesellschafterabrede dergestalt verändert, dass der abweichend abstimmende Gesellschafter an die übrigen Vertragsparteien im Verhältnis des Nennbetrags der Geschäftsanteile derselben zueinander eine Vertragsstrafe von insgesamt [der im Beispiel verwendeten] € 10.000 zu zahlen hat, so die Musterformulierung in MünchVertragshdb/*Heidenhain/Meister*, Bd. 1, Formular IV.28, Anm. 5.

56 BGH WM 1983, 334 (334); ausführliche Zusammenfassung bei *Dürr*, Nebenabreden, 1994, S. 23 ff; *Happ*, ZGR 1984, 168 (168).

verweisen", er solle vielmehr den Beschluss gegenüber der Gesellschaft selbst anfechten können[57].

Der BGH hat diese Auffassung in einer weiteren Entscheidung vom 27.10.1986 allerdings ohne nähere Begründung bestätigt[58]. In einer weiteren Entscheidung vom 07.06.1993 ist das Gericht partiell zur Trennungsthese in seiner strengen Form zurückgekehrt, indem es entschied, dass organisationsrechtliche Regelungen, zu denen die streitgegenständliche Satzung eines fakultativen Aufsichtsrats gehöre, auch nicht durch Gesellschaftervereinbarungen zwischen allen Gesellschaftern geändert werden könne[59].

Das zuletzt genannte Urteil bleibt jedoch ohne Auswirkung auf die hier in Frage stehende Vereinbarung über die Verschärfung des für Satzungsänderungen geltenden Mehrheitserfordernisses. Bei dem statutarischen Mehrheitserfordernis handelt es sich nicht um eine organisationsrechtliche Regelung, da sie die Struktur der Gesellschaft nicht beeinflusst. Vielmehr legt sie die Abstimmungsvoraussetzungen für Satzungsänderungen fest. Die Gesellschaftervereinbarung verschärft diese Abstimmungsvoraussetzungen. Für „bestimmte, im allgemeinen auf die Abstimmung in der Gesellschafterversammlung bezogene Verhaltens- oder Unterlassungspflichten" bleibe es aber, wie das Gericht in den Entscheidungsgründen selbst ausführt, bei der durch die vorstehend ausgeführten Entscheidungen modifizierten Trennungsthese, die ein Durchschlagen der schuldrechtlichen auf die korporative Ebene zulässt[60].

Die Entscheidungen haben in der Folgezeit sowohl deutliche Zustimmung als auch Ablehnung erfahren. Einige Autoren begrüßten die Auffassung des BGH mit dem Argument, dass die Gesellschafter mit einer einvernehmlichen Gesellschafterabrede im Grunde eine mitgliedschaftliche Bindung zum Ausdruck brächten, so dass es unerheblich sei, ob die Regelung Aufnahme in die Satzung gefunden habe oder nicht[61]. Andere lehnten diese Rechtsprechung ab, weil sie eine Rechtsfolge ermögliche, die den Gesellschaftern mehr gewähre, als sie hätten regeln wollen[62]. Mit der Regelung des Sachverhalts außerhalb der Satzung hätten

---

57 Zum Ganzen BGH WM 1983, 334 (334 f.).

58 BGH WM 1987, 71 (73).

59 BGHZ 123, 15 (20); ausführlich dazu *Goette*, RWS-Forum 8, 1996, 113 (116 ff.).

60 BGHZ 123, 15 (20).

61 Großkommentar AktG/*Wiedemann*, § 179 Rz. 47; *Joussen*, Gesellschafterabsprachen, 1995, S. 146 ff.; Scholz/*Schmidt*, GmbHG, § 47 Rz. 53; kritisch, aber aus prozessökonomischen Erwägung zustimmend auch *Happ*, ZGR 1984, 168 (175 ff.).

62 *Berger*, Nebenverträge, Münster Univ. Diss. 1995, S. 186 f.; Hachenburg/*Hüffer*, Großkommentar GmbHG, § 47 Rz. 84; kritisch im Hinblick auf die Festlegung der Grenzen der Mehrheitsmacht *Hirte*, Bezugsrechtsausschluß, 1986, S. 25 f.; *Ripka*, Poolverträge, 2000, S. 56 ff.; *Ulmer*, NJW 1987, 1849 (1854); *Winter*, ZHR 154 (1990), 259 (268 ff.); *ders. Winter*, RWS-Forum 8, 1996, 131 (134 ff.).

die Gesellschafter bewusst auf die Publizität und Rechtsbeständigkeit, die eine entsprechende korporative Regelung hätte, verzichtet. Daher dürften ihnen auch nicht die Vorteile, die eine Regelung des Sachverhalts in der Satzung gehabt hätte, nämlich Anfechtbarkeit des Beschlusses gegenüber der Gesellschaft und nicht nur Klage gegen die Gesellschafter, zu Gute kommen[63].

Noack erweitert die Diskussion um einen neuen Gesichtspunkt, indem er zwischen Gesellschaftervereinbarungen unterscheidet, die einen Einzelfall betreffen, und solchen, die eine Dauerregelung enthalten. Die erste Kategorie sei entsprechend der Grundsätze über satzungsdurchbrechende Beschlüsse zu behandeln[64]. Ein Beschluss, der einer zugrundeliegenden Ad-hoc-Vereinbarung widerspricht, wäre nach dieser Auffassung wirksam und nicht anfechtbar, weil sich die Rechtswirkung der Vereinbarung in der konkreten Maßnahme erschöpft und alle Gesellschafter der Regelung zugestimmt haben. Für Dauerregelungen könne dies nach Auffassung *Noacks* nicht gelten, weil sonst eine außerstatutarische Regelung bei satzungspflichtigen Gegenständen etabliert würde[65].

Legte man die Rechtsprechung des BGH zugrunde, bliebe es daher für den Bereich der Stimmbindungsvereinbarungen bei der durch die beiden ersten Entscheidungen anerkannten Möglichkeit, den Beschluss wegen des bindungswidrigen Abstimmungsverhaltens anzufechten, da dieses Verhalten die Abrede verletzt. Somit könnte C den Kapitalerhöhungsbeschluss gegenüber der X-GmbH anfechten.

Folgte man den Autoren, die der Rechtsprechung des BGH widersprechen, so hätte eine Anfechtungsklage des C keinen Erfolg, weil die Stimmbindungsabrede bei der Beurteilung der Zulässigkeit des Kapitalerhöhungsbeschlusses unberücksichtigt bleiben muss. Diese wäre allein für die Ansprüche des C gegen seine Mitgesellschafter von Bedeutung. Auch bei der von *Noack* entwickelten Differenzierung zwischen Ad-hoc-Vereinbarungen und Dauerregelungen käme man hier zu einer Verneinung der Anfechtungsmöglichkeit. Denn die von A, B und C getroffene Vereinbarung enthält eine Dauerregelung, weil sie sich auf alle zu-

---

63 Hachenburg/*Hüffer*, Großkommentar GmbHG, § 47 Rz. 84; nicht ganz überzeugend jedoch OLG Stuttgart DB 2001, 854 (859) (rkr.), das sich mit dem genannten Argument der Kritik an der vom BGH gewählten Konstruktion anschließt, aber dennoch ein Durchschlagen der schuldrechtlichen auf die korporative Ebene bei „eindeutigen und unzweifelhaften Verstößen wie etwa solchen gegen Stimmbindungen" anerkennt.

64 *Noack*, Gesellschaftervereinbarungen, 1994, S. 166; in der hier verwendeten Terminologie wären mit „Einzelfallentscheidungen" Ad-hoc-Stimmbindungsvereinbarungen gemeint.

65 *Noack*, Gesellschaftervereinbarungen, 1994, S. 166.

künftigen Kapitalerhöhungsbeschlüsse bezieht. Es fehlt daher die für eine Ad-hoc-Vereinbarung erforderliche Konkretisierung.

Ansatzpunkt der eigenen Stellungnahme ist die Trennungsthese. Grundsätzlich sind Gesellschaftsvertrag und schuldrechtliche Vereinbarung als getrennte Ebenen zu verstehen, die einander nicht beeinflussen. Es wird weiterhin davon ausgegangen, dass zwischen beiden Ebenen kein Gleichordnungsverhältnis besteht: Die korporative Ebene steht über der schuldrechtlichen, weil nur für erstere ein ausgewogener Regelungsapparat durch das GmbHG vorgegeben wird. Die zentralen Wertungen der korporativen Ebene finden ihren Ausdruck im Gesellschaftsvertrag und nicht in Nebenvereinbarungen[66]. Eine Veränderung dieser Wertungen ist daher nur durch Beschluss möglich.

Dabei kann jedoch die Betrachtung nicht stehen bleiben, denn dies würde schon der rechtstatsächlichen Bedeutung, die Gesellschafterabreden zukommt, nicht gerecht werden. Häufig finden sich die zentralen Regelungen über die Geschäftspolitik der Gesellschaft, deren Struktur etc. in Nebenabreden, der Gesellschaftsvertrag liefert nur die formale Form. Auch dieser Gesichtspunkt muss Berücksichtigung finden, wobei er die dogmatischen Erwägungen nicht überdecken darf. Wesentlich ist es, den Wertungen der korporativen Ebene Rechnung zu tragen. Überzeugend ist der Ansatz *Noacks* – insoweit beschränkt auf den Bereich der schuldrechtlichen Zustimmungspflicht zu Kapitalerhöhungen – zwischen Ad-hoc-Vereinbarungen und Dauerregelungen zu unterscheiden. Bei Ad-hoc-Vereinbarungen erledigt sich die Verpflichtung mit dem entsprechenden Verhalten in der Gesellschafterversammlung. Das Grundprinzip – Veränderbarkeit der Satzung nur durch Beschluss – wird wegen der zeitlichen Beschränkung der Maßnahme nicht beeinträchtigt. Eine solche Regelung hat im Wesentlichen organisatorische Bedeutung; es soll bald eine Gesellschafterversammlung einberufen und deren Ablauf programmiert werden. Eine geregelte Abweichung vom statutarisch vorgesehenen Mehrheitserfordernis steht nicht im Vordergrund. Daher ist es in solchen Fällen gerechtfertigt, den Verstoß gegen die Ad-hoc-Vereinbarung als Anfechtungsgrund heranzuziehen, weil sie wegen der engen zeitlichen Nähe zum geplanten Beschluss und ihrer zeitlichen Beschränkung in tatsächlicher Hinsicht nichts anderes ist als der vorweggenommene Kapitalerhöhungsbeschluss, auch wenn dieser in rechtlicher Hinsicht noch gefasst werden muss. Daran muss sich aber dann auch die Gesellschaft festhalten lassen.

Anders stellt sich die Sachlage bei Dauerstimmbindungen dar, zu denen auch das Fallbeispiel gehört. Vereinbaren die Gesellschafter zukünftig, Kapitalerhöhungen nur einvernehmlich vorzunehmen, weichen sie für diesen besonderen Fall

---

66 Dies bejaht auch *Noack*, Gesellschaftervereinbarungen, 1994, S. 166, obwohl seine Untersuchung die Trennungsthese in Frage stellt.

der Satzungsänderungen dauerhaft von dem gesetzlich bzw. statutarisch vorgesehen Mehrheitserfordernis ab. Eine solche Vereinbarung geht weiter als eine entsprechende Ad-hoc-Vereinbarung, weil sie die Beeinträchtigung der Geschäftspolitik zum Ziel hat. Kapitalerhöhungen sollen durch die Verschärfung des Mehrheitserfordernisses schwerer durchführbar sein und damit langfristig Investitionen verhindern oder jedenfalls erschweren.

Eine solche Erschwerung ist aber, wie sich aus § 53 Abs. 2 S. 1 GmbHG ergibt, der Satzung vorbehalten. Eine entsprechende schuldrechtliche Regelung ist nicht gleichwertig. Daher kann der Verstoß gegen schuldrechtliche Zustimmungspflichten in Dauerstimmbindungen keinen Anfechtungsgrund für einen der Vereinbarung widersprechenden Beschluss darstellen. Die korporative Ebene überwiegt. Es bleibt bei der Klage gegen die Mitgesellschafter.

Als Zwischenergebnis ist festzuhalten, dass bei schuldrechtlichen Zustimmungspflichten zwischen allen Gesellschaftern die in der Vereinbarung festgelegte Dauer der Verpflichtung über die Frage der Anfechtbarkeit des Beschlusses gegenüber der Gesellschaft entscheidet.

cc) Rechtsfolgen unwirksamer Stimmbindung

Die vorangegangene Darstellung beschäftigte sich mit den Rechtsfolgen wirksamer Stimmbindung. Der folgende Abschnitt untersucht nun die möglichen Rechtsfolgen unwirksamer Stimmbindung bei bindungsgemäßer und bindungswidriger Stimmabgabe.

(1) Bindungsgemäße Stimmabgabe

Der Veranschaulichung dient wiederum der eingangs unter Punkt bb) geschilderte Ausgangsfall, der dahingehend verändert wird, dass A bei Vertragsschluss, ohne sich dessen bewusst zu sein, von falschen Voraussetzungen bezüglich der Reichweite der Kapitalerhöhungsverpflichtung ausgeht. A und B stimmen später der Kapitalerhöhung zu. Die Vereinbarung ist wegen versteckten Dissenses nach § 155 BGB nicht zustande gekommen. Die Unwirksamkeit der Stimmbindung berührt nicht die Wirksamkeit der Stimmabgabe und begründet auch keinen Grund für eine Beschlussanfechtung[67]. Zwar kann unter bestimmten Voraussetzungen, z. B. wegen Sittenwidrigkeit oder Treupflichtverletzung, der Beschluss, anfechtbar sein, dann liegt aber der Anfechtungsgrund allein im Beschluss selbst

---

67 Scholz/*Schmidt*, GmbHG, § 47 Rz. 54.

begründet und folgt nicht aus der Vereinbarung[68]. Daher war die Stimmabgabe des A trotz der Unwirksamkeit der Stimmbindung wirksam und ein Recht, den Beschluss allein wegen § 155 BGB anzufechten, besteht nicht.

(2) Bindungswidrige Stimmabgabe

Würde A im vorstehend genannten Fall den Dissens erkennen und entgegen der Vereinbarung der Kapitalerhöhung nicht zustimmen, so hätte auf vertraglicher Ebene B wegen des bindungswidrigen Verhaltens des A weder einen Schadensersatzanspruch noch einen Anspruch auf Vertragsstrafe, da die Vereinbarung wegen § 155 BGB nicht zustande gekommen ist. Auf korporativer Ebene sind Stimmabgabe und Beschluss wirksam. Diese Konstellation ist daher auf Grundlage der vorstehenden Ausführungen unproblematisch[69].

2. Nebenverträge über die Verpflichtung zur Durchführung einer Kapitalerhöhung gegenüber der Gesellschaft

Neben der Kapitalerhöhungsverpflichtung zwischen den Gesellschaftern ist auch denkbar, dass sich die Gesellschafter gegenüber ihrer Gesellschaft zur Beschlussfassung über eine Kapitalerhöhung verpflichten. Dies kann in der Praxis von Bedeutung sein, wenn ein Investor sich an der Gesellschaft beteiligen will. Ist dafür eine Kapitalerhöhung erforderlich, können die Gesellschafter ihrer Gesellschaft vor Abschluss des Beteiligungsvertrages zwischen der Gesellschaft und dem Investor zusichern, dass sie das Kapital erhöhen werden.

Im GmbHG besteht im Gegensatz zum AktG keine Norm, die diesen Sachverhalt regelt. Im Aktienrecht ordnet § 136 Abs. 2 S. 1 AktG die Nichtigkeit von Verträgen an, in denen sich die Aktionäre zur Stimmrechtsausübung „nach Weisung der Gesellschaft, des Vorstands oder des Aufsichtsrats“ verpflichten. Schutzzweck der Norm ist die Bewahrung der Unabhängigkeit der Hauptversammlung, deren Entscheidungsfindung durch die Verwaltung nicht beeinflusst werden soll[70]. Denn die Rechte der Hauptversammlung sind zwar, wie der Kompetenzkatalog in § 119 Abs. 1 AktG zeigt, beschränkt, aber auch zwingend gemäß § 23 Abs. 5 AktG; sie können nicht durch die Satzung geändert werden.

---

68 *Joussen*, Gesellschafterabsprachen, 1995, S. 155; *Lübbert*, Abstimmungsvereinbarungen, 1971, S. 169.
69 *Fischer*, GmbHR 1953, 65 (67); *Priester* in FS Werner, 1984, 657 (677).
70 *Hüffer*, AktG, § 136 Rz. 2.

§ 136 Abs. 2 AktG dient der Erhaltung der Machtbalance zwischen Hauptversammlung und Vorstand.

Umstritten ist, ob diese Regelung im GmbH-Recht analog anwendbar ist. Rechtsprechung und herrschende Lehre lehnen die analoge Anwendung mit dem Argument ab, dass anders als im Aktienrecht im GmbH-Recht keine strengen Zuständigkeitsabgrenzungen zwischen Geschäftsführung und Gesellschafterversammlung bestünden[71].

Nach anderer Ansicht soll § 136 Abs. 2 AktG in den Fällen analog gelten, in denen das GmbH-Recht eine der Gesellschafterversammlung zwingend zugewiesene Zuständigkeit anerkennt. Als Beispiel für eine zwingende Zuständigkeit führt diese Ansicht die Regelungen über den mitbestimmten Aufsichtsrat nach § 52 GmbHG an[72]. Dieses Beispiel überzeugt wenig, da die Kompetenzzuweisung des § 52 Abs. 1 GmbHG nicht zwingend ist. Vielmehr ist dort normiert, dass die entsprechenden aktienrechtlichen Regelungen über den mitbestimmten Aufsichtsrat anzuwenden sind, „soweit nicht im Gesellschaftsvertrag ein anderes bestimmt ist“. Diese Einschränkung ist nicht ungewöhnlich, da es einen dem § 23 Abs. 5 AktG entsprechenden Grundsatz der Satzungsstrenge gibt es im GmbH-Recht nicht[73].

Daher wird hier in Übereinstimmung mit der überwiegenden Mehrheit eine analoge Anwendung des § 136 Abs. 2 AktG abgelehnt. Somit sind schuldrechtliche Zustimmungsverpflichtungen der Gesellschafter gegenüber der Gesellschaft zulässig. Im Übrigen gelten für solche Verpflichtungen keine Besonderheiten gegenüber Kapitalerhöhungsverpflichtungen der Gesellschafter untereinander mit der Ausnahme, dass der Gesellschaft aus dem Nebenvertrag ein eigenes Forderungsrecht zusteht, weil sie Partei der Vereinbarung ist.

3. Kapitalerhöhungsverpflichtung gegenüber Dritten

Zu untersuchen ist ebenfalls, ob sich die Gesellschafter oder die Gesellschaft gegenüber Dritten verpflichten können, eine Kapitalerhöhung zu beschließen. Diese Gestaltungsform ist in der Rechtspraxis im Rahmen der Venture-Capital-Finanzierung von Bedeutung. Investoren finanzieren Gesellschaften, indem sie Anteile an ihr erwerben, also im Wege der Eigen- und nicht der Fremdfinanzierung. Die Bezeichnung „Venture-Capital“ rührt daher, dass die Beteiligung häu-

---

71 *Overrath*, Stimmrechtsbindung, 1973, S. 23 noch zu § 136 Abs. 3 AktG, der dem heutigen Abs. 2 entspricht; Scholz/*Schmidt*, GmbHG, § 47 Rz. 41.

72 Baumbach/Hueck/*Zöllner*, GmbHG, § 47 Rz. 78 a; Rowedder/*Koppensteiner*, GmbHG, § 47 Rz. 32; *Zöllner*, ZHR 155 (1991), 168 (183 f.).

73 S. dazu schon oben § 2II.1.

fig an neu gegründeten Unternehmen, sog. „start ups“ erfolgt, die sich mit einer neuen Geschäftsidee dem Markt präsentieren. Es ist nicht garantiert, dass diese Idee auch erfolgreich sein wird. Die Investition ist also mit einem Risiko behaftet. Zwar hat der „Start up Boom“ seit 2001 deutlich nachgelassen und damit auch die Bereitschaft zur Risikofinanzierung[74]. Dennoch sind die rechtlichen Schwierigkeiten, die sich aus der Risikofinanzierung ergeben können, nach wie vor von Bedeutung.

Zwei Fragen stehen im Mittelpunkt der Analyse. Die erste betrifft den Gesichtspunkt, ob sich die Gesellschafter oder die Gesellschaft überhaupt wirksam gegenüber dem Dritten zur Beschlussfassung über eine Kapitalerhöhung verpflichten können. Eine solche Verpflichtung kann für beide Seiten von Interesse sein, weil davon der Erfolg der Venture-Capital-Finanzierung abhängt. Denn bevor der Investor einen Anteil übernehmen kann, muss, wenn nicht einer der Gesellschafter seinen Anteil an den Investor veräußert, im Wege der Kapitalerhöhung ein neuer Anteil geschaffen werden. Die zweite Frage ist die nach einem etwaigen Formerfordernis solcher Verpflichtungsverträge, falls die Untersuchung deren Zulässigkeit ergibt.

Die Kapitalerhöhungsverpflichtung beinhaltet, wie bereits in diesem Kapitel in Gliederungspunkt 1.a) erörtert, die Verpflichtung zu einer Satzungsänderung, weil die Kapitalerhöhung ein Sonderfall der Satzungsänderung ist. Die Gesellschafter können eine solche Verpflichtung auf schuldrechtlicher Ebene regeln. Gegenüber Dritten kann, wie eingangs von § 2II erwähnt, eine solche Verpflichtung sowohl seitens der Gesellschafter als auch der Gesellschaft – ihre Zulässigkeit unterstellt – nur als schuldrechtliche getroffen werden, weil der Gesellschaftsvertrag ein körperschaftlicher Organisationsvertrag ist, der nur die innergesellschaftlichen Rechtsbeziehungen zwischen Gesellschaftern und Gesellschaft regelt[75].

a) Verpflichtung der Gesellschafter

Kapitalerhöhungsverpflichtungen der Gesellschafter gegenüber Dritten sind ihrer Funktionsweise nach ebenfalls Stimmbindungsvereinbarungen. Die Gesellschafter verpflichten sich, auf Wunsch eines Dritten ihre Zustimmung zu einem Kapitalerhöhungsbeschluss zu geben.

---

74 Statistische Angaben zur Entwicklung der Venture-Capital-Investitionen in den vergangenen 10 Jahren in FAZ v. 07.02.2003, Nr 32, S. 27 und bei *Schäfer/Stephan*, VC Verträge, 2003, Rz. 31 ff.

75 S. dazu bereits § 2II.

Grundsätzlich hält die Rechtsprechung Stimmbindungsverpflichtungen gegenüber Dritten für zulässig[76]. Dies begründen die Gerichte damit, dass keine Beeinflussung der Verbandssouveränität der Gesellschafter zu befürchten sei. Sie würden ihre Entscheidung nicht endgültig in die Hände eines Dritten geben, sondern lediglich seiner Beurteilung ein gewisses Gewicht beimessen. Dieser Dritteinfluss sei aber vorhersehbar und eingegrenzt[77].

Die Literatur kritisiert diese uneingeschränkte Zulassung. Dem Grundsatz der Treupflicht des Gesellschafters werde in den Fällen der Drittbindung des Stimmrechts nicht entsprochen. Der Zusammenhang zwischen Ausübung des Stimmrechts und Treupflicht werde gestört, wenn sich der Gesellschafter bei Entscheidungen an einen Dritten binde, der als Außenstehender dem Treupflichtgebot nicht unterliege[78]. Ein weiteres Argument bezieht sich auf das Abspaltungsverbot, das besagt, dass Geschäftsanteil und Stimmrecht untrennbar sind[79]. So wird argumentiert, dass bei wirtschaftlicher Betrachtung eine Drittbindung des Stimmrechts einer Stimmrechtsabspaltung gleichstehe, weil nach der Rechtsprechung der durch eine solche Drittbindung Begünstigte die Stimmabgabe entsprechend der Vereinbarung gerichtlich durchsetzen könne[80].

Ein drittes Argument setzt sich konkret mit der Drittbindung des Stimmrechts in Bezug auf Satzungsänderungen auseinander. Hier vertreten einige Autoren die Auffassung, dass in solchen Fällen die Drittbindung dem Prinzip der Verbandsautonomie widerspreche, weil § 53 Abs. 2 S. 1 GmbHG die zwingende Zuständigkeit der Gesellschafterversammlung für Satzungsänderungen bestimme. Diese Zuständigkeit werde untergraben, wenn die Beschlussfassung über die Satzungsänderung von den Vorgaben eines Dritten abhänge[81]. Allerdings werden auch Ausnahmen anerkannt. Drittbindungen des Stimmrechts seien ausnahmsweise dann zulässig, wenn die Gefahr einer Fremdbeeinflussung der Gesellschaft nicht

---

76 BGHZ 48, 163 (166 f.); BGH ZIP 1983, 432 (433); OLG Celle GmbHR 1991, 580 (580) (rkr.); OLG Jena NZG 1998, 343 (344) (rkr.); vgl. zur rechtstatsächlichen Verbreitung von Kapitalerhöhungsverpflichtungen der Gesellschafter gegenüber Dritten *Zutt*, ZHR 155 (1991), 213 (213), der im Rahmen einer Umfrage, an der sich 70 Sozietäten und Syndizi beteiligten, von zwei Beispiel solcher Verpflichtungen berichten konnte. Auch die Verfasserin konnte Einsicht in einige Musterverträge der bezeichneten Art nehmen.

77 So OLG Jena NZG 1998, 343 (344) in einem Fall, in dem zwei Gesellschafter eine Stimmrechtsvereinbarung dergestalt geschlossen hatten, dass im Falle einer Pattsituation bei einer Entscheidung der zwischenzeitlich aus der Gesellschaft ausgeschiedenen Dritte das Abstimmungsverhalten festlegen solle.

78 Zum Ganzen Hachenburg/*Hüffer*, Großkommentar GmbHG, § 47 Rz. 75.

79 S. dazu bereits in diesem Kapitel oben unter Gliederungspunkt § 3I.1.b).

80 Vgl. statt aller Hachenburg/*Hüffer*, Großkommentar GmbHG, § 47 Rz. 75.

81 Scholz/*Priester*, GmbHG, § 53 Rz. 62.

bestehe. Dies sei dann der Fall sein, wenn sich die Stimmbindung auf eine konkrete, inhaltlich definierte und begrenzte Maßnahme beziehe[82].

Vorliegend geht es um die Zulässigkeit von Kapitalerhöhungsverpflichtungen der Gesellschafter gegenüber Dritten im Rahmen von Beteiligungsfinanzierungen. Dabei handelt es sich um die Verpflichtung zu einer konkreten Satzungsänderung, nämlich das Stammkapital zur Schaffung neuer Anteile für die Durchführung der Beteiligungsfinanzierung zu erhöhen. Ein Verstoß gegen die gesellschaftliche Treupflicht ist bei einer solchen Verpflichtung nicht zu befürchten, weil die Maßnahme auf eine finanzielle Besserstellung der Gesellschaft abzielt und dies im wirtschaftlichen Interesse sowohl der Gesellschafter als auch der Gesellschaft liegt. Auch die Einheit von Mitgliedschaft und Stimmrecht ist gewahrt. Es treffen nach wie vor die Gesellschafter die Entscheidung über die Kapitalerhöhung und diese Entscheidung entspricht wegen ihres wirtschaftlichen Vorteils ihrem Willen. Eine Einflussnahme auf die Willensentscheidung durch den Dritten erfolgt hier nicht, da die Interessen an der Kapitalerhöhung bei allen Vertragspartnern in die gleiche Richtung zielen, nämlich die Investition zu ermöglichen[83]. Daher unterscheidet sich diese Konstellation von Fällen, in denen die Entscheidung unter den Zustimmungsvorbehalt des Dritten gestellt wird. Die Investition kommt nur zustande, wenn neue Anteile geschaffen werden. Den Beschluss darüber fasst die Gesellschafterversammlung.

Als Ergebnis bleibt festzuhalten, dass die Kapitalerhöhungsverpflichtung der Gesellschafter gegenüber einem Investor zulässig ist. Solche Verpflichtungen sind formfrei wirksam. Es gelten insoweit keine Besonderheiten gegenüber Gesellschaftervereinbarungen über Kapitalerhöhungen.

b) Verpflichtung der Gesellschaft

Für Drittbindungen der Gesellschafter wurde gezeigt, dass sie für konkrete Satzungsänderungen zulässig sind. Fraglich ist, ob sich auch die Gesellschaft, vertreten durch den Geschäftsführer, gegenüber einem Investor wirksam zur Vornahme

82 Zum Ganzen Hachenburg/*Hüffer*, Großkommentar GmbHG, § 47 Rz. 78; Scholz/*Priester*, GmbHG, § 53 Rz. 36 und § 55 Rz. 113.

83 Ebenso *Hergeth/Mingau*, DStR 2001, 1217 (1218); *Priester* in FS Werner, 1984, 657 (675); weitergehend *Zöllner* in FS Ulmer, 2003, 725 (749 f.), der auch die Verpflichtung der Gesellschafter, nach Weisung eines Dritten zu stimmen, für zulässig erachtet. Kapitalerhöhungsverpflichtungen in Form von Dauerbindungen gegenüber Dritten sind wohl nur theoretisch denkbar, weil sich das Interesse des Investors regelmäßig auf eine konkrete Beteiligung richtet. In einem solchen Fall könnte ein Verstoß gegen die Treupflicht nahe liegen, wobei aber auch dann zu bedenken ist, dass es nach wie vor die Gesellschafter sind, welche die Entscheidung über die jeweilige Kapitalerhöhung treffen.

einer Kapitalerhöhung durch ihre Gesellschafter verpflichten kann. Hier tritt das bereits oben in § 2IV.1.a)aa) angesprochene Kompetenzproblem zutage. § 53 Abs. 1 GmbHG erklärt ausschließlich und zwingend die Gesellschafterversammlung zur Vornahme von Satzungsänderungen für zuständig. Die Vertretungsbefugnis des Geschäftsführers nach § 35 GmbHG bezieht sich jedoch nicht auf Maßnahmen, für deren Vornahme die Gesellschafterversammlung ausschließlich zuständig ist[84].

Es würde aber zu kurz greifen, mit diesem Argument die Verpflichtungsfähigkeit der Gesellschaft zu verneinen. Denn grundsätzlich kann sich die Gesellschaft gegenüber Dritten vertraglich zu jeder erlaubten Leistung verpflichten. Auch dies ist Ausdruck der Vertragsfreiheit. Da Drittbindungen der Gesellschafter nur für konkrete Satzungsänderungen zulässig sind, kann jedenfalls schon festgehalten werden, dass auch die Gesellschaft sich jedenfalls nicht zu mehr verpflichten kann. Denn wenn die Verbandsautonomie weiterreichenden Drittbindungen der Gesellschafter Grenzen setzt, so gilt dies erst recht für Verpflichtungen der Gesellschaft, weil sie sich im Kompetenzbereich der Gesellschafterversammlung jedenfalls nicht zu mehr als die Gesellschafter verpflichten kann.

Die Frage ist folglich, ob die Kompetenzordnung des § 53 Abs. 1 GmbHG auch der Zulässigkeit einzelfallbezogener Verpflichtungen der Gesellschaft Grenzen setzt. Die Norm bietet insoweit keinen Anhaltspunkt für eine mögliche Differenzierung zwischen dauerhaften und einzelfallbezogenen Bindungen. Vielmehr regeln §§ 53 Abs. 1, 55 Abs. 1 GmbHG in Ergänzung zu dem allgemeinen Zuständigkeitskatalog des § 46 GmbHG bereits die Zuständigkeit der Gesellschafterversammlung für eine konkrete satzungsändernde Maßnahme, nämlich eine Kapitalerhöhung. Das bedeutet, dass dem Geschäftsführer insoweit für eine Verpflichtung der Gesellschaft die Vertretungsmacht fehlt. Allein vertretungsberechtigt ist die Gesellschafterversammlung. Die Gesellschaft kann also nicht eigenmächtig ohne Wissen und Zustimmung der Gesellschafterversammlung eine Kapitalerhöhungsverpflichtung eingehen. Daher begrenzt § 53 Abs. 1 GmbHG die Zulässigkeit einzelfallbezogener Verpflichtungen der Gesellschaft zu Satzungsänderungen.

Sind aber die Gesellschafter mit einer solchen Verpflichtung einverstanden und soll der Vertragsabschluss von dem Geschäftsführer vorgenommen werden, so kann die Gesellschafterversammlung den Geschäftsführer zum Abschluss einer solchen Vereinbarung namens der GmbH ermächtigen, um die fehlende Vertretungsmacht, wie auch sonst in Fällen fehlender Vertretungsbefugnis, zu über-

---

84 RGZ 162, 370 (374) (OHG). Der Rechtsgedanke gilt aber auch für die GmbH, so Hachenburg/*Ulmer*, Großkommentar GmbHG, § 53 Rz. 37; Scholz/*Schneider*, GmbHG, § 35 Rz. 40.

winden[85]. Dadurch wird die Kompetenzordnung nicht gestört, weil die Entscheidungsbefugnis über die Kapitalerhöhung nach wie vor bei der Gesellschafterversammlung liegt. Der Geschäftsführer trifft keine eigene satzungsändernde Entscheidung, er schafft lediglich die Voraussetzungen für die Beteiligung des Dritten[86].

Teilweise wird dieser Vorgang als Fall des mitwirkungsbedürftigen Vertretungsgeschäftes im Sinne des § 35 GmbHG angesehen[87]. Diese Ansicht überzeugt nicht, da bei mitwirkungsbedürftigen Vertretungsgeschäften, wie z. B. bei dem Abschluss eines Verschmelzungsvertrages nach § 4 Abs. 1 UmwG, die Vertretungsmacht originär bei der Gesellschaft liegt, die Gesellschafterversammlung aber durch Beschluss zustimmen muss[88]. Eine genaue Einordnung kann jedoch dahinstehen, da sich jedenfalls die Literatur im Ergebnis einig ist, dass ebenso wie bei mitwirkungsbedürftigen Vertretungsgeschäften auch die Ermächtigung zur Verpflichtung zu einer Satzungsänderung eines Gesellschafterbeschlusses bedarf. Dieser muss im Grundsatz den Voraussetzungen des satzungsändernden Beschlusses selbst entsprechen. Nur so kann sichergestellt werden, dass die Verpflichtung gegenüber dem Dritten dem Willen der Gesellschafterversammlung entspricht und das Einverständnis nach außen dokumentiert wird. Da die Ermächtigung den Voraussetzungen des satzungsändernden Beschlusses entsprechen muss, bedarf ein entsprechender Beschluss der satzungsändernden Mehrheit[89].

Umstritten ist dagegen, ob eine notarielle Beurkundung und eine Handelsregistereintragung erforderlich sind. Die überwiegende Ansicht bejaht das Erfordernis notarieller Beurkundung. Dies sei zu Beweis- und Warnzwecken erforderlich, weil auch der Ermächtigungsbeschluss Grundlage einer möglichen gerichtlichen Auseinandersetzung sein könne[90]. Insoweit ist aber zu berücksichtigen, dass in dieser Untersuchung bei der Frage der Formbedürftigkeit von Gesellschaftervereinbarungen über Kapitalerhöhungen die Auffassung vertreten wird, dass eine notarielle Beurkundung nicht erforderlich ist, weil eine solche lediglich Beweis-

---

85 *Fleck*, ZGR 1988, 104 (113 f.); Hachenburg/*Ulmer*, Großkommentar GmbHG, § 53 Rz. 37; *Lutter/Hommelhoff*, GmbHG, § 53 Rz. 27; Scholz/*Priester*, GmbHG, § 53 Rz. 35; *Weber, Ch.*, Privatautonomie, 2000, S. 357 f.

86 So auch *Fleck*, ZGR 1988, 104 (114).

87 *Lutter/Hommelhoff*, GmbHG, § 35 Rz. 11.

88 Kallmeyer/*Marsch-Barner*, UmwG, § 4 Rz. 4; *Lutter/Hommelhoff*, GmbHG, § 35 Rz. 10.

89 Zum Ganzen ebenso *Fleck*, ZGR 1988, 104 (114); Hachenburg/*Ulmer*, Großkommentar GmbHG, § 53 Rz. 37; *Herfs*, Einwirkungen Dritter, 1994, S. 266; *Weber, Ch.*, Privatautonomie, 2000, S. 357 Fn. 113.

90 OLG Hamm DB 1992, 2181 (2181); *Fleck*, ZGR 1988, 104 (114); *Herfs*, Einwirkungen Dritter, 1994, S. 246; *Lutter/Hommelhoff*, GmbHG, § 53 Rz. 27; *Weber, Ch.*, Privatautonomie, 2000, S. 357.

nicht aber Warnzwecken dient[91]. Doch auch der Ermächtigungsbeschluss soll lediglich dokumentieren, dass die Gesellschaft die Kapitalerhöhungsverpflichtung mit Zustimmung der Gesellschafterversammlung eingeht. Zwar hat der Ermächtigungsbeschluss im Gegensatz zu einer Kapitalerhöhungsvereinbarung zwischen den Gesellschaftern Außenwirkung, weil er mit Blick auf die Beteiligung eines Dritten abgeschlossen wird. Der Investor muss vor der bevorstehenden Kapitalerhöhung aber nicht gewarnt werden, da sie ja gerade in seinem Interesse erfolgt. Er geht keine Bindungen ein, deren Reichweite er nicht überblicken kann.

Daher ist entgegen der herrschenden Meinung auch für den Ermächtigungsbeschluss das Formerfordernis abzulehnen[92]. Das Erfordernis einer Eintragung des Ermächtigungsbeschlusses in das Handelsregister wird von der herrschenden Meinung wegen fehlenden Publizitätsinteresses abgelehnt[93].

Lutter/Hommelhoff verlangen dagegen auch die Handelsregistereintragung, weil neu eintretende Gesellschafter über eine bevorstehende Veränderung der Gesellschaftsverhältnisse informiert werden müssten[94]. Dieses Argument überzeugt jedoch in Bezug auf die Ermächtigung zu einer Kapitalerhöhungsverpflichtung nicht, weil diese gerade im Interesse des Investors erfolgt. Auch ein Schutz der Allgemeinheit ist nicht erforderlich, weil noch keine Veränderung der Gesellschaftsverhältnisse eingetreten ist und ein Informationsinteresse wie auch sonst bei Satzungsänderungen erst ab dem Vollzug der Maßnahme besteht, hier also ab dem Zeitpunkt des Kapitalerhöhungsbeschlusses durch die Gesellschafterversammlung. Der Ermächtigungsbeschluss ist daher nicht in das Handelsregister einzutragen.

Der Verpflichtungsvertrag zwischen Gesellschaft und Drittem ist ebenfalls formfrei wirksam. Aus Sicherheitsgründen empfiehlt es sich jedoch, diesen schriftlich abzufassen, um die Reichweite der eingegangenen Verpflichtungen zu dokumentieren[95].

---

91 S. dazu oben § 3I.1.e).

92 Ebenso Hachenburg/*Ulmer*, Großkommentar GmbHG, § 53 Rz. 37.

93 BGH 30.03.1953 LM Nr. 6 zu § 16 UWG = JZ 1953, 474 (475) (Verein) – ausführlicher zu dieser Entscheidung unten in § 4I.3.b); *Fleck*, ZGR 1988, 104 (114); Hachenburg/*Ulmer*, Großkommentar GmbHG, § 53 Rz. 37; *Herfs*, Einwirkungen Dritter, 1994, S. 249 f., 264; Scholz/*Priester*, GmbHG, § 53 Rz. 35; *Weber, Ch.*, Privatautonomie, 2000, S. 357.

94 *Lutter/Hommelhoff*, GmbHG, § 53 Rz. 27.

95 *Fleck*, ZGR 1988, 104 (115); ebenso Hachenburg/*Ulmer*, Großkommentar GmbHG, § 53 Rz. 37.

4. *Unterlassung von Kapitalerhöhungen*

Ebenso wie die positive Pflicht zur Zustimmung zu einer Kapitalerhöhung ist auch die negative Pflicht denkbar, eine Kapitalerhöhung nicht zu beschließen. Dies kann wirtschaftlich aus drei Gründen von Bedeutung sein.

Erstens kann die Pflicht als Abwehrmaßnahme dienen, die Schaffung neuer Anteile zu verhindern, um Investoren die Möglichkeit einer Beteiligung an der Gesellschaft zu nehmen, wobei dies um effektiv zu sein, mit einer Anteilsvinkulierung einhergehen sollte, um sicherzustellen, dass nicht ein Gesellschafter seinen Anteil an den Dritten veräußert. Zweitens kann im Falle der Beteiligung eines Dritten eine solche Unterlassungspflicht auch dazu dienen, den Altgesellschaftern die zukünftige Kapitalbeteiligung zu sichern[96]. Drittens finden sich solche Unterlassungspflichten in Joint-Venture-Vereinbarungen, in denen die Parteien der Vereinbarung, die gleichzeitig die Gesellschafter des zukünftigen Joint-Ventures sind, festlegen, dass sie zur Vornahme zukünftiger Kapitalerhöhungen nicht verpflichtet sein sollen[97]. Auch solchen Verpflichtungen können sich die Gesellschafter im Rahmen der Vertragsfreiheit unterwerfen. Ihre Zulässigkeit stößt allerdings dann an Grenzen, wenn die Unterlassungspflicht zu einer Blockade innerhalb der Gesellschaft führt.

Zur Veranschaulichung der Frage, wann die Unterlassungspflicht zu einer Blockade führt, soll wiederum das in diesem Kapitel oben in 1.g)bb)(2)(c) geschilderte Fallbeispiel dienen. Dort hatten sich die Gesellschafter einer GmbH gegenseitig verpflichtet, eine Kapitalerhöhung entgegen der im Gesellschaftsvertrag vorgesehenen gesetzlichen Mehrheit nur einstimmig zu beschließen. Diese Vereinbarung beinhaltet die Pflicht, eine Kapitalerhöhung zu unterlassen, wenn keine Einstimmigkeit erreicht werden kann. Die Gesellschafter A und B sahen

---

96 So der Sachverhalt einer Transaktion aus den 80er Jahren, namentlich der Übernahme der Mehrheitsbeteiligung bei der Dornier-GmbH durch die Daimler-Benz AG im Jahr 1985, in dessen Rahmen sich Daimler in einem Konsortialvertrag vom 15.05.1985 verpflichten musste, keine Kapitalerhöhung gegen den Willen der Dornier-Erben zu beschließen, sondern einen etwaigen Kapitalbedarf allein im Wege der Rücklagenzuführung zu finanzieren, um eine Verwässerung der Anteile der Altgesellschafter zu verhindern, Hintergrundinformationen z. B. in MM, Nr. 10/1990, S. 8 (8 f.); dazu auch *Noack*, Gesellschaftervereinbarungen, 1994, S. 321.

97 So der sinngemäße Inhalt einiger entsprechender Regelungen in Joint-Venture-Vereinbarungen, die der Verfasserin vorlagen; vgl. auch die Musterklausel „Finanzierung" in einem Joint-Venture-Vertrag bei Hopt/*Volhard*, Vertrags- und Formularbuch, Form II.G.1, Anm. 8; *Rayermann*, Internationaler Konsortialvertrag, 2002, S. 256, 261 mit Muster eines englischsprachigen Joint-Venture-Vertrages, der in „Article 6-Financial Arrangements" Regelungen über die zukünftige Finanzierung des Joint-Ventures enthält.

sich veranlasst, ohne die Stimme des C eine Kapitalerhöhung zu beschließen, weil sie das für wirtschaftlich erforderlich erachteten. In diesem Beispiel soll unterstellt werden, dass die Kapitalerhöhung für die Existenz der Gesellschaft zwingend erforderlich ist. Die Gesellschafter können möglicherweise unter Treupflichtgesichtspunkten gehalten sein, entgegen der Vereinbarung eine Kapitalerhöhung zu beschließen.

Hier stellt sich die Frage, ob eine Anfechtungsklage des C gegen die Gesellschaft möglicherweise auch deswegen unbegründet ist, weil die Vereinbarung unter dem Vorbehalt der gesellschaftlichen Treupflicht stand und A und B deswegen verpflichtet waren, den Kapitalerhöhungsbeschluss zu fassen. In dem der Entscheidung des BGH vom 27.04.1970 zugrundeliegenden Sachverhalt hatten die Gesellschafter einer GmbH vereinbart, dass die zwischen ihnen geschlossenen Verträge nicht zum Nachteil einer Partei geändert werden dürften, was sich auch auf den Gesellschaftsvertrag bezog. Dennoch wurde eine Kapitalerhöhung beschlossen[98]. Eine Gesellschafterin erhob Klage gegen einen der zustimmenden Gesellschafter wegen Verletzung der Vereinbarung. Der BGH wies die Klage ab mit der Begründung, dass die Maßnahme vom Standpunkt einer verantwortlichen Unternehmensführung im Interesse der Gesellschaft gerechtfertigt gewesen sei. Auch sei der Klägerin kein Schaden entstanden, weil sie ebenfalls eine Beteiligung an dem erhöhten Stammkapital erhalten habe[99]. Diese Argumentation überzeugt, weil die an einer Gesellschaftervereinbarung beteiligten Gesellschafter neben den Pflichten aus der Vereinbarung auch und gerade die Interessen der Gesellschaft berücksichtigen müssen, was sich im Treupflichtgebot niederschlägt[100]. Auch in diesem Fall ist die Pflichtenkollision zugunsten der korporativen Ebene zu lösen. Im Ergebnis gilt, dass Unterlassensvereinbarungen zulässig sind, aber Maßnahmen, die im Gesellschaftsinteresse geboten sind, nicht blockieren dürfen. Ansonsten bestehen für Unterlassensverpflichtungen dieselben Anforderungen wie für positive Zustimmungspflichten mit Ausnahme der Vollstreckung, die bei Unterlassungspflichten nach § 890 Abs. 1 S. 1 ZPO erfolgt[101].

---

98 BGH WM 1970, 904 (904).

99 Zum Ganzen BGH WM 1970, 904 (905); bestätigt in BGHZ 98, 276 (279 f.) und BGH NJW 1987, 3192 (3192).

100 So auch Hachenburg/*Ulmer*, Großkommentar GmbHG, § 55 Rz. 30; ebenso *Noack*, Gesellschaftervereinbarungen, 1994, S. 321; *Winter*, Treubindungen GmbH, 1988, S. 175 ff.

101 So ausdrücklich *Fleck*, ZGR 1988, 104 (118 f.).

5. Gestaltungsalternativen durch korporative Regelungen

Wenn die Gesellschafter eine korporative Verbindlichkeit der Kapitalerhöhungsverpflichtung wünschen, haben sie, anders als im Aktienrecht, die Möglichkeit, diese als korporative Pflicht in den Gesellschaftsvertrag aufzunehmen. Denn die Regelung in § 3 Abs. 2 GmbHG gewährt der Gesellschafterversammlung einen großen Gestaltungsspielraum zur Festlegung korporativer Pflichten in Gestalt von Sach- und Geldleistungen, aber auch von Handlungen bzw. Unterlassungen[102].

Bei der Vereinbarung korporativer Zustimmungspflichten zu Satzungsänderungen ist dann allerdings gemäß § 53 Abs. 3 GmbHG die Zustimmung aller Gesellschafter erforderlich, weil dadurch ihre Leistungspflichten vermehrt werden[103]. Für die Frage, ob eine Regelung sinnvollerweise als korporative oder schuldrechtliche ausgestaltet sein soll, ist allein das Ziel entscheidend, das die Gesellschafter zu erreichen gedenken. Geht es darum, auch zukünftige Gesellschafter dieser Pflicht zu unterwerfen, so ist nur eine korporative Pflicht sinnvoll, weil diese am Geschäftsanteil hängt und somit auch Neuerwerber bindet. Soll das Ziel dagegen eine größtmögliche Flexibilität und möglicherweise Geheimhaltung sein, liegt die Vereinbarung als schuldrechtliche Pflicht näher, weil gerade sie diese Vorteile bietet. Jedenfalls sind die Gesellschafter nicht gehalten, die Pflichten als korporative auszugestalten, nur weil das GmbHG eine solche Regelungsmöglichkeit vorsieht[104].

6. Zusammenfassung des Abschnitts I

Kapitalerhöhungsverpflichtungen sind Vereinbarungen über die Verpflichtung zur Beschlussfassung über eine Kapitalerhöhung. Sie sind gerichtet auf die Zustimmung zu einer Satzungsänderung, da der Kapitalerhöhungsbeschluss eine Satzungsänderung darstellt. Kapitalerhöhungsverpflichtungen beinhalten ein stimmbindendes Element, weil sich die Gesellschafter untereinander, gegenüber ihrer Gesellschaft oder gegenüber Dritten ihre Zustimmung zur Kapitalerhöhung zusichern. Sie sind formfrei wirksam. Insbesondere findet § 53 Abs. 2 S. 1

---

102 S. dazu bereits unter § 2II.2.a); RG JW 1927, 2992 (2993); Baumbach/Hueck/*Hueck/Fastrich*, GmbHG, § 3 Rz. 33, 40; Hachenburg/*Ulmer*, Großkommentar GmbHG, § 3 Rz. 75, 81 und § 55 Rz. 95; *Noack*, Gesellschaftervereinbarungen, 1994, S. 53, 320; *Overrath*, Stimmrechtsbindung, 1973, S. 2.

103 Hachenburg/*Ulmer*, Großkommentar GmbHG, § 55 Rz. 96; *Lutter*, DB 1978, 1965 (1969); Scholz/*Priester*, GmbHG, § 55 Rz. 13

104 So ausdrücklich bereits RG JW 1927, 2992 (2993) für eine schuldrechtliche Kapitalerhöhungsverpflichtung.

GmbHG keine analoge Anwendung, weil bei den lediglich zwischen den Parteien wirkenden Vereinbarungen weder ein Aufklärungserfordernis noch ein Beweisbedürfnis besteht. Weder das Stimmverbot nach § 47 Abs. 4 GmbHG noch statutarische Stimmbindungsverbote begrenzen die Zulässigkeit schuldrechtlicher Zustimmungspflichten.

Bei Verstößen gegen Kapitalerhöhungsverpflichtungen gilt als Grundregel, dass abredewidriges Verhalten die Wirksamkeit der Abstimmung nicht berührt. Die schuldrechtliche und die korporative Ebene sind voneinander zu trennen. Eine Ausnahme gilt, wenn sich alle Gesellschafter zur Zustimmung zu einer konkreten Kapitalerhöhung in einer Ad-hoc-Vereinbarung verpflichtet haben. Dann schlägt die schuldrechtliche auf die korporative Ebene durch und der Beschluss ist wegen Verstoßes gegen die Kapitalerhöhungsverpflichtung anfechtbar. Der Grundsatz, dass die Satzung nur durch Gesellschafterbeschluss verändert werden kann und daher auch nur ein solcher einen Anfechtungsgrund darstellt wird wegen der zeitlichen Beschränkung der Verpflichtung nicht beeinträchtigt. Deswegen kann der Verstoß gegen die Verpflichtung – insoweit einem Kapitalerhöhungsbeschluss vergleichbar – als Anfechtungsgrund herangezogen werden.

Die Gesellschaft kann sich gegenüber Dritten nur mit entsprechender Ermächtigung der Gesellschafterversammlung zur Beschlussfassung über eine Kapitalerhöhung verpflichten. Der entsprechende Ermächtigungsbeschluss ist mit satzungsändernder Mehrheit zu fassen. Er ist ebenso wie die Kapitalerhöhungsverpflichtung zwischen Gesellschaftern formfrei wirksam.

II. Übernahmeverpflichtung

Die zweite Phase der Kapitalerhöhung besteht in ihrer Durchführung[105]. Hier steht die Übernahme der neuen Anteile durch die Gesellschafter im Zentrum. Diese vollzieht sich gemäß den Bestimmungen des § 55 GmbHG. Die Übernahme erfolgt durch Übernahmevertrag zwischen Gesellschaft und Übernehmer, bestehend aus einer Übernahmeerklärung seitens des Übernehmers und einer Annahme durch die Gesellschaft. Mit dem Abschluss des Übernahmevertrages entsteht für den Übernehmer die Pflicht, die vorgesehene Einlage zu leisten. Die Gesellschaft ist verpflichtet, alles ihrerseits für die Durchführung der Kapitalerhöhung Erforderliche zu tun, also z. B. die Mindesteinlagen einzufordern und den

105 Ausführlich zur korporativen Seite oben in § 2IV.1.b)bb); zwar folgt im Ablauf die Übernahme der Zulassung grundsätzlich nach, aus Gründen der Verständlichkeit soll die Reihenfolge hier allerdings umgekehrt werden, was auch nicht schädlich ist, da ohnehin Zulassung und Übernahme regelmäßig zusammenfallen.

Erhöhungsbeschluss anzumelden[106]. Sie ist aber nicht verpflichtet oder gar rechtlich in der Lage, dem Übernehmer die Mitgliedschaft zu verschaffen. Denn der Übernahmevertrag ist körperschaftlicher, nicht schuldrechtlicher Natur. Es geht um den Erwerb der Mitgliedschaft. Diese entsteht aber nicht rechtsgeschäftlich dadurch, dass die Gesellschaft dem Übernehmer die Mitgliedschaft überträgt, sondern gesetzlich durch die Eintragung von Kapitalerhöhungsbeschluss und Übernahmeerklärung in das Handelsregister. Somit handelt es sich bei dem Übernahmevertrag um einen unvollkommen zweiseitig verpflichtenden Vertrag, denn der Einlageleistungspflicht des Übernehmers steht keine Mitgliedsverschaffungspflicht seitens der Gesellschaft gegenüber[107].

Die Rechtspraxis, Übernahmeverpflichtungen zu vereinbaren erklärt sich daraus, dass sich die Verpflichtung zur Einlageleistung nicht bereits aus dem Kapitalerhöhungsbeschluss ergibt. Die Gesellschafter sind berechtigt, aber nicht verpflichtet, sich an der Kapitalerhöhung zu beteiligen. Dies ergibt sich aus § 707 BGB, der den allgemeinen Rechtsgedanken enthält, dass den Gesellschafter grundsätzlich keine Pflicht zur Beitragserhöhung trifft, selbst wenn er einer Kapitalerhöhung zustimmt[108]. Die Gesellschaft trägt daher das Risiko der Platzierbarkeit der Anteile. Aus diesem Grund ist es für sie von Interesse, von dem potentiellen Übernehmer eine Verpflichtungserklärung über die Übernahme der neuen Anteile zu verlangen.

Diese Vereinbarungen können unterschiedlichen Inhalts sein. Sie können zum einen auf die Abgabe einer Übernahmeerklärung gerichtet sein. Zum anderen können sie bereits die Übernahmeverpflichtung im Sinne einer vor dem Kapitalerhöhungsbeschluss abgegebenen Übernahmeerklärung enthalten. Der Unterschied liegt darin, dass im letzteren Fall der Übernahmevertrag nur noch der Annahme durch die Gesellschaft bedarf, im ersteren Fall nur die Verpflichtung zur Angebotsabgabe erklärt ist, der Gesellschafter also auch noch die Übernahmeerklärung abgeben muss.

---

106 Baumbach/Hueck/*Zöllner*, GmbHG, § 55 Rz. 22; Hachenburg/*Ulmer*, Großkommentar GmbHG, § 55 Rz. 75; Scholz/*Priester*, GmbHG, § 55 Rz. 97.

107 BGHZ 49, 117 (119); BGHZ 140, 258 (260); Hachenburg/*Ulmer*, Großkommentar GmbHG, § 55 Rz. 60; *Hellwig* in FS Rowedder, 1994, 141 (146); *Lutter* in FS Schilling, 1973, 207 (217); entsprechend für den Zeichnungsvertrag im Aktienrecht Großkommentar AktG/*Wiedemann*, § 185 Rz. 30.

108 So ausdrücklich Scholz/*Priester*, GmbHG, § 55 Rz. 69; s. im übrigen dazu oben § 2II.2.

1. Verpflichtung zum Abschluss eines Übernahmevertrages

Die Verpflichtung zum Abschluss eines Übernahmevertrages verlangt seitens des Übernehmers, der Gesellschafter oder Dritter sein kann, die Verpflichtung zur Abgabe einer Übernahmeerklärung. Übernahmeverpflichtungen können zwischen der Gesellschaft und dem Übernehmer, aber auch zwischen den Übernehmern geschlossen werden. In der Praxis ist es nicht unüblich, Kapitalerhöhungsverpflichtung und Übernahmeverpflichtung in einer Vereinbarung zusammenzufassen. In Ergänzung zu der in diesem Kapitel oben unter Gliederungspunkt I.1.a) dargestellten Kapitalerhöhungsverpflichtung könnte die sich daran anschließende Übernahmeverpflichtung wie folgt lauten:

> „Jeder Gesellschafter verpflichtet sich, eine Stammeinlage von € XY zu übernehmen"[109].

a) Rechtsnatur des Verpflichtungsvertrages

Der Verpflichtungsvertrag ist rein schuldrechtlicher Natur. Er ist auf den Abschluss des Übernahmevertrages gerichtet. Seiner Rechtsnatur nach handelt es sich um einen Vorvertrag[110]. Ein Vorvertrag ist eine schuldrechtliche Vereinbarung, „durch die für beide Teile oder auch nur für einen von ihnen die Verpflichtung begründet wird, demnächst einen anderen schuldrechtlichen Vertrag, den Hauptvertrag, zu schließen"[111]. „Schuldrechtlich" im Sinne der vorgenannten Definition bezieht sich auf den fehlenden Verfügungscharakter auch des Hauptgeschäftes. Das bedeutet, dass der Hauptvertrag auf die Verpflichtung zur Vornahme einer Verfügung gerichtet ist, selbst aber nicht die Verfügung sein darf[112].

Vorliegend ist die Verpflichtungserklärung zum Abschluss des Übernahmevertrages der Vorvertrag, der noch abzuschließende Übernahmevertrag der entsprechende Hauptvertrag. Dem steht nicht entgegen, dass der Übernahmevertrag korporativer und nicht schuldrechtlicher Art ist. Denn in diesem Zusammenhang bezieht sich der fehlende schuldrechtliche Charakter auf den Verbandscharakter

---

109 Formulierung angelehnt an MünchVertragshdb/*Heidenhain/Meister*, Bd. 1, Formular IV.27.

110 So die allgemeine Ansicht, vgl. nur RGZ 149, 385 (395); Hachenburg/*Ulmer*, Großkommentar GmbHG, § 55 Rz. 85; *Noack*, Gesellschaftervereinbarungen, 1994, S. 321; Scholz/*Priester*, GmbHG, § 55 Rz. 114.

111 BGHZ 101, 384 (388) über die Verpflichtungserklärung eines Bauherrn gegenüber dem Architekten, diesem die Architektenleistungen für ein Bauvorhaben auf Grundlage eines noch abzuschließenden Architektenvertrages zu übertragen; *Zöllner* in FS Ulmer, 2003, 725 (747).

112 Palandt/*Heinrichs*, BGB, Einf. v. § 145 Rz. 19.

des Übernahmevertrages – er ist gerichtet auf eine Veränderung der Gesellschaftsstruktur – und nicht etwa auf eine etwaige Verfügungsqualität, die er, wie einleitend ausgeführt, gerade nicht hat. Die Gesellschaft wird aus dem Vorvertrag nicht verpflichtet. Erst mit der Annahme der Übernahmeerklärung verpflichtet sie sich, alle für die Eintragung der Kapitalerhöhung erforderlichen Voraussetzungen zu schaffen.

b) Formbedürftigkeit des Verpflichtungsvertrages

Umstritten ist, ob die Verpflichtungserklärung über die Abgabe einer Übernahmeerklärung demselben Formerfordernis unterliegt wie die Übernahmeerklärung selbst, die nach § 55 Abs. 1 GmbHG der notariellen Beglaubigung bedarf. Unterläge die Verpflichtungserklärung demselben Formerfordernis, so wäre auch die notarielle Beglaubigung der Verpflichtungserklärung Entstehungsvoraussetzung für den Anspruch der Gesellschaft auf Abgabe der Übernahmeerklärung. Denn wenn die Form des § 55 Abs. 1 GmbHG nicht eingehalten wird, ist die Übernahmeerklärung unwirksam[113]. Der Schutzzweck des § 55 Abs. 1 GmbHG besteht darin, die Öffentlichkeit über die Veränderung der Kapitalgrundlage aufzuklären[114].

aa) Die Auffassungen der Literatur

Die überwiegende Auffassung bejaht analog § 55 Abs. 1 GmbHG ein entsprechendes Formerfordernis auch für den Vorvertrag[115]. Die Formpflicht wird mit der nach dieser Auffassung bestehenden Vergleichbarkeit dieses Vorvertrages mit demjenigen zur Gründung einer GmbH begründet[116]. Der Gesellschaftsvertrag einer GmbH bedarf nach § 2 Abs. 1 GmbHG der notariellen Beurkundung. Aus denselben Gründen ist nach herrschender Meinung auch der Gründungsvorvertrag notariell zu beurkunden. Hier steht insbesondere die Warnfunktion des § 2 Abs. 1 GmbHG im Vordergrund. Die zukünftigen Gesellschafter müssen sich der Reichweite der von ihnen eingegangen Verpflichtung bewusst sein[117]. Dieses

---

113 RGZ 50, 47 (48); Scholz/*Priester*, GmbHG, § 55 Rz. 79.

114 BGH WM 1966, 1262 (1263); BGH WM 1977, 387 (388); *Hergeth/Mingau*, DStR 2001, 1217 (1220); Scholz/*Priester*, GmbHG, § 55 Rz. 78.

115 RGZ 149, 385 (395); Baumbach/Hueck/*Zöllner*, GmbHG, § 55 Rz. 23a; *Lutter* in FS Schilling, 1973, 207 (208); Rowedder/*Zimmermann*, GmbHG, § 55 Rz. 47; Scholz/*Priester*, GmbHG, § 55 Rz. 114 und Scholz/*Emmerich*, GmbHG, § 2 Rz. 79.

116 RGZ 149, 385 (395); Scholz/*Priester*, GmbHG, § 55 Rz. 114.

117 Vgl. statt aller Hachenburg/*Ulmer*, Großkommentar GmbHG, § 2 Rz. 44; *Fischer*, GmbHR 1954, 129 (131).

Argument wird auch zur Begründung der Formpflichtigkeit der Übernahmeverpflichtungserklärung herangezogen. Auch hier müsse dem Übernehmer durch die notarielle Beglaubigung vor Augen geführt werden, zu welcher Art von Rechtsgeschäft er sich verpflichte[118].

Ulmer dagegen differenziert hinsichtlich der Formpflichtigkeit von Übernahmeverpflichtungen zwischen Übernahmeverpflichtungserklärungen durch Gesellschafter einerseits und durch Dritte andererseits[119]. Diese Unterscheidung hat ihren Grund in der gesetzlichen Regelung in § 55 Abs. 1 und 2 GmbHG. § 55 Abs. 2 S. 2 GmbHG betrifft die Aufnahme Dritter und bestimmt, dass auch die sonstigen Leistungen – damit sind alle Formen von Nebenleistungs- und Nachschusspflichten gemeint – in die Übernahmeerklärung aufzunehmen sind. Der Zweck des § 55 Abs. 2 S. 2 GmbHG liegt darin, den Dritten über das Bestehen solcher Verpflichtungen zu informieren, die sich nicht unmittelbar aus dem Gesetz ergeben, sondern deren Vereinbarung den Gesellschaftern obliegt[120]. Dieses Informationsbedürfnis besteht nach *Ulmer* nur bei Übernahmeverpflichtungserklärungen von Dritten, weil hier, anders als bei Alt-Gesellschaftern, nicht von einer Kenntnis der über die Einlagepflicht hinausgehenden Leistungspflichten ausgegangen werden könne. Deswegen bedürfe der Vorvertrag mit Dritten der notariellen Beurkundung, wenn die Voraussetzungen des § 55 Abs. 2 S. 2 GmbHG erfüllt seien. Bei Alt-Gesellschaftern bestehe diese Informationspflicht nicht, da sie wegen ihrer Zugehörigkeit zur Gesellschaft von solchen Zusatzpflichten regelmäßig Kenntnis hätten.

Daraus leitet *Ulmer* ab, dass die Übernahmeverpflichtungserklärung durch Gesellschafter formfrei wirksam sei, weil insoweit nur das Formerfordernis nach § 55 Abs. 1 GmbHG zu berücksichtigen sei. Dieses diene aber nur der Information der Öffentlichkeit und dem Schutz des Rechtsverkehrs. Der Vorvertrag zwischen Gesellschaftern müsse jedoch diesem Erfordernis noch nicht Rechnung tragen, weil er, ähnlich wie Stimmbindungsvereinbarungen zwischen Gesellschaftern, nur intern wirke[121]. Auch *Noack* hat sich in der Folgezeit mit denselben Erwägungen dieser differenzierenden Auffassung angeschlossen[122].

Für eine völlige Formfreiheit von Vorverträgen über Übernahmeverpflichtungen auch durch Dritte treten dagegen *Hergeth/Mingau* ein[123]. Sie begründen dies

---

118 RGZ 149, 385 (395); Scholz/*Priester*, GmbHG, § 55 Rz. 114.

119 Hachenburg/*Ulmer*, Großkommentar GmbHG, § 55 Rz. 85.

120 RGZ 82, 116 (121); Baumbach/Hueck/*Zöllner*, GmbHG, § 55 Rz. 20; Hachenburg/*Ulmer*, Großkommentar GmbHG, § 55 Rz. 66; Scholz/*Priester*, GmbHG, § 55 Rz. 84.

121 Zum Ganzen Hachenburg/*Ulmer*, Großkommentar GmbHG, § 55 Rz. 85.

122 *Noack*, Gesellschaftervereinbarungen, 1994, S. 322 f.

123 *Hergeth/Mingau*, DStR 2001, 1217 (1220).

– allerdings ohne auf die Besonderheiten des § 55 Abs. 2 S. 2 GmbHG einzugehen – mit den unterschiedlichen Formerfordernissen bei Gründung und Übernahmeerklärung: notarielle Beurkundung des Gründungsvertrages in § 2 Abs. 1 GmbHG einerseits und notarielle Beglaubigung der Übernahmeerklärung nach § 55 Abs. 1 GmbHG andererseits. Da bei einer notariellen Beglaubigung nur die Echtheit der Unterschrift und nicht wie bei einer notariellen Beurkundung auch der Inhalt der Erklärung bestätigt werde, sei der Vergleich mit der Formbedürftigkeit des Gründungsvorvertrages schon im Ansatz falsch. Das zweite Argument gegen die Formbedürftigkeit bezieht sich auf den Schutzzweck des § 55 Abs. 1 GmbHG, der, wie bereits erörtert, in der Aufklärung der Öffentlichkeit über die Kapitalgrundlage besteht. Bei einem bloßen Vorvertrag aber, so *Hergeth/Mingau*, bestehe noch kein Informationsbedürfnis der Öffentlichkeit, der Vorvertrag bedürfe daher noch keiner besonderen Form[124].

bb) Eigene Stellungnahme

Gegen die Auffassung der herrschenden Meinung, einen Vorvertrag über eine Übernahmeverpflichtung entsprechend der Formbedürftigkeit von Vorgründungsverträgen generell dem Formerfordernis des § 55 Abs. 1 GmbHG zu unterwerfen, spricht das im Vergleich zu § 2 Abs. 1 GmbHG schwächere Formbedürfnis des § 55 Abs. 1 GmbHG. Da lediglich die Echtheit der Unterschrift beurkundet wird, trifft den Notar auch keine Belehrungspflicht über den Inhalt der Erklärung. Somit kann der Zweck des Formerfordernisses des § 55 Abs. 1 GmbHG nicht darin liegen, den Übernehmer vor der Reichweite der geplanten Verpflichtung zu warnen. Daraus folgt, dass sich der Schutzzweck des § 55 Abs. 1 GmbHG in der Aufklärung der Öffentlichkeit über die bevorstehende Veränderung der Kapitalverhältnisse erschöpft.

Damit kristallisiert sich die entscheidende Frage heraus, um die es bei der Formbedürftigkeit von Vorverträgen über Übernahmeverpflichtungen geht: In welchen Fällen besteht ein Informationsbedürfnis der Öffentlichkeit? Bei einem Vorvertrag der Gesellschafter besteht es nicht, weil der Vertrag nur gesellschaftsintern wirkt und noch keinen Bezug zur Öffentlichkeit herstellt. Entgegen der Auffassung von *Hergeth/Mingau* besteht das Informationsbedürfnis aber in den Fällen, in denen Dritte die vorvertragliche Übernahmeverpflichtung erklären und diese auch die Erbringung von Zusatzleistungen im Sinne des § 55 Abs. 2 S. 2 GmbHG umfasst. Denn § 55 Abs. 2 S. 2 GmbHG erfüllt anders als § 55 Abs. 1

124 Zum Ganzen *Hergeth/Mingau*, DStR 2001, 1217 (1220); i. E. ebenso *Sieger/Schulte*, GmbHR 2002, 1050 (1053), allerdings nur bezogen auf Verpflichtungserklärungen der Gesellschafter.

GmbHG auch eine Warnfunktion. Denn er knüpft an die Person des Übernehmers an und verlangt nur im Falle der Beteiligung Außenstehender zusätzliche Angaben in der Übernahmeerklärung, deren sich der Dritte bewusst sein muss.

Die differenzierende Lösung von *Ulmer* und *Noack* überzeugt daher. Allerdings ist in konsequenter Fortführung dieses Ansatzes die vorvertragliche Übernahmeverpflichtung des Dritten nur in den Fällen notariell zu beglaubigen, in denen sich der Übernehmer auch zur Erbringung zusätzlicher Leistungen verpflichtet. In allen übrigen Fällen findet die Regelung des § 55 Abs. 2 S. 2 GmbHG auch auf die Übernahmeerklärung selbst keine Anwendung. Das muss dann aber erst recht für den Vorvertrag gelten. Jedoch ist zu bedenken, dass diese Unterscheidung in der Praxis wohl nicht besonders relevant sein dürfte, weil die Anteilsübernahme in der Praxis sehr häufig mit Zusatzleistungen, in der Regel mit der Erbringung eines Agios, verbunden ist.

Die Gesellschaft hat aus dem Vorvertrag einen Anspruch auf Abgabe der Übernahmeerklärung. Dieser ist nach § 894 Abs. 1 S. 1 ZPO vollstreckbar. Um nach § 894 Abs. 1 S. 1 ZPO vollstrecken zu können, muss die Erklärung nach § 287 ZPO ausreichend bestimmt bzw. bestimmbar sein. Da es sich aber bei der Verpflichtungserklärung noch nicht um die Übernahmeerklärung selbst handelt, muss sie nicht die in § 55 Abs. 2 S. 2 GmbHG genannten Angaben über den Betrag der zu übernehmenden Stammeinlage und über sonstige Nebenabreden enthalten[125]. Es genügt, wenn die Person des Übernehmers und die Identität der Gesellschaft feststehen, wenn ersichtlich ist, auf welche Kapitalerhöhung sich die Verpflichtungserklärung bezieht und schließlich der Wille erkennbar ist, eine Übernahmeerklärung abzugeben.

2. *Vorgezogene Übernahmeerklärung*

Statt einer vorvertraglichen Übernahmeverpflichtung kann auch schon die Übernahmeerklärung selbst vor dem Kapitalerhöhungsbeschluss abgegeben werden. Die Erklärung greift weiter, weil sie bereits die körperschaftliche Erklärung beinhaltet und nicht nur schuldrechtlich auf die Abgabe einer solchen gerichtet ist. Daher unterliegt die vorgezogene Übernahmeerklärung auch im Falle der Übernahme durch Gesellschafter dem Formerfordernis des § 55 Abs. 1 GmbHG. Da die Erklärung zeitlich vor dem Kapitalerhöhungsbeschluss erfolgt, muss sie aus Gründen der Bestimmtheit angeben, auf welche zukünftige Kapitalerhöhung sie sich bezieht.

---

125 RGZ 149, 385 (395); Scholz/*Priester*, GmbHG, § 55 Rz. 114.

Zwar war früher umstritten, ob die Übernahme auch schon vor Beschlussfassung erklärt werden dürfe. Dies wurde teilweise mit der Begründung abgelehnt, dass der Bezug zur konkret beschlossenen Kapitalerhöhung fehle[126]. Heute ist es jedoch allgemeine Ansicht, dass durch den Hinweis, auf welche Kapitalerhöhung sich die Erklärung bezieht, die Maßnahme ausreichend konkretisiert ist[127].

Eine korporative Bindung der Gesellschaft zieht die vorgezogene Übernahmeerklärung nicht nach sich. Erst mit Annahme der Übernahmeerklärung nach dem Kapitalerhöhungsbeschluss verpflichtet sie sich, ihrerseits die für die Durchführung der Kapitalerhöhung erforderlichen Voraussetzungen zu treffen[128]. Eine weitere Vertiefung ist entbehrlich, weil die vorgezogene Übernahmeerklärung gerade keine schuldrechtliche Vereinbarung darstellt und daher nicht mehr zum Untersuchungsgegenstand gehört.

III. Zusicherung von Anteilen

Wie bereits im diesem Kapitel oben unter Gliederungspunkt II. erörtert, erfolgen die Verpflichtungserklärungen zum Abschluss eines Übernahmevertrages auch im Interesse der Gesellschaft, weil so die Platzierbarkeit der Anteile bereits vor dem Kapitalerhöhungsbeschluss geklärt werden kann. Umgekehrt können aber auch die Gesellschafter oder Dritte ein Interesse an einer vorgezogenen Zusicherung von Anteilen haben. Diese Verpflichtungen bilden das Gegenstück zu den Übernahmeverpflichtungen. Um die Besonderheiten und Gestaltungsformen des Zulassungsversprechens erörtern zu können, wird zunächst die korporative Ebene dargestellt, die die Zulassung auf den Bezug neuer Anteile behandelt.

1. Zulassung

§ 55 Abs. 2 S. 1 GmbHG regelt die Zulassung der Gesellschafter oder Dritter zur Übernahme der neuen Anteile. Streitig ist, ob es im GmbH-Recht eines ausdrücklichen Zulassungsbeschlusses bedarf. Dies hängt davon ab, ob man ein gesetzliches Bezugsrecht der GmbH-Gesellschafter anerkennt. Denn anders als § 186 Abs. 1 S. 1 AktG enthält das GmbHG kein ausdrücklich geregeltes Bezugsrecht.

---

126 Baumbach/Hueck/*Zöllner*, GmbHG[15], § 55 Rz. 23.

127 Hachenburg/*Ulmer*, Großkommentar GmbHG, § 55 Rz. 84; *Lutter/Hommelhoff*, GmbHG, § 55 Rz. 26; seit der Vorauflage auch Baumbach/Hueck/*Zöllner*, GmbHG, § 55 Rz. 23.

128 Hachenburg/*Ulmer*, Großkommentar GmbHG, § 55 Rz. 75.

Nach einer Auffassung gibt es in der GmbH kein gesetzliches Bezugsrecht; ein Zulassungsbeschluss ist danach immer erforderlich[129]. Die gewichtige Gegenauffassung anerkennt ein ungeschriebenes gesetzliches Bezugsrecht in analoger Anwendung des § 186 AktG und hält deswegen einen Zulassungsbeschluss nur für erforderlich, wenn der Kapitalerhöhungsbeschluss das Bezugsrecht ausschließt. Denn dann ergebe sich das Bezugsrecht nicht aus dem Kapitalerhöhungsbeschluss[130].

Unbestritten ist allerdings, dass es auch für den Fall der Anerkennung eines gesetzlichen Bezugsrechts im Interesse der Beteiligten sein kann, eine Entscheidung über die Zulassung vor dem Kapitalerhöhungsbeschluss zu erreichen, etwa um dem oben beschriebenen Sicherheitsbedürfnis der Gesellschafter oder Dritter, an der Kapitalerhöhung teilnehmen zu können, Genüge zu tun. Daher spielt die Frage der Zulässigkeit eines vorgezogenen Zulassungsversprechens unabhängig von der Anerkennung eines gesetzlichen Bezugsrechts eine Rolle.

Der Zulassungsbeschluss legt fest, wem junge Anteile in welcher Höhe angeboten werden sollen. Er ist korporativer Natur, weil er die gesellschaftsrechtlichen Beziehungen ausgestaltet[131]. Die Zulassung erfolgt im Namen der Gesellschaft. Vertreten wird sie durch die Gesellschafterversammlung wiederum wegen der korporativen Rechtsnatur der Zulassung[132]. Jedoch stellt der Zulassungsbeschluss keine Satzungsänderung dar, weil er nur der Durchführung der Kapitalerhöhung dient. Allein der Kapitalerhöhungsbeschluss ist eine Satzungsänderung. Da die Zulassung lediglich einen einfachen Gesellschafterbeschluss erfordert, unterliegt dieser nicht den besonderen Stimm- oder Formerfordernissen des § 53 GmbHG.

2. *Zulassungsversprechen*

Vom Zulassungsbeschluss zu unterscheiden ist das Zulassungsversprechen vor Kapitalerhöhungsbeschluss.

---

129 Hachenburg/*Ulmer*, Großkommentar GmbHG, § 55 Rz. 39; Rowedder/*Zimmermann*, GmbHG, § 55 Rz. 25; *Winter*, Treubindungen GmbH, 1988, S. 266 ff.

130 Baumbach/Hueck/*Zöllner*, GmbHG, § 55 Rz. 14; *Eilers u.a.*, Finanzierung GmbH, Rz. 94; *Heckschen*, DStR 2001, 1437 (1439); *Hirte*, Kapitalgesellschaftsrecht, Rz. 6.26; Scholz/*Priester*, GmbHG, § 55 Rz. 40 f.; *Schmidt*, GesR, § 37 V.1. S. 1174 f.

131 Baumbach/Hueck/*Zöllner*, GmbHG, § 55 Rz. 14.

132 BGH WM 1966, 1262 (1263); Scholz/*Priester*, GmbHG, § 55 Rz. 115, 73.

a) *Inhalt*

Seinem Inhalt nach zielt das Zulassungsversprechen auf die vorgezogene Annahme der Übernahmeerklärung; vorgezogen deshalb, weil die Zulassung gemäß der gesetzlichen Regelung dem Kapitalerhöhungsbeschluss nachfolgt[133].

Zunächst ist wiederum die Zulässigkeit einer solchen Verpflichtung zu erörtern. Das GmbHG regelt das vorgezogene Zulassungsversprechen nicht. Man könnte allenfalls erwägen, die Regelung des § 187 Abs. 2 AktG auf das Zulassungsversprechen der GmbH entsprechend anzuwenden. So käme man zur Unzulässigkeit eines vorgezogenen Zulassungsversprechens. Denn § 187 Abs. 2 AktG bestimmt die Unwirksamkeit von Zusicherungen auf den Bezug junger Aktien vor dem Kapitalerhöhungsbeschluss. Hintergrund der Regelung ist die Sicherung des gesetzlichen Bezugsrechts nach § 186 AktG. Dieses soll in jedem Fall vorrangig sein. Da aber das GmbHG jedenfalls ausdrücklich kein gesetzliches Bezugsrecht regelt, ist der Rechtsgedanke des § 187 Abs. 2 AktG im GmbH-Recht nicht anwendbar[134]. Diese Regelung kann die Unzulässigkeit folglich nicht begründen. Andere Gründe, die gegen eine grundsätzliche Zulässigkeit sprechen, sind nicht ersichtlich.

Weiterhin stellt sich die Frage nach der Rechtsnatur des Zulassungsversprechens. Ausgehend von der eingangs genannten Definition des Zulassungsversprechens als vorgezogene Annahme der Übernahmeerklärung liegt die Vermutung nahe, dass es sich dabei um eine vorvertragliche Verpflichtung zum Abschluss des Übernahmevertrages seitens der Gesellschaft handelt. Man könnte es dann als Gegenstück zu der in diesem Kapitel oben unter Punkt II.1 diskutierten Übernahmeverpflichtung des Übernehmers verstehen.

Dagegen spricht jedoch, dass nach Auffassung der Literatur das Zulassungsversprechen durch Gesellschafterbeschluss ergehen muss[135]. Dies wird teilweise gar nicht begründet[136], teilweise implizit damit, dass das Zulassungsversprechen „eine Art vorweggenommener Zulassungsbeschluss"[137] sei, für den ausschließlich

---

133 *Fleck*, ZGR 1988, 104 (117); Hachenburg/*Ulmer*, Großkommentar GmbHG, § 55 Rz. 86; Rowedder/*Zimmermann*, GmbHG, § 55 Rz. 48; in der Praxis werden Kapitalerhöhungsbeschluss und Zulassungsbeschluss häufig zeitgleich gefasst, weil für beide Beschlüsse die Gesellschafterversammlung zuständig ist.

134 Rowedder/*Zimmermann*, GmbHG, § 187 Rz. 48; Scholz/*Priester*, GmbHG, § 55 Rz. 115.

135 Baumbach/Hueck/*Zöllner*, GmbHG, § 55 Rz. 23a; *Fleck*, ZGR 1988, 104 (117); Hachenburg/*Ulmer*, Großkommentar GmbHG, § 55 Rz. 86; Rowedder/*Zimmermann*, GmbHG, § 55 Rz. 48; Scholz/*Priester*, GmbHG, § 55 Rz. 115.

136 *Fleck*, ZGR 1988, 104 (117); Rowedder/*Zimmermann*, GmbHG, § 55 Rz. 48 setzen das Erfordernis eines Gesellschafterbeschlusses ohne Begründung voraus.

137 So Hachenburg/*Ulmer*, Großkommentar GmbHG, § 55 Rz. 86.

die Gesellschafter zuständig sind. Aus der Zuständigkeit der Gesellschafterversammlung lässt sich ableiten, dass die Entscheidung gesellschaftlichen Bezug hat, weil sie ebenso wie die Übernahmeerklärung mitursächlich ist für die Veränderung der Gesellschaftsstruktur. Wenn aber ein Gesellschafterbeschluss erforderlich ist, so ist das Zulassungsversprechen nicht als schuldrechtlicher (Vor-) Vertrag, sondern als korporatives Rechtsgeschäft einzuordnen. Denn ein Gesellschafterbeschluss ist ein Rechtsgeschäft aber kein Vertrag, weil die Stimmabgaben nicht auf Konsensbildung durch korrespondierende Willenserklärungen gerichtet sind und im Allgemeinen auch die Mehrheitsentscheidung alle Gesellschafter bindet[138]. Weil es ein korporatives Rechtsgeschäft ist, ist es insoweit auch konsequent, für das Zulassungsversprechen eine einfache Mehrheitsentscheidung für ausreichend zu halten[139].

Ein besonderes Formerfordernis besteht nicht, weil die Zulassung keine Satzungsänderung darstellt. Die Gesellschafter können aufgrund ihrer originären Zuständigkeit den Beschluss selbst fassen oder den Geschäftsführer bevollmächtigen, das Zulassungsversprechen bestimmten Übernehmern, die die Gesellschafter wegen ihrer Entscheidungskompetenz festlegen müssen, zu geben.

b) *Rechtsfolgen bei Nichtzulassung*

Auf der Rechtsfolgenseite ist zunächst fraglich, ob der Übernehmer einen Erfüllungsanspruch gegenüber der Gesellschaft auf Durchführung der Kapitalerhöhung und Erwerb der Mitgliedschaft hat.

Fleck bejaht das Bestehen eines solchen Anspruchs mit der Begründung, dass die Gesellschafter selbst dieses Versprechen abgegeben hätten und somit durch ein nach § 894 ZPO vollstreckbares Urteil nicht in ihre freie Willensbildung eingegriffen werde[140]. Die neuere Rechtsprechung des BGH und die herrschende Meinung verneinen dagegen einen solchen Anspruch[141]. Dies begründet der BGH damit, dass es nicht die Gesellschaft sei, die dem Übernehmer die Mitgliedschaft verleihe, sondern diese kraft Gesetzes mit der Eintragung des Kapitalerhöhungs-

---

138 Hachenburg/*Hüffer*, Großkommentar GmbHG, § 47 Rz. 3.

139 *Fleck*, ZGR 1988, 104 (117); Hachenburg/*Ulmer*, Großkommentar GmbHG, § 55 Rz. 86.

140 *Fleck*, ZGR 1988, 104 (118).

141 BGHZ 140, 258 (260); Hachenburg/*Ulmer*, Großkommentar GmbHG, § 55 Rz. 70, 86; *Lutter* in FS Schilling, 1973, 207 (217); *Lutter/Hommelhoff*, GmbHG, § 55 Rz. 30; Rowedder/*Zimmermann*, GmbHG, § 55 Rz. 48; Scholz/*Priester*, GmbHG, § 55 Rz. 35, 115. Zu berücksichtigen ist jedoch, dass der Aufsatz *Flecks* aus dem Jahr 1988 stammt, das BGH Urteil von 1999 und *Fleck* schon zum Zeitpunkt seiner Veröffentlichung nicht mehr dem Senat angehörte.

beschlusses und des Übernahmevertrages entstehe. Daher stehe auch das Zulassungsversprechen unter der Bedingung der Durchführung der Kapitalerhöhung. Ob sie durchgeführt werde, unterliege aber bis zur Eintragung der Autonomie der Gesellschafter[142]. Konsequenz dieser Auffassung ist, dass die Gesellschaft, da sie den Erwerb der Mitgliedschaft nicht herbeiführen kann, auch nicht in Anspruch genommen werden kann, wenn die Kapitalerhöhung nicht durchgeführt wird.

Gegen die Auffassung *Flecks* spricht, dass sie dem Prinzip der Satzungsautonomie der Gesellschaft nicht ausreichend Rechnung trägt. *Fleck* begründet den Anspruch auf Verschaffung der Mitgliedschaft damit, dass das Zulassungsversprechen gerade Ausdruck der freien Willensbildung der Gesellschafterversammlung sei und sie sich daher daran festhalten lassen müsse. Dies wäre richtig, wenn es sich bei dem Zulassungsversprechen um eine einfache schuldrechtliche Verpflichtung handelte. Wie aber bereits in diesem Abschnitt unter a) dargelegt, ist das Zulassungsversprechen korporativer Rechtsnatur und unterliegt daher dem Grundsatz der Satzungsautonomie.

Der Grundsatz der Satzungsautonomie besagt jedoch, dass die Gesellschafterversammlung der GmbH die Befugnis hat, die Satzung im Rahmen der Gesetze selbst und frei vom Einfluss Dritter zu gestalten. Davon umfasst ist auch das Recht, eine Kapitalerhöhung durchzuführen oder davon Abstand zu nehmen. Ausdruck der Satzungsautonomie ist daher gerade auch das Recht, eine Kapitalerhöhung nicht durchzuführen oder den Kapitalerhöhungsbeschluss aufzuheben oder das Zulassungsversprechen durch einen neuen Beschluss wieder zurückzunehmen. Dem lässt sich auch nicht der teilweise aus der Kautelarpraxis erhobene Einwand entgegenhalten, die Entscheidungsfreiheit der Gesellschafterversammlung in Form der Satzungsautonomie würde unter Missachtung des Prinzips „pacta sunt servanda“ der Gesellschaft ein widersprüchliches und unredliches Verhalten ermöglichen[143]. Dieser dem Prinzip der Vertragsfreiheit zugehörige Grundsatz besagt, dass übernommene Vertragspflichten einzuhalten sind. Von einer solchen Vertragspflicht auf Verschaffung der Mitgliedschaft kann man aber beim Zulassungsversprechen gerade nicht sprechen, weil dieses unter dem Vorbehalt der Durchführung der Kapitalerhöhung steht. Die Gesellschaft verhält sich also nicht widersprüchlich, wenn es nicht zur Kapitalerhöhung kommt. Der Übernehmer hat keinen Erfüllungsanspruch gegen die Gesellschaft.

Der Übernehmer kann nach § 812 Abs. 1 S. 1 Alt. 1 BGB die auf Grund des Übernahmevertrages geleistete Einlage kondizieren, wenn die Kapitalerhöhung scheitert[144]. Denn der Erwerb der Mitgliedschaft wird unmöglich, die Einlage-

---

142 Zum Ganzen BGHZ 140, 258 (260); s. dazu auch schon oben § 3II.

143 So *Hellwig* in FS Rowedder, 1994, 141 (148).

144 RGZ 77, 152 (155); Hachenburg/*Ulmer*, Großkommentar GmbHG, § 55 Rz. 77.

leistung ist ohne Rechtsgrund erbracht. In der Praxis wird aber dieser Anspruch häufig wegen § 818 Abs. 3 BGB leer laufen[145].

Weiterhin sind auf Rechtsfolgenseite etwaige Schadensersatzansprüche im Falle der Nichtzulassung des Übernehmers zur Übernahme eines Anteils zu untersuchen. Ein Schadensersatzanspruch wegen Nichterfüllung des Zulassungsversprechens scheidet aus, weil schon kein Erfüllungsanspruch besteht und die Gesellschaft nicht auf diesem Weg zur Erfüllung gezwungen werden darf[146].

Es bleibt also die Frage nach einem Schadensersatzanspruch in Höhe des Vertrauensschadens.

Teilweise wird ein solcher dem Übernehmer unter Treupflichtgesichtspunkten für den Fall zugesprochen, dass die Gesellschaft nicht das ihrerseits Erforderliche zur zügigen Durchführung der Kapitalerhöhung unternimmt[147]. Dafür spricht, dass die Gesellschaft nach dem Übernahmevertrag, der im Wege des Zulassungsversprechens vorzeitig zustande kommt, ihrerseits zur Mitwirkung an der Durchführung der Kapitalerhöhung verpflichtet ist. Verzögert sie diese Durchführung, so verletzt sie die ihr nach dem Übernahmevertrag obliegende Verhaltenspflicht.

Fraglich ist, was gilt, wenn die Gesellschafterversammlung den Kapitalerhöhungsbeschluss wieder aufhebt. *Ulmer* bejaht einen Schadensersatzanspruch, weil die Satzungsautonomie der Gesellschafterversammlung nur dem Erfüllungsanspruch entgegenstehe, nicht aber der Annahme einer Vertragsverletzung durch die Gesellschaft gegenüber dem Übernehmer[148].

Gegen diese Position spricht wiederum der Grundsatz der Satzungsautonomie. Die Gesellschafterversammlung ist grundsätzlich frei in ihrer Entscheidung, eine beschlossene Kapitalerhöhung wieder rückgängig zu machen. Diese Entscheidungsfreiheit wäre aber unangemessen eingeschränkt, wenn sich die Gesellschaft durch eine solche Entscheidung schadensersatzpflichtig machen würde. Daher ist grundsätzlich auch für diesen Fall ein Schadensersatzanspruch abzulehnen. Andererseits ist zu berücksichtigen, dass die Gesellschaft durch die Gesellschafterversammlung, ihrerseits Vertragspflichten gegenüber dem Übernehmer eingegangen ist, denen sie sich nicht beliebig unter Berufung auf das Prinzip der Satzungsautonomie entziehen darf.

---

145 So auch BGHZ 140, 258 (262); *Hellwig* in FS Rowedder, 1994, 141 (148).

146 BGHZ 140, 258 (262); *Lutter* in FS Schilling, 1973, 207 (229).

147 Dafür Baumbach/Hueck/*Zöllner*, GmbHG, § 55 Rz. 22; *Lutter* in FS Schilling, 1973, 207 (229); in BGHZ 140, 258 (260, 262) brauchte diese Frage nicht entschieden zu werden, weil der Kläger einen solchen Anspruch nicht geltend gemacht hatte; zweifelnd Rowedder/*Zimmermann*, GmbHG, § 55 Rz. 48, der jedoch einen Schadensersatzanspruch bejaht, wenn die Gesellschaft im Übernahmevertrag die Durchführung zugesichert hat.

148 Hachenburg/*Ulmer*, Großkommentar GmbHG, § 55 Rz. 75.

Daher ist davon auszugehen, dass ein Schadensersatzanspruch dann nicht besteht, wenn die Gesellschafterversammlung aus sachlichen Gründen den Kapitalerhöhungsbeschluss wieder aufhebt. Ein solcher sachlicher Grund könnte beispielsweise darin liegen, dass ein Investor seine Beteiligungsbereitschaft zurückzieht und deswegen die neugeschaffenen Anteile nicht mehr platzierbar sind. Hebt die Gesellschafterversammlung aber den Gesellschafterbeschluss ohne sachlich gerechtfertigen Grund auf, so steht dem Übernehmer ein Schadensersatzanspruch zu[149].

3. Verpflichtung zum Abschluss des Übernahmevertrages

Zudem ist als schwächste Form der Verpflichtung an eine Verpflichtung seitens der Gesellschaft auf Abschluss des Übernahmevertrages zu denken, vergleichbar der Verpflichtung des zukünftigen Übernehmers auf Abgabe einer Übernahmeerklärung. Eine solche Verpflichtung ist im Gegensatz zum vorgezogenen Zulassungsversprechen rein schuldrechtlich. Zuständig ist die Gesellschafterversammlung, weil die Verpflichtung auf einen korporativen Rechtsakt, nämlich die Zulassung bzw. den Übernahmevertrag gerichtet ist. Zwar ist eine solche Verpflichtungsvereinbarung theoretisch denkbar, aber praktisch kaum relevant. Denn wenn die Gesellschafterversammlung eine Entscheidung über die Zusicherung von Anteilen treffen will, kann sie dies auch gleich durch Gesellschafterbeschluss tun, da dieser wie oben in 2.a) am Ende dargelegt keinen Formerfordernissen unterliegt.

IV. Kapitalerhöhung mit Agio oder schuldrechtlichen Mehrleistungen

Bei Kapitalerhöhungen kommt es insbesondere im Zuge der Aufnahme neuer Gesellschafter, häufig vor dass die Anteile nicht zu ihrem Nennwert, sondern nur gegen Agio ausgegeben werden. Das Agio oder Aufgeld bezeichnet, wie bereits auch schon oben in § 2IV.1.b)cc) erwähnt, den Betrag, um den der Ausgabebetrag des Geschäftsanteils dessen Nennbetrag übersteigt[150]. Der Geschäftsanteil bezeichnet die durch die Beteiligungserklärung begründete mitgliedschaftliche Rechtsposition des Gesellschafters und die sich daraus ergebende Gesamtheit

---

149 I. E. ähnlich, jedoch ohne Begründung Rowedder/*Zimmermann*, GmbHG, § 55 Rz. 48.

150 *Herchen*, Agio und verdecktes Agio, 2004, S. 1, 4; *Hirte*, Kapitalgesellschaftsrecht, Rz. 5.47; *Lutter*, Kapital, 1964, S. 477; Scholz/*Priester*, GmbHG, § 55 Rz. 27 und Scholz/*Emmerich*, GmbHG, § 3 Rz. 47.

seiner Rechte und Pflichten[151]. Im Gegensatz dazu definiert § 3 Abs. 1 Nr. 3 GmbHG die Stammeinlage als den Anteil am Stammkapital, zu dessen Aufbringung sich der Gesellschafter nach dem Gesellschaftsvertrag verpflichtet hat. Den Bezug zwischen Geschäftsanteil und Stammeinlage stellt § 14 GmbHG her. Danach bestimmt sich der Geschäftsanteil „nach dem Betrage der von ihm übernommenen Stammeinlage", was bedeutet, dass der Nennbetrag des Geschäftsanteils der Stammeinlage entspricht. Die Ausgabe zu dem erhöhten Ausgabeentgelt bezeichnet man als sog. Überpari-Emission. Diese ist grundsätzlich zulässig, auch wenn das GmbHG, anders als das Aktienrecht in §§ 9 Abs. 2, 23 Abs. 2 Nr. 2, 36 a AktG, dies nicht ausdrücklich regelt. Ebenso ist im GmbH-Recht anerkannt, dass die Anteile nicht zu einem unter dem Nennbetrag liegenden Entgelt ausgegeben werden dürfen, sog. Verbot der Unterpari-Emission, obwohl auch dies anders als in § 9 Abs. 1 AktG nicht ausdrücklich geregelt ist[152]. Das Agio ist körperschaftlicher Natur, da es an den Geschäftsanteil geknüpft ist. Untersuchungsgegenstand dieses Abschnitts ist, ob und unter welchen Voraussetzungen eine dem Agio vergleichbare Leistungspflicht auch auf schuldrechtlicher Rechtsgrundlage geschaffen werden kann.

1. Agio

Um die schuldrechtlichen Gestaltungsmöglichkeiten darstellen und die Gestaltungsgrenzen aufzeigen zu können, erfolgt zunächst eine Analyse von Funktion, Rechtsnatur, Voraussetzungen und Rechtsfolgen des Agios.

a) Funktion des Agios

Die wirtschaftliche Funktion des Aufgeldes liegt darin, den Wert der bereits bestehenden Geschäftsanteile zu erhalten. Denn der Nennbetrag spiegelt regelmäßig nicht den tatsächlichen, sog. inneren Wert des Geschäftsanteils wider. Dieser kann weitaus höher liegen. Der Wert der Geschäftsanteile ist besonders relevant bei der Veränderung der Beteiligungsverhältnisse wegen der Aufnahme neuer Gesellschafter im Zuge einer Kapitalerhöhung, z. B. im Rahmen einer bereits erörterten Venture-Capital-Finanzierung. Hier kann sich das Problem ergeben, dass

151 RGZ 82, 167 (169); BGH BB 1972, 10 (11); Scholz/*Winter*, GmbHG, § 14 Rz. 2.

152 BGHZ 68, 191 (195 f.); Rowedder/*Schmidt-Leithoff*, GmbHG, § 5 Rz. 15; Roth/Altmeppen/*Roth*, GmbHG, § 5 Rz. 25; Scholz/*Winter*, GmbHG, § 5 Rz. 34; inzwischen auch *Lutter/Hommelhoff*, GmbHG, § 5 Rz. 8. *Lutter* hatte in seiner Habilitationsschrift noch die Auffassung vertreten, dass sich aus § 5 Abs. 3 S. 3 GmbHG ein solches Verbot entnehmen lasse, *Lutter*, Kapital, 1964, S. 159.

der Wert der Geschäftsanteile der Altgesellschafter höher liegt als ihr Nennbetrag. Das bedeutet, dass die Investoren die Anteile möglicherweise zu einem Preis erwerben, der niedriger ist als ihr tatsächlicher Wert. Dadurch verringert sich der Wert der Geschäftsanteile der Altgesellschafter, weil sich die aus der Investition folgende wirtschaftliche Besserstellung des Unternehmens künftig auf alte und neue Anteile verteilt[153]. Diesen Wertverlust können die Altgesellschafter einerseits dadurch ausgleichen, dass sie sich ihrerseits an der Kapitalerhöhung beteiligen. Diese Möglichkeit besteht aber dann nicht, wenn sich die Investoren, wie in der Praxis häufig, nur unter Verzicht auf das Bezugsrecht seitens der Altgesellschafter an der Gesellschaft beteiligen. Um einen Ausgleich für den Wertverlust zu schaffen, verpflichten sich die Investoren im Gegenzug zur Zahlung eines Aufgeldes[154]. Daher dient das Aufgeld jedenfalls auch dem Schutz der Alt-Gesellschafter.

b) Rechtsnatur und Voraussetzungen der Agiopflicht

Das Agio ist körperschaftlicher Natur, da es die Gesellschafter in ihrer Funktion als Mitglieder der Gesellschaft verpflichtet und mit dem Geschäftsanteil verbunden ist. Fraglich ist, ob es einen Teil der Einlagepflicht oder eine Nebenleistung i. S. d § 3 Abs. 2 GmbHG darstellt. Gegen die Einordnung als Teil der Einlagepflicht spricht, dass zur Einlagepflicht nur das gehört, was in das Stammkapital fließt, das Agio sich aber gerade dadurch auszeichnet, dass es zusätzlich zum Stammkapital erbracht wird[155]. Daher ist es als Nebenleistungspflicht einzuordnen[156]. Das Agio bedarf gemäß § 3 Abs. 2 GmbHG zu seiner Wirksamkeit der Aufnahme in den Gesellschaftsvertrag. Da es als Nebenleistungspflicht einen Satzungsbestandteil bildet, ist es für den hier interessierenden Fall der Aufgeldzahlung im Zuge einer Kapitalerhöhung als Teil der satzungsändernden Maßnahmen auch in den Kapitalerhöhungsbeschluss aufzunehmen[157]. Bei der Ausga-

153 So *Priester* in FS Lutter, 2000, 617 (629) für die AG, für die GmbH gilt dies aber gleichermaßen.

154 *Weitnauer*, NZG 2001, 1065 (1067, 1069) auch zur steuerrechtlichen Seite des Vorgangs.

155 Den Einlagecharakter des Agios bejahend *Herchen*, Agio und verdecktes Agio, 2004, S. 139 ff., die einen weiteren Begriff der Stammeinlage zugrunde legt und daher das Agio der Einlage zuordnet.

156 So auch die herrschende Meinung, vgl. nur Hachenburg/*Ulmer*, Großkommentar GmbHG, § 5 Rz. 155; *Immenga*, Personalistische Kapitalgesellschaft, 1970, S. 103; *Priester* in FS Lutter, 2000, 617 (632); a. A. *Herchen*, Agio und verdecktes Agio, 2004, S. 139 ff, die jedoch jedenfalls einräumt, dass das Agio „in das GmbH-Recht Eingang über § 3 Abs. 2 GmbHG" finde, so auf S. 21.

157 Scholz/*Priester*, GmbHG, § 55 Rz. 27.

be genügt die Bestimmbarkeit des Agios, seine exakte Höhe muss nicht beziffert werden[158].

Verpflichten sich Dritte zur Aufgeldzahlung, findet § 55 Abs. 2 S. 2 GmbHG Anwendung mit der Folge, dass die Übernahmeerklärung diese Leistungsverpflichtung enthalten muss. Für Altgesellschafter gilt dies nicht. Diese Unterscheidung erklärt sich aus der Funktion der Norm[159]. Die Anforderungen an die Mindesteinlageleistungen bei Gründung nach § 7 Abs. 2 und 3 GmbHG, die durch den Verweis in § 56 a GmbHG auch bei Kapitalerhöhung gelten, umfassen nicht das Aufgeld, da es nicht zur Einlageleistung gehört. Es muss daher nicht schon bei Eintragung der Kapitalerhöhung erbracht sein. Es besteht keine dem § 36 a Abs. 1, S. 2, Abs. 2 AktG vergleichbare Regelung, wonach das Agio bei Eintragung bereits voll geleistet sein muss[160]. Die Fälligkeit richtet sich allein nach der Vereinbarung im Gesellschaftsvertrag, im Kapitalerhöhungsbeschluss oder in der Übernahmeerklärung[161]. Die bilanzielle Behandlung des Agios ist in § 272 Abs. 2 Nr. 1 HGB geregelt. Es ist gemäß §§ 272 Abs. 2 Nr. 1, 266 Abs. 3 A II HGB in die Kapitalrücklage einzustellen[162].

c) Rechtsfolgen

Mit Blick auf die Rechtsfolgen des Agios stellt sich insbesondere die Frage nach der Kapitalbindung des Agios sowie der Wirksamkeit der Übernahmeerklärung und des Kapitalerhöhungsbeschlusses, wenn das Agio dort nicht aufgeführt wird.

aa) Kapitalbindung

Die bilanzielle Behandlung des Agios als Kapitalrücklage nach § 272 Abs. 2 Nr. 1 HGB ermöglicht dessen jederzeitige Auflösung und Auszahlung an die Gesellschafter. Es unterliegt nicht der Kapitalbindung der §§ 30, 31 GmbHG. Das hat seinen Grund darin, dass eine dem § 150 Abs. 2 AktG, der in gewissen Grenzen

---

158 Baumbach/Hueck/*Zöllner*, GmbHG, § 55 Rz. 8; *Lutter/Hommelhoff*, GmbHG, § 55 Rz. 13.

159 S. dazu schon oben § 3II.1; Scholz/*Priester*, GmbHG, § 55 Rz. 83.

160 Hachenburg/*Ulmer*, Großkommentar GmbHG, § 5 Rz. 155; so auch *Herchen*, Agio und verdecktes Agio, 2004, S. 148, 150 f. trotz des nach ihrer Auffassung zu bejahenden Einlagecharakter des Agios; *Priester* in FS Lutter, 2000, 617 (633); Scholz/*Priester*, GmbHG, § 56a Rz. 3.

161 *Heckschen*, DStR 2001, 1437 (1444); *Lutter/Hommelhoff*, GmbHG, § 7 Rz. 3; Rowedder/*Schmidt-Leithoff*, GmbHG, § 7 Rz. 21.

162 *Adler/Düring/Schmaltz*, HGB § 272, Rz. 90; Baumbach/Hueck/*Hueck/Fastrich*, GmbHG, § 5 Rz. 9; *Herchen*, Agio und verdecktes Agio, 2004, S. 125; Scholz/*Priester*, GmbHG, § 5 Rz. 33.

eine Ausschüttungssperre für die gesetzlichen Rücklagen vorsieht, vergleichbare Regelung fehlt[163].

bb) Keine Nennung in Übernahmeerklärung oder Kapitalerhöhungsbeschluss

Enthält im Falle der Beteiligung eines Dritten die Übernahmeerklärung nicht den nach § 55 Abs. 2 S. 2 GmbHG erforderlichen Hinweis auf die Pflicht zur Aufgeldzahlung, entfällt dadurch nicht die Verpflichtung seitens des Übernehmers. Denn Rechtsgrundlage für die Leistungspflicht ist der Kapitalerhöhungsbeschluss. Daher ist der Dritte auch dann an die statutarischen Vorgaben gebunden, wenn er sie nicht kannte. Jedoch ist der Registerrichter verpflichtet, die Eintragung wegen der unvollständigen und damit fehlerhaften Übernahmeerklärung abzulehnen, wenn nicht eine korrigierte Übernahmeerklärung nachgereicht wird. Trägt er dennoch ein, tritt Heilung des Formmangels ein[164]. Das bedeutet, dass der Übernehmer an die Beteiligung und damit auch an die Agiopflicht gebunden ist.

Das Agio bedarf als Nebenleistungspflicht der Nennung im Kapitalerhöhungsbeschluss und damit der notariellen Beurkundung nach § 53 Abs. 2 S. 1 GmbHG. Wird es dort nicht aufgeführt, fehlt es an der notwendigen notariellen Beurkundung nach § 53 Abs. 2 S. 2 GmbHG. Fehlende notarielle Beurkundung führt zur Nichtigkeit des Kapitalerhöhungsbeschlusses nach § 241 Nr. 2 AktG analog. Der Übernehmer wird dann von der Bindung frei und kann eine bereits geleistete Einlage zurückverlangen. Der Registerrichter muss die Eintragung ablehnen. Trägt er dennoch ein, z. B. wegen fehlender Kenntnis von der Agiopflicht, tritt Heilung des Formfehlers ein[165].

cc) Nicht ordnungsgemäße Erbringung des Agios

Wie bereits in diesem Abschnitt in Punkt b) am Ende dargestellt, ist Rechtsgrundlage der Verpflichtung zur Leistung des Agios der Gesellschaftsvertrag bzw. der Kapitalerhöhungsbeschluss. Danach richtet sich auch die Fälligkeit. Weigert sich der Übernehmer, das Aufgeld zu zahlen, kann die Gesellschaft aufgrund der korporativen Verpflichtung die Zahlung gerichtlich durchsetzen.

---

163 Zum Ganzen Hachenburg/*Ulmer*, Großkommentar GmbHG, § 5 Rz. 155; *Priester* in FS Lutter, 2000, 617 (633).

164 Hachenburg/*Ulmer*, Großkommentar GmbHG, § 55 Rz. 67; Michalski/*Hermanns*, GmbHG, § 55 Rz. 70.

165 KG NZG 1998, 777 (777 f.); Hachenburg/*Ulmer*, Großkommentar GmbHG, § 53 Rz. 92.

2. *Schuldrechtliche Mehrleistungspflichten und verdecktes Agio*

Die schuldrechtlichen Mehrleistungsverpflichtungen unterscheiden sich von einem Agio dadurch, dass sie nicht in den Gesellschaftsvertrag aufgenommen, sondern außerhalb dessen vereinbart werden. Sie sind also nicht korporativer, sondern schuldrechtlicher Natur und verpflichten nicht alle Gesellschafter, sondern nur die an der Vereinbarung beteiligten. Grundlage der Leistungspflicht ist nicht die Mitgliedschaft, sondern die Vereinbarung. Daher sind, anders als beim Agio, zukünftige Gesellschafter nicht zur Mehrleistung verpflichtet, es sei denn, sie treten der Vereinbarung bei. Solche Mehrleistungsverpflichtungen sind aus denselben Gründen wie andere schuldrechtliche Verpflichtungen auch grundsätzlich zulässig[166]. Zweifel an der Zulässigkeit können sich aber wegen der inhaltlichen Ähnlichkeit der schuldrechtlichen Mehrleistungsverpflichtung mit dem Agio ergeben, nämlich dann, wenn eine solche Zusatzzahlung anlässlich einer Kapitalerhöhung vereinbart wird und wegen der Bedingungen oder wegen der vereinbarten Rechtsfolgen ihrer Nichtzahlung einem Agio gleichsteht, ohne die dafür notwendigen Förmlichkeiten durch Aufnahme in Gesellschaftsvertrag und Kapitalerhöhungsbeschluss zu beachten. Dieser Fragenkreis wird in Rechtsprechung und Literatur unter dem Schlagwort „verdecktes Agio" diskutiert[167]. Die Bezeichnung trägt diese Zusatzpflicht deswegen, weil es seiner Funktion nach ein Agio darstellt, aber dessen formelle Anforderungen nicht erfüllt.

a) Funktion

Anders als Darlehen dienen schuldrechtliche Mehrleistungsverpflichtungen der Erhöhung des Eigenkapitals der Gesellschaft. Sie erfüllen damit bei wirtschaftlicher Betrachtung eine ähnliche Funktion wie das Aufgeld. Ob die schuldrechtlichen Mehrleistungsverpflichtungen wirksam vereinbart sind, richtet sich jedoch nach anderen Voraussetzungen als beim Agio. Dies ist Konsequenz der unterschiedlichen Rechtsnaturen. Daraus folgt auch, dass schuldrechtliche Mehrleistungen einer anderen bilanziellen Behandlung unterliegen. Sie werden ihre wirksame Vereinbarung vorausgesetzt zwar auch in die Kapitalrücklage eingestellt, aber nicht nach § 272 Abs. 2 Nr. 1 HGB wie das Agio, sondern nach § 272

---

166 RGZ 83, 216 (219) (AG); BayObLG ZIP 2002, 1484 (1486) (AG; rkr.) in obiter; *Heckschen*, DStR 2001, 1437 (1444); *Hergeth/Eberl*, DStR 2002, 1818 (1820); *Weitnauer*, NZG 2001, 1065 (1068).

167 LG Mainz WM 1986, 1315 (1317, 1320) (AG); *Heckschen*, DStR 2001, 1437 (1444); ausführlich dazu *Herchen*, Agio und verdecktes Agio, 2004, S. 171 ff. ; *Priester* in FS Lutter, 2000, 617 (625).

Abs. 2 Nr. 4 HGB als „andere Zuzahlungen, die Gesellschafter in das Eigenkapital leisten".

Diese Unterscheidung ist allerdings im Aktienrecht von größerer Bedeutung als im GmbH-Recht. Denn im Aktienrecht bildet auch die Kapitalrücklage einen Teil des gebundenen Vermögens, das grundsätzlich nicht ausgeschüttet werden darf. Dies stellt § 150 Abs. 2 AktG klar, nimmt allerdings die Rücklagen nach § 272 Abs. 2 Nr. 4 HGB von dieser Regel aus. Diese unterliegen demnach keiner Ausschüttungssperre. Im GmbH-Recht gilt dagegen für alle Rücklagen, dass sie grundsätzlich in den Grenzen des § 30 Abs. 1 GmbHG ausgeschüttet werden können. Im GmbH-Recht unterliegt auch das Agio keiner Kapitalbindung, wie bereits in diesem Abschnitt oben in 1.c)aa) dargestellt. Insoweit unterscheiden sich Agio und freiwillige Zusatzleistungen also nicht.

b) *Voraussetzungen der schuldrechtlichen Mehrleistungsverpflichtung und des verdeckten Agios*

Agio und schuldrechtliche Mehrleistungsverpflichtung unterscheiden sich also dadurch, dass ersteres an den Geschäftsanteil des Gesellschafters gebunden ist und daher korporativen Charakter hat, während letzteres eine schuldrechtliche Leistungspflicht des Gesellschafters begründet. Die schuldrechtliche Mehrleistungsverpflichtung regelt also so wie sonstige schuldrechtliche Leistungspflichten auch die individuellen Rechtsbeziehungen der Vertragspartner. Sie kann nur jeweils zwischen bestimmten Übernehmern untereinander oder gegenüber der Gesellschaft getroffen werden und darf nicht in Zusammenhang mit der Gesellschafterstellung stehen[168]. Damit der Betrag einer schuldrechtlichen Mehrleistungsverpflichtung als „andere Zuzahlungen" nach § 272 Abs. 2 Nr. 4 HGB in das Eigenkapital eingestellt werden kann, ist eine eindeutige Zweckbestimmung erforderlich, aus der hervorgeht, dass der der Leistung entsprechende Betrag in der Kapitalrücklage verbleiben soll[169].

Im Unterschied dazu liegt die Zweckbestimmung der Agiopflicht darin, einen angemessenen Ausgabekurs herzustellen. Die Vereinbarung einer freiwilligen Zusatzzahlung unterliegt keinem Formerfordernis. Denn sie mag zwar zeitlich mit dem Kapitalerhöhungsbeschluss in Zusammenhang stehen, aber eben nicht inhaltlich, weil sie ein anderes Ziel verfolgt. Die Vereinbarung kann privatschriftlich erfolgen. Sie ist auch nicht zum Handelsregister anzumelden. Gegenstand der Mehrleistungspflicht können, ebenso wie beim Aufgeld, Geld- oder Sachleistun-

---

168 *Heckschen*, DStR 2001, 1437 (1444).

169 *Adler/Düring/Schmaltz*, HGB § 272, Rz. 137; Beck'scher Bilanzkommentar/*Förschle/Hoffmann*, § 272 Rz. 67; *Weitnauer*, NZG 2001, 1065 (1067).

gen sein. Nach der Formulierung des § 272 Abs. 2 Nr. 4 HGB gilt diese Norm nur für Zahlungen der Gesellschafter. Fraglich ist, ob auch Mehrleistungsverpflichtungen Dritter, die einen Anteil erwerben wollen, unter die Norm fallen. Gesellschafter im Sinne der Norm sind die Inhaber des Stammkapitals. Doch auch Leistungen Dritter sind als Kapitalrücklage auszuweisen, wenn der Dritte auf Veranlassung des Gesellschafters leistet[170]. Zwar erfolgen Zusatzleistungen anlässlich von Kapitalerhöhungen nicht zwingend auf Veranlassung eines Gesellschafters, sondern auch auf Veranlassung der Gesellschaft. Dennoch wird hier eine Einstellung in die Kapitalrücklage zu bejahen ein, weil hier die Dritten in ihrer Funktion als zukünftige Gesellschafter leisten und damit eine Sachnähe zu den Leistungen der Gesellschafter besteht.

Die genannten Voraussetzungen – Individualität des Leistungsverhältnisses, Loslösung von Gesellschafterstellung, eigene Zweckbestimmung gerichtet auf Verbleib in der Kapitalrücklage und Formfreiheit – zeichnen die schuldrechtliche Mehrleistungsverpflichtung aus. Dagegen sind die Voraussetzungen des Agios Kollektivität des Leistungsverhältnisses im Sinne einer Verpflichtung aller oder jedenfalls einer Gruppe von Übernehmern, Formpflichtigkeit, Anbindung an den Geschäftsanteil und damit auch Geltung für die Zukunft. Hinzu kommt ein zeitlicher und inhaltlicher Zusammenhang mit der Kapitalerhöhung, der Ausdruck der Zweckbestimmung des Agios, einen angemessenen Ausgabekurs herzustellen, ist.

Dieser Gegenüberstellung lassen sich die Voraussetzungen des verdeckten Agios, also eines Agios im Gewand einer schuldrechtlichen Mehrleistungsverpflichtung entnehmen. Ein verdecktes Agio kann dann angenommen werden, wenn die Leistungspflicht alle Übernehmer, insbesondere auch künftige Gesellschafter trifft und sie inhaltlich mit der Kapitalerhöhung in Zusammenhang steht. Denn dann entspricht die Zweckbestimmung einer solchen Vereinbarung nur scheinbar der einer schuldrechtlichen Mehrleistungsverpflichtung. Tatsächlich erfolgt der Erwerb eines neuen Anteils nur gegen Erbringung dieser Zusatzleistung, sie ist Voraussetzung für die Beteiligung[171]. Sie bezweckt ebenso wie das Agio, die Differenz zwischen Nennbetrag und innerem Wert des Anteils auszugleichen. Äußerlich unterscheidet sich diese Leistungspflicht nicht von sonstigen schuldrechtlichen Leistungspflichten, da sie – darin liegt ja gerade der Vorteil dieser Gestaltung – nicht im Kapitalerhöhungsbeschluss oder in der Übernahmeerklärung genannt wird, sondern privatschriftlich abgefasst wird.

Fraglich ist, ob eine solche Gestaltung eine Umgehung der gesetzlichen Vorschriften zum Agio bedeutet. Dagegen könnte man einwenden, dass jedenfalls nach der Regelung des § 272 Abs. 2 HGB unterschiedliche Ausgestaltungen von

170 *Adler/Düring/Schmaltz*, HGB § 272, Rz. 133.
171 *Heckschen*, DStR 2001, 1437 (1444).

Zusatzpflichten möglich und zulässig sind und es daher den Gesellschaftern freisteht, welche Art der Zuzahlung sie im Einzelfall bevorzugen[172]. Dieser Argumentation ist entgegenzuhalten, dass die Gestaltungsfreiheit nicht unbegrenzt gilt. Die Möglichkeit, zwischen unterschiedlichen Gestaltungen wählen zu können, berechtigt gerade nicht dazu, die Rechtsfolge der einen Leistungspflicht dadurch herbeizuführen, dass man der Form nach eine andere wählt. Das erfüllt gerade den Tatbestand einer Umgehung. Es ist vielmehr entscheidend auf die Intention der die Zusatzleistung beschließenden Gesellschafter abzustellen. Wenn sie beabsichtigen, die Anteile nur gegen Aufgeld auszugeben, dies aber nicht als solches kennzeichnen, liegt eine Umgehung der gesetzlichen Anforderungen an ein wirksames Agio vor. Da aber diese Motivation selten offensichtlich sein wird, lassen lediglich die Umstände der Vereinbarung, wie sie vorstehend als Voraussetzungen für ein verdecktes Agio dargestellt wurden, also zeitliche und sachliche Nähe zur Kapitalerhöhung und Kreis der von der Zusatzpflicht betroffenen Übernehmer, Rückschlüsse auf die Umgehungsabsicht zu[173].

c) Rechtsfolgen

Wenn Zusatzpflichten den Tatbestand eines verdeckten Agios erfüllen, stellt sich die Frage nach den Rechtsfolgen, die sich aus einer solchen Einordnung ergeben.

Es sind verschiedene Lösungsansätze denkbar. Zunächst könnte man davon ausgehen, dass die Vereinbarung wegen Gesetzumgehung nach § 134 BGB nichtig ist, weil eine Zusatzverpflichtung geschaffen wird, die gesetzlich nicht vorgesehen ist, nämlich ein schuldrechtliches Agio[174]. Der Vertrag wäre ex tunc nichtig und der Gesellschafter müsste die Zusatzleistung nicht erbringen bzw. könnte sie, falls bereits erbracht, kondizieren. Die korporative Seite, das heißt die Wirksamkeit der Kapitalerhöhung, bliebe davon unberührt, weil nach dem objektiv Vereinbarten ja gerade kein Zusammenhang zwischen der Zusatzleistung und der Kapitalerhöhung besteht. Dieses Ergebnis ist unbefriedigend, weil die Zusatzleistung wie ein Agio der Durchführung der Kapitalerhöhung dienen sollte.

Deswegen ist es überzeugend, die Vereinbarung wie ein unwirksam vereinbartes Agio zu behandeln. Die Unwirksamkeit hat ihren Grund dann nicht in der Umgehung und damit im Verstoß gegen ein gesetzliches Verbot. Vielmehr ist der

---

172 So der Ansatz von *Weitnauer*, NZG 2001, 1065 (1068).

173 Ähnlich *Heckschen*, DStR 2001, 1437 (1444).

174 Vgl. die Argumentation des BGH in BGHZ 34, 200 (205), in der sich der 5. Zivilsenat mit der Wirksamkeit einer vertraglichen Nießbrauchbestellung auseinandersetzen musste, durch die die Ausübung eines gesetzlichen Vorkaufsrechts umgangen werden sollte; allgemein zu Umgehungsgeschäften MünchKommBGB/*Mayer-Maly/Armbrüster*, § 134 Rz. 11 ff.; Soergel/*Hefermehl*, BGB, § 134 Rz. 37.

Kapitalerhöhungsbeschluss unvollständig beurkundet. Das Agio ist als Nebenleistungspflicht und damit als Teil der Satzungsänderung im Kapitalerhöhungsbeschluss zu nennen. Wird es dort nicht aufgeführt, fehlt es an der notwendigen notariellen Beurkundung nach § 53 Abs. 2 S. 2 GmbHG. Fehlende notarielle Beurkundung führt, wie bereits in diesem Abschnitt oben in 1.c)bb) erörtert, zur Nichtigkeit des Kapitalerhöhungsbeschlusses nach § 241 Nr. 2 AktG analog. Die Übernahmeverträge sind gegenstandslos[175].

Ergänzend sei darauf hingewiesen, dass – ausgehend von dem in diesem Abschnitt bereits zitierten Beschluss des BayObLG vom 27.02.2002 – im Aktienrecht der Tatbestand des verdeckten Agios und damit einhergehend die Frage nach einer erweiterten Prüfungskompetenz des Registerrichters neu diskutiert wird[176]. Die sich daraus ergebenden Konsequenzen sind jedoch für die GmbH ohne Bedeutung, weil sich der Streit an dem Gebot der Volleinzahlungspflicht des § 36 a Abs. 1 AktG entzündet, welches im GmbH-Recht, wie bereits in diesem Abschnitt oben unter 1.b) erörtert, nicht gilt[177].

V. Genehmigtes und bedingtes Kapital bei der GmbH?

Das GmbHG regelt lediglich die ordentliche Kapitalerhöhung. Die Schaffung genehmigten oder bedingten Kapitals wie im Aktienrecht sieht das GmbHG nicht vor. Fraglich ist aber, ob dennoch statutarische oder schuldrechtliche Vereinbarungen über die Schaffung einer dem bedingten und genehmigten Kapital vergleichbaren Eigenkapitalbeschaffungsform in der GmbH zulässig und sinnvoll sind.

a) Genehmigtes Kapital

Das AktG regelt in §§ 202 ff. die Schaffung genehmigten Kapitals.

aa) Korporative Regelungen

Nun könnte man zunächst erwägen, die §§ 202 ff. AktG im GmbH-Recht analog anzuwenden. Dies würde eine statutarische Regelung ermöglichen würde, also Einführung genehmigten Kapitals im Wege der Satzungsänderung. Es müsste eine planwidrige Regelungslücke vorliegen. Dagegen spricht aber bereits, dass die

175 Ausführlich dazu *Herchen*, Agio und verdecktes Agio, 2004, S. 373 f.
176 BayObLG ZIP 2002, 1484 (1485 f.); s. eingehend dazu unten in § 4I.7.b)aa)(2).
177 Näher dazu *Hermanns*, ZIP 2003, 788 (791) und unten in § 4I.7.b)aa)(3).

§§ 55 ff. GmbHG abschließend sind. Historisch lassen sich keine Anhaltspunkte dafür erkennen, dass eine dem bedingten oder genehmigten Kapital, welche beide durch die Aktienrechtsreform von 1937 in das AktG eingefügt wurden, entsprechende Eigenkapitalbeschaffungsform im GmbH-Recht geschaffen werden sollte[178]. Einzige Erweiterung in dieser Hinsicht war die Einführung der Kapitalerhöhung aus Gesellschaftsmitteln, zunächst durch das eigenständige KapErhG von 1959 und anschließend durch die Integration dieser Regelungen in das GmbHG im Zuge der Bereinigung des Umwandlungsrechts[179]. Diese Form der Kapitalerhöhung betrifft aber nicht die Schaffung neuen Eigenkapitals durch Zuführung von außen und bietet daher keine Anhaltspunkte für die hier zu entscheidende Frage. Auch teleologisch besteht kein Raum für eine Analogie. Hintergrund des genehmigten Kapitals ist die Bestrebung, die Kapitalerhöhung kurzfristig und ohne Hauptversammlung durchzuführen[180]. Im GmbH-Recht besteht kein vergleichbares Bedürfnis, das Kapitalerhöhungsverfahren zu beschleunigen, da es hier anders als in der AG möglich ist, eine Gesellschafterversammlung zügig einzuberufen und die Modalitäten der Kapitalerhöhung, wie in diesem Kapitel ausgeführt, bei Bedarf im Vorfeld schuldrechtlich zu regeln. Eine Regelung auf statutarischer Ebene durch analoge Anwendung der §§ 202 ff. AktG scheidet daher aus[181].

Denkbar sind jedoch korporative Gestaltungen im Zusammenhang mit einer ordentlichen Kapitalerhöhung. Der Kapitalerhöhungsbeschluss kann Regelungen enthalten, die sich den Vorteilen des genehmigten Kapitals annähern.

Die Vorteile des genehmigten Kapitals liegen darin, dass die Hautversammlung den Vorstand durch Beschluss ermächtigen kann, innerhalb eines bestimmten Zeitraumes die Erhöhung des Grundkapitals bis zu einem bestimmten Höchstbetrag zu beschließen. Dies reduziert das Platzierungsrisiko der Anteile, weil der Vorstand erst dann von dem genehmigten Kapital Gebrauch macht,

---

178 Weder die Begründung zum Regierungsentwurf eines GmbHG BT-Drucks. VI/3088,S. 178 zu § 154 noch die Begründung zum Regierungsentwurf eines GmbHG BT-Drucks. 8/1347, S. 27 f. „Allgemeines", erwähnen vergleichbare Kapitalbeschaffungsformen in der GmbH; vgl. auch *Lutter* in FS Schilling, 1973, 207 (214).

179 Die Regelungen des KapErhG wurde im Zuge der Neuregelung des Umwandlungsrechts durch Art. 4 des Gesetzes zur Bereinigung des Umwandlungsrechts vom 28.10.1994, BGBl. I S. 3210 als §§ 57 c bis o in das GmbHG übernommen.

180 Großkommentar AktG/*Hirte*, § 202 Rz. 19; *ders.*, Bezugsrechtsausschluß, 1986, S. 101 ff. auch mit einem Überblick über die historische Entwicklung des genehmigten Kapitals.

181 So ausdrücklich auch Hachenburg/*Ulmer*, Großkommentar GmbHG, § 55 Rz. 8; Rowedder/*Zimmermann*, GmbHG, § 55 Rz. 2; Scholz/*Priester*, GmbHG, § 55 Rz. 11.

wenn die Anteilsübernahme feststeht. Erforderlich wäre also zum einen, im Kapitalerhöhungsbeschluss einer ordentlichen Kapitalerhöhung einen Höchstbetrag festzulegen, um den das Stammkapital maximal erhöht wird. Es entspricht der allgemeinen Auffassung in Rechtsprechung und Literatur, dass eine solche sog. Höchstbetragskapitalerhöhung auch im GmbH-Recht zulässig ist[182]. Bis zu dieser Grenze können Anteile übernommen werden, der Eintrag im Handelsregister verzeichnet dann die endgültig übernommene Höhe. Umstritten ist, ob der Kapitalerhöhungsbeschluss darüber hinaus eine Frist nennen muss, innerhalb derer die Erhöhung einzutragen ist.

Dies wird teilweise für nicht erforderlich gehalten, da es allein darauf ankomme, dass die Eintragung unverzüglich zu erfolgen habe, wobei ein Rahmen von zwei bis drei Monaten nicht überschritten werden solle. Nach erfolglosem Ablauf dieser Zeitspanne dürfe die Eintragung nicht mehr erfolgen. Jedoch sei auch eine ausdrückliche Frist zulässig, die einen Umfang von sechs Monaten nicht überschreiten solle[183].

Die wohl überwiegende Auffassung verlangt eine ausdrücklich definierte Frist, die bei maximal sechs Monaten liegen solle. Eine solche wird für erforderlich gehalten, um Klarheit über den Verlauf der Durchführung der Kapitalerhöhung zu erlangen und nicht Gefahr zu laufen, eine dem für unzulässig gehaltenen genehmigten Kapital ähnliche Gestaltung zu schaffen[184].

Im Ergebnis unterscheiden sich die Ansichten nicht erheblich voneinander, weil beide eine ausdrückliche Frist jedenfalls für zulässig halten und in der Grenzziehung von einem halben Jahr übereinstimmen. Der Klarheit halber sollte der Kapitalerhöhungsbeschluss die Frist aber nennen, um auch dem Registerrichter die Überprüfung des ordnungsgemäßen Ablaufs der Kapitalerhöhung zu erleichtern.

Besteht allerdings Unsicherheit darüber, wie viele Anteile übernommen werden, hat die Gesellschafterversammlung auch die Möglichkeit, das Stammkapital bis zu einem bestimmten Höchstbetrag zu erhöhen und den endgültigen Betrag

182 So bereits RGZ 85, 205 (207); HansOLG NZG 2000, 549 (550) (AG, nicht rkr.); Baumbach/Hueck/*Zöllner*, GmbHG, § 55 Rz. 6; *Lutter* in FS Schilling, 1973, 207 (213 f.); *Lutter/Hommelhoff*, GmbHG, § 55 Rz. 12; *Raiser*, KapGesR, § 39 Rz. 3; Rowedder/*Zimmermann*, GmbHG, § 55 Rz. 9; Scholz/*Priester*, GmbHG, § 55 Rz. 20.

183 Baumbach/Hueck/*Zöllner*, GmbHG, § 55 Rz. 6; ausführlicher *Lutter* in FS Schilling, 1973, 207 (214).

184 HansOLG NZG 2000, 549 (550); Hachenburg/*Ulmer*, Großkommentar GmbHG, § 55 Rz. 13; *Lutter/Hommelhoff*, GmbHG, § 55 Rz. 12; Rowedder/*Zimmermann*, GmbHG, § 55 Rz. 9.

nach dem Umfang der gezeichneten Anteile zu bestimmen[185]. In diesem Fall ist dann im Kapitalerhöhungsbeschluss kenntlich zu machen, dass die Summe, um die das Stammkapital erhöht werden soll, ein Maximalbetrag und nicht eine fixe Summe ist[186]. Zur Eintragung angemeldet wird dann die endgültige Höhe des Stammkapitals, die sich aus dem bisherigen Stammkapital und dem Zeichnungsergebnis auf das neue Stammkapital ergibt[187]. Denn im Gesellschaftsvertrag selbst muss die Höhe des Stammkapitals wegen § 3 Abs. 1 Nr. 3 GmbHG genau angegeben sein. Die Verwendung von Höchstbetragskapital ähnelt, was den Verwendungsspielraum des potentiell zur Verfügung stehenden Kapitals angeht, dem genehmigten Kapital der AG[188]. Dennoch würde es zu weit gehen, das Höchstbetragskapital als das Gegenstück zum genehmigten Kapital zu bezeichnen. Denn der wesentliche Unterschied zwischen Höchstbetragskapital und genehmigtem Kapital besteht darin, dass die Einführung von Höchstbetragskapital nicht zu einem Kompetenzwechsel hinsichtlich der Durchführung der Kapitalerhöhung führt. Anders als bei der AG, bei der die Hauptversammlung den Vorstand ermächtigt, die Kapitalerhöhung durchzuführen, bleibt in der GmbH die Gesellschafterversammlung für die Durchführung zuständig. Prägendes Motiv der Einführung von genehmigtem Kapital ist die Vereinfachung des Kapitalerhöhungsverfahrens[189]. Der Vorstand soll möglichst unabhängig unter Berücksichtigung der Kapitalmarktentwicklung über die Durchführung entscheiden. Vor diesem Hintergrund ist auch die verhältnismäßig lange Frist zu sehen, für welche die Ermächtigung erteilt werden kann (§ 202 Abs. 1 AktG: „höchstens fünf Jahre").

Bei der GmbH ist die Motivation eine andere. Da hier die Kapitalerhöhung ohnehin vergleichsweise schnell durchgeführt werden kann und eine Handelbarkeit der Anteile am Kapitalmarkt nicht möglich ist, ist allein der Schwierigkeit der eventuell mühsameren Platzierung bei Beteiligung neuer Gesellschafter zu begegnen. Die Platzierbarkeit der Anteile lässt sich jedoch, wie im Folgenden gezeigt wird, sinnvoller in Übernahmeverpflichtungserklärungen als durch Höchstkapital regeln.

---

185 RGZ 85, 205 (207); *Grunewald*, Gesellschaftsrecht, 2.F. Rz. 125; Hachenburg/*Ulmer*, Großkommentar GmbHG, § 55 Rz. 13; MünchHdbGesR III/*Wegmann*, § 53 Rz. 5; *Raiser*, KapGesR, § 39 Rz. 3; Scholz/*Priester*, GmbHG, § 55 Rz. 20. Wegen des Parallelproblems der Platzierung bei kleineren Aktiengesellschaften s. LG Hamburg AG 1995, 92 (93) m. Anm. *Bär*, AG 1995, 93 (93).

186 Hachenburg/*Ulmer*, Großkommentar GmbHG, § 55 Rz. 13 schlägt die Verwendung einer Formulierung wie „Erhöhung bis zu..." vor.

187 MünchHdbGesR III/*Wegmann*, § 53 Rz. 5.

188 *Grunewald*, Gesellschaftsrecht, 2.F. Rz. 125; *Hirte*, Kapitalgesellschaftsrecht, Rz. 6.42; unklar *Raiser*, KapGesR, § 39 Rz. 3, der eine Ähnlichkeit zum bedingten Kapital feststellen will, aber der Sache wohl auch genehmigtes Kapital meint.

189 S. dazu oben § 2IV.3.

bb) Schuldrechtliche Regelungen

Vergleichbare Gestaltungen sind auch auf schuldrechtlicher Ebene denkbar und grundsätzlich zulässig. So wurde bereits die Zulässigkeit von Übernahmeverpflichtungen diskutiert, mit denen im Vorfeld des Kapitalerhöhungsbeschlusses die Platzierung der Anteile geregelt wird[190]. Damit wird ein ähnlicher Effekt erreicht wie durch die Höchstbetragskapitalerhöhung. Der entscheidende Vorteil der schuldrechtlichen Übernahmeverpflichtungen liegt jedoch darin, dass sie eine Höchstbetragskapitalerhöhung überflüssig machen, weil bereits der Kapitalerhöhungsbeschluss nur die Erhöhung um die Summe enthält, für die Anteile übernommen wurden. Darüber hinaus sind sie grundsätzlich formfrei wirksam. Schließlich stellen sie sicher, dass der Kapitalerhöhungsbeschluss selbst frei von Bedingungen ist, was wiederum zu einer größeren Klarheit des Beschlusses und zu einer Erleichterung der Prüfung der Eintragungsvoraussetzungen führt.

b) Bedingtes Kapital

Auch beim bedingten Kapital stellt sich die Frage nach korporativen und schuldrechtlichen Gestaltungsmöglichkeiten. Eine analoge Anwendung der §§ 192 ff. AktG scheidet aus denselben Gründen wie beim genehmigten Kapital aus[191]. Daher bleibt die Frage, ob solche korporativen oder schuldrechtlichen Regelungen im Vorfeld oder im Zuge einer ordentlichen Kapitalerhöhung zulässig sind, die den Zweckbestimmungen des § 192 Abs. 2 AktG entsprechen. § 192 Abs. 2 AktG sieht die Schaffung bedingten Kapitals grundsätzlich nur zu drei Zwecken vor, nämlich zur Ausgabe von Wandelschuldverschreibungen, zur Vorbereitung eines Unternehmenszusammenschlusses und zur Einräumung von Bezugsrechten für Arbeitnehmer und Geschäftsführungsmitglieder.

aa) Ausgabe von Wandelschuldverschreibungen

Wandelschuldverschreibungen im Sinne des § 221 Abs. 1 S. 1 Alt. 1 AktG umfassen Wandelanleihen und Optionsanleihen. Wandelanleihen sind Schuldverschreibungen, die den Gläubiger berechtigen, den Anspruch auf Rückzahlung des Nennbetrags in Aktien umzutauschen, also Aktionär zu werden; Optionsanleihen sind dagegen Wandelanleihen mit Bezugsrecht, was bedeutet, dass der Gläubiger die Möglichkeit hat, Anteile zu zeichnen, ohne seine Stellung als Schuldverschreibungsgläubiger zu verlieren, also Aktionär zu werden und zugleich Gläubi-

---

190 S. dazu oben § 3II.
191 S. dazu oben § 3V.a)aa).

ger zu bleiben[192]. Das bedingte Kapital dient dazu, die Wandel- und Optionsrechte im Zeitpunkt ihrer Ausübung zu bedienen.

In der GmbH kann eine entsprechende Finanzierung dergestalt ermöglicht werden, dass die Gläubiger der Gesellschaft sog. Wandeldarlehen zur Verfügung stellen verbunden mit dem Recht, in Höhe der Valuta Anteile zu erwerben, also den Rückzahlungsanspruch in einen Anteilserwerb „umzutauschen"[193]. Fraglich ist, ob der Gesellschaftsvertrag diese Umwandlungsmöglichkeit bereits verankern kann. Diese Frage ist leicht zu beantworten, wenn man sich vor Augen führt, was zur Bedienung der Umwandlungsmöglichkeit nötig ist. Nötig ist die Schaffung neuer Anteile, die der Gläubiger erwirbt. Dies erfordert die Verpflichtung seitens der Gesellschafter, eine Kapitalerhöhung zu beschließen, wenn der Gläubiger sich entschließt, von seinem Umwandlungsrecht Gebrauch zu machen. Der Sache nach geht es um eine Kapitalerhöhungsverpflichtung, die unter den bereits in diesem Kapitel oben in I.5 erörterten Voraussetzungen als nichtkorporative Regelung in die Satzung aufgenommen werden kann. Eine solche Klausel könnte folgendermaßen formuliert sein:

> „Übt der Inhaber (...) das Wandlungsrecht aus, ist ein entsprechender Geschäftsanteil im Wege der Erhöhung des Stammkapitals zu bilden und der Inhaber zur Übernahme des Geschäftsanteils zuzulassen"[194].

Es ist zweifelhaft, ob die Kautelarpraxis von dieser Möglichkeit häufig Gebrauch macht, weil sie die eigentlichen Vorteile des bedingten Kapitals, nämlich Flexibilisierung des Verfahrens, nicht zu bieten vermag[195]. Denn es ist eine gewöhnliche Kapitalerhöhung erforderlich. Im Übrigen begründet die Regelung im Gesellschaftsvertrag ohnehin nur einen schuldrechtlichen Anspruch, weil Rechte Dritter in der Satzung nie mit korporativer Wirkung vereinbart werden können[196]. Der Klarheit halber sollte deswegen auf schuldrechtliche Vereinba-

---

192 Großkommentar AktG/*Wiedemann*, vor § 182 Rz. 100 ff.; *Hirte*, Kapitalgesellschaftsrecht, Rz. 6.44 ff.; *Hüffer*, AktG, § 221 Rz. 5; ausführlicher zu § 221 Abs. 1 S. 1 Alt. 1-3 AktG unter § 4IV.1.

193 Den Begriff des Wandeldarlehens verwendeten soweit ersichtlich erstmals *Boesebeck*, GmbHR 1962, 2 (3); ihm nachfolgend *Witteler*, Wandeldarlehen GmbH, Heidelberg Univ. Diss. 1966, S. 6; heute auch noch bei *Lutter/Hommelhoff*, GmbHG, § 55 Rz. 42.

194 Formulierung angelehnt an den Vorschlag bei *Fox/Hüttche/Lechner*, GmbHR 2000, 521 (534 Fn. 130).

195 Zweifelnd bereits *Boesebeck*, GmbHR 1962, 2 (3); *Lutter/Hommelhoff*, GmbHG, § 55 Rz. 42.

196 Missverständlich daher der Ansatz bei *Fox/Hüttche/Lechner*, GmbHR 2000, 521 (534), die Aufnahme des Wandlungsrechts in der Satzung sei vorzugswürdig.

rungen außerhalb der Satzung ausgewichen werden, die der Sache nach solche Kapitalerhöhungsverpflichtungen gegenüber Dritten darstellen, wie sie in diesem Kapitel oben unter Gliederungspunkt I.3 bereits diskutiert wurden.

bb) Vorbereitung von Unternehmenszusammenschlüssen

Gemäß § 192 Abs. 2 Nr. 2 AktG ist die Schaffung bedingten Kapitals auch zur Vorbereitung von Umwandlungen zulässig. Hier geht es im Kern um Kapitalerhöhungsverpflichtungen zwischen Gesellschaften, welche die Übernahme der einen Gesellschaft durch die andere ermöglichen. Es kann also auch insoweit auf die allgemeinen Ausführungen zu Kapitalerhöhungsverpflichtungen verwiesen werden.

cc) Bezugsrechte für Arbeitnehmer und Geschäftsführungsmitglieder

Schließlich sieht § 192 Abs. 2 Nr. 3 AktG vor, dass bedingtes Kapital zur Gewährung von Bezugsrechten an Mitarbeiter der Gesellschaft und Geschäftsführungsmitglieder verwendet werden kann. Sog. Aktienoptionspläne sind besonders bei der AG verbreitet. Mitarbeiterbeteiligungen an der GmbH sind aber grundsätzlich denkbar, wenn auch in der juristischen Literatur kaum behandelt[197]. Da die Schaffung bedingten Kapitals analog § 192 Abs. 2 Nr. 3 AktG nicht zulässig ist, bleibt nur der Weg, die Mitarbeiter wie Dritte durch Erwerb von Anteilen an der Gesellschaft zu beteiligen. Die Kapitalerhöhung oder ihre Vorbereitung durch entsprechende schuldrechtliche Vereinbarungen weisen keine Besonderheiten gegenüber sonstigen Kapitalerhöhungsverpflichtungen auf und bedürfen daher keiner erneuten Erörterung. Ebenfalls ist die Beteiligung durch Wandeldarlehen denkbar, wie bereits hier unter Gliederungspunkt aa) erörtert[198].

VI. Zusammenfassung der Abschnitte II-V

Verpflichtungen zum Abschluss eines Übernahmevertrages verlangen seitens des Übernehmers die Verpflichtung zur Abgabe einer Übernahmeerklärung. Sie sind

---

Die Rechtsfolgen bleiben die gleichen, weil eine Aufnahme nur als nichtkorporativer Satzungsbestandteil möglich ist.

197 Ausführlichere Analyse zuletzt nur bei *Fox/Hüttche/Lechner*, GmbHR 2000, 521 (522 ff.) und *Piehler* in Notar und Rechtsgestaltung, 1998, 321 (322 ff.).

198 Ausführlich zur Ausgestaltung der Informations-, Entscheidungs- und Kontrollrechte der „Mitarbeiter-Gesellschafter" *Fox/Hüttche/Lechner*, GmbHR 2000, 521 (529 ff.).

grundsätzlich formfrei wirksam. Eine notarielle Beglaubigung entsprechend § 55 Abs. 1 GmbHG ist nur bei Abgabe einer Verpflichtungserklärung eines Dritten erforderlich und dann auch nur, wenn er sich entsprechend § 55 Abs. 2 S. 2 GmbHG zur Erbringung zusätzlicher Leistungen verpflichtet.

Zulassungsversprechen der Gesellschaft beinhalten die Annahme der Übernahmeerklärung vor Beschlussfassung. Im Gegensatz zur Übernahmeverpflichtung ist das Zulassungsversprechen ein korporatives Rechtsgeschäft, weil es durch einen Gesellschafterbeschluss abgegeben werden muss.

Agio und schuldrechtliche Mehrleistungsverpflichtung unterscheiden sich voneinander dadurch, dass ersteres an den Geschäftsanteil des Gesellschafters gebunden ist und daher korporativen Charakter hat, während letztere eine schuldrechtliche Leistungspflicht des Gesellschafters begründet. Eine schuldrechtliche Mehrleistungsverpflichtung erfüllt den Tatbestand des verdeckten Agios, wenn die Verpflichtung von allen Übernehmern erbracht werden muss und in engem zeitlichen und sachlichen Zusammenhang mit der Kapitalerhöhung steht. In seinen Rechtsfolgen steht das verdeckte Agio einem unwirksam vereinbarten Agio gleich.

Schuldrechtliche Vereinbarungen, die sich inhaltlich einem nur im Aktienrecht geregelten genehmigten oder bedingten Kapital annähern sind grundsätzlich denkbar, jedoch nicht praktikabel.

§ 4 Schuldrechtliche Vereinbarungen über Kapitalbeschaffungsmaßnahmen in der AG

Schuldrechtliche Vereinbarungen über Kapitalbeschaffungsmaßnahmen in der AG dienen ebenso wie in der GmbH der Vorbereitung, Ergänzung und Sicherung der Beschlussfassung und Durchführung der Kapitalerhöhung. Sie haben jedoch im Aktienrecht eine andere Bedeutung und damit auch einen anderen Stellenwert als im GmbH-Recht, weil die Gesellschaft sie, wie oben in § 2II.2.b) ausgeführt, wegen des in § 54 Abs. 1 AktG festgelegten Verbots der Mehrleistungsverpflichtung grundsätzlich nicht in der Satzung als korporative Pflichten festlegen kann.

Schuldrechtliche Vereinbarungen hingegen sind von diesem Verbot nicht betroffen. Sie unterliegen den allgemeinen zivilrechtlichen Schranken und nicht den aktienrechtlichen[1]. Dies erklärt den besonderen Stellenwert schuldrechtlicher Vereinbarungen im Aktienrecht. Sie ermöglichen Gestaltungsspielräume, die das Aktiengesetz nicht zulässt. Auch der Untersuchungsansatz ist ein anderer als im GmbH-Recht: Dort war die Frage, ob schuldrechtliche Vereinbarungen zulässig sind, obwohl eine Regelung im Gesellschaftsvertrag möglich ist. Dagegen stellt sich bei der AG die Frage, ob schuldrechtliche Regelungen möglich sind, obwohl eine entsprechende statutarische Regelung unzulässig wäre.

Die Verwendung schuldrechtlicher Vereinbarungen über Kapitalbeschaffungsmaßnahmen ist bei Aktiengesellschaften – unabhängig von ihrer Größe – vorteilhaft. Bei Aktiengesellschaften mit einem überschaubaren Aktionärskreis, wie bei einer „Kleinen AG“ oder einer sonstigen nicht börsennotierten AG konzentriert sich ihre Verwendung darauf, einen kurzfristig entstandenen Finanzierungsbedarf zu decken und zu dem Zweck die Fragen der Zustimmung und Zeichnung bereits im Vorfeld zu klären. Dies kann insbesondere auch für Venture-Capital-Finanzierungen interessant sein, um Investoren den Erwerb neuer Anteile und damit die Aufnahme in die Gesellschaft zu ermöglichen. Hier führen schuldrechtliche Vereinbarungen dazu, die Entscheidungsfindung in der AG ähnlich personalistisch zu gestalten wie bei der GmbH. Bei börsennotierten Publikumsgesellschaften liegt der Schwerpunkt dagegen eher auf der Vorbereitung komplexer Transaktionen, wie dies bei Umwandlungen der Fall sein kann, um die Risiken der Durchführung zu minimieren.

---

1 *Hirte*, ZGR Sonderheft 13, 1998, 61 (69); *Hüffer*, AktG, § 54 Rz. 7; Kölner Kommentar AktG/*Lutter*, § 54 Rz. 21; MünchKommAktG/*Bungeroth*, § 54 Rz. 30; *Noack*, Gesellschaftervereinbarungen, 1994, S. 37.

Die theoretischen Grundfragen stellen sich jedoch unabhängig vom konkreten Verwendungszweck der Vereinbarungen oder der Größe der Gesellschaft. Das Aktiengesetz kennt neben der effektiven Kapitalerhöhung, die der ordentlichen in der GmbH entspricht, auch die Schaffung genehmigten und bedingten Kapitals. Die Untersuchung konzentriert sich daher zunächst auf Verpflichtungen anlässlich der Durchführung einer effektiven Kapitalerhöhung und geht dann auf Besonderheiten im Zusammenhang mit genehmigtem und bedingtem Kapital ein.

I. Kapitalerhöhung gegen Einlagen

Die Kapitalerhöhung gegen Einlagen gliedert sich, wie bereits oben in § 2IV.1 ausführlicher dargestellt, in zwei Phasen: den Beschluss über die Erhöhung gemäß § 182 Abs. 1 AktG und die Durchführung der Kapitalerhöhung, wobei hier die Zeichnung der neuen Aktien gemäß § 185 AktG im Vordergrund steht. Für den Kapitalerhöhungsbeschluss ist die Hauptversammlung ausschließlich zuständig. Der Beschluss ist ebenso wie in der GmbH eine satzungsändernde Maßnahme. Er bedarf daher der notariellen Niederschrift gemäß § 130 Abs. 1 S. 1 AktG. Gemäß § 182 Abs. 1 S. 1 AktG ist für die Beschlussfassung neben der einfachen Stimmenmehrheit eine Kapitalmehrheit von drei Vierteln des bei der Beschlussfassung vertretenen Grundkapitals erforderlich.

Schuldrechtliche Vereinbarungen über Kapitalbeschaffungsmaßnahmen in der AG können für beide Phasen der Kapitalerhöhung bedeutsam sein. Sie dienen wie in der GmbH der Vorbereitung, Ergänzung und Sicherung der Beschlussfassung und der Durchführung der Kapitalerhöhung. Daher kann im Vorfeld der Beschlussfassung über die Kapitalerhöhung ein Interesse daran bestehen, dass sich die Aktionäre gegenseitig, gegenüber ihrer Gesellschaft oder gegenüber Dritten schuldrechtlich dazu verpflichten, eine Kapitalerhöhung zu beschließen. Bei komplexen Transaktionen, wie beispielsweise im Vorfeld eines Unternehmenszusammenschlusses oder einer Beteiligung eines Investors an der Gesellschaft, könnte das Interesse der an der Transaktion beteiligten Parteien aber auch darauf gerichtet sein, dass sich die Gesellschaft selbst gegenüber dem Dritten dazu verpflichtet, dass der Kapitalerhöhungsbeschluss durch ihre Hauptversammlung gefasst wird. Die Zulässigkeit einer Verpflichtung der Gesellschaft ist aus kompetenzrechtlichen Gründen problematisch, weil die Hauptversammlung für die Beschlussfassung zwingend zuständig ist.

Kapitalerhöhungsverpflichtungen zwischen den Aktionären, der Aktionäre gegenüber ihrer Gesellschaft oder gegenüber Dritten und entsprechende Verpflichtungen der Gesellschaft gegenüber Dritten werden nachstehend in den Punkten 1 bis 4 analysiert. Gliederungspunkt 5 behandelt Zeichnungsverpflichtungen der Aktionäre unter dem Gesichtspunkt, ob sich die Übernehmer zulässigerweise schuldrechtlich zur Zeichnung junger Aktien verpflichten können und, bejahendenfalls, wie solche Verpflichtungen ausgestaltet sein müssen. Zeichnungsverpflichtungen dienen generell dazu, die Platzierbarkeit der Anteile sicherzustellen. Dies ist, wenn überhaupt, nur schuldrechtlich möglich, weil eine korporative Verpflichtung der Aktionäre gegen § 54 Abs. 1 AktG verstoßen würde.

Zeichnungsverpflichtungen der Aktionäre können ergänzt werden durch entsprechende schuldrechtliche Zusicherungen der Gesellschaft über den Bezug neuer Anteile. Um derartige Vereinbarungen im Zusammenhang mit dem Bezugsrecht geht es in Gliederungspunkt 6. Hier wird insbesondere die Vereinbarkeit mit § 187 Abs. 2 AktG, der Zusicherungen vor dem Kapitalerhöhungsbeschluss der Gesellschaft gegenüber für unwirksam erklärt, zu prüfen sein.

Gliederungspunkt 7 schließlich untersucht Verpflichtungen der Aktionäre, anlässlich einer Kapitalerhöhung zusätzlich zur Einlage schuldrechtliche Mehrleistungen zu erbringen. Schwerpunkt jenes Abschnitts bildet die Abgrenzung schuldrechtlicher Mehrleistungsverpflichtungen vom Agio, die deswegen von Bedeutung ist, weil das AktG anders als das GmbHG bestimmte Regelungen zur Aufbringung und Erhaltung des Agios enthält, die möglicherweise umgangen werden, wenn nur schuldrechtliche Zusatzleistungen erbracht werden.

1. Kapitalerhöhungsverpflichtung zwischen Aktionären

Dieser Abschnitt untersucht Kapitalerhöhungsverpflichtungen, welche die Aktionäre untereinander eingehen. Kapitalerhöhungsverpflichtungen sind Vereinbarungen über die Verpflichtung zur Beschlussfassung über eine Kapitalerhöhung. Sie sind in der AG von Bedeutung, weil die Aktionäre ebenso wenig wie die GmbH-Gesellschafter gemäß § 707 BGB eine korporative Pflicht trifft, einem Kapitalerhöhungsbeschluss zuzustimmen[2]. Während in der GmbH eine solche Pflicht als Nebenleistungspflicht gemäß § 3 Abs. 2 GmbHG vereinbart werden kann, besteht in der AG diese Möglichkeit wegen des Verbots der Mehrleistungsverpflichtung nach § 54 Abs. 1 AktG nicht. Möglich sind hingegen schuldrechtliche Vereinbarungen, in denen sich die Aktionäre untereinander verpflichten, eine Kapitalerhöhung zu beschließen. Kapitalerhöhungsverpflichtungen zwischen Aktionären haben rechtstatsächlich eher Bedeutung in Familien- als in Publikumsgesellschaften, weil es in Familiengesellschaften wegen des überschaubaren Personenkreises eher denkbar ist, dass sich alle Aktionäre oder jeden-

---

2 S. dazu bereits oben die Ausführungen in § 2II.2.

falls die Mehrheit auf eine gemeinsame Position hinsichtlich der Beschlussfassung über eine Kapitalerhöhung festlegen. Nach der nun folgenden Darstellung des Inhalts solcher Verpflichtungen geht es bei Punkt b) darum, die Zulässigkeit von Kapitalerhöhungsverpflichtungen insbesondere im Zusammenhang mit § 136 Abs. 2 AktG zu erörtern. Punkt c) beschäftigt sich mit der möglichen Formbedürftigkeit solcher Verpflichtungen nach § 130 Abs. 1 S. 1 AktG analog, der für Hauptversammlungsbeschlüsse notarielle Beurkundung vorschreibt. Abschließend sind in Punkt d) die Rechtsfolgen schuldrechtlicher Zustimmungspflichten zu analysieren.

a) Inhalt

Zustimmungspflichten zu Kapitalerhöhungen können ebenso wie bei der GmbH zum einen in Dauerstimmbindungsvereinbarungen festgelegt werden. Dauerstimmbindungsvereinbarungen koordinieren allgemein das Abstimmungsverhalten in Hauptversammlungen und damit indirekt auch die Entscheidung über die Zustimmung zu einer Kapitalerhöhung[3]. Zum anderen sind auch in der AG Adhoc-Verpflichtungen denkbar, deren einziger Inhalt darin besteht, die Verpflichtung zur Zustimmung zu einem konkreten Kapitalerhöhungsbeschluss festzulegen. Hinsichtlich der Frage, ob es sich hierbei auch um eine Stimmbindungsvereinbarung oder eine Vereinbarung eigener Art handelt, kann auf die entsprechenden Ausführungen zur GmbH in § 3I.1.a) verwiesen werden.

Bezüglich ihrer rechtspraktischen Bedeutung sind Kapitalerhöhungsverpflichtungen sowohl in Familiengesellschaften als auch in börsennotierten Gesellschaften von Bedeutung[4]. In der erstgenannten Kategorie ermöglicht eine solche Adhoc-Vereinbarung einen ähnlich verkürzten Entscheidungsweg wie in der GmbH. In der zweitgenannten Kategorie spielen solche Verpflichtungen insbesondere bei business combination agreements eine Rolle. Darunter versteht die Kautelarpra-

3 Vgl. dazu das Muster eines Aktionärsvereinbarung bei MünchVertragshdb/*Hölters*, Bd. 1, Formular V.112, und dort den Hinweis in Anm. 6, dass die Stimmbindung im Poolvertrag auch auf bestimmte Gegenstände der Abstimmung in der Hauptversammlung beschränkt werden könne; so z. B. ausdrücklich der Musterpoolvertrag in Beck'sches Formularbuch/*Blaum*, Formular VIII.A.3, der neben allgemeinen Regelungen zur Stimmbindung in § 5 spezielle Regelungen zum Abstimmungsverhalten der Poolmitglieder für eine Kapitalerhöhung anlässlich einer geplanten Börseneinführung enthält.

4 In den der Verfasserin zu Recherchezwecken zur Verfügung gestellten Verträge fanden sich Vereinbarungen beider Kategorien. Auch wenn dieses Ergebnis wegen der begrenzten Anzahl an Vertragsbeispielen nicht als repräsentativ angesehen werden kann, wurde diese Einschätzung zusätzlich durch Gespräche mit Rechtsanwälten aus der wirtschaftsberatenden Praxis bestätigt.

xis schuldrechtliche Vereinbarungen zwischen zwei Gesellschaften, die diese zur Vorbereitung eines geplanten Zusammenschlusses zum Zwecke der Klärung der erforderlichen gesellschaftsrechtlichen Maßnahmen darunter auch der Kapitalmaßnahmen treffen[5]. Darin können auch Kapitalerhöhungsverpflichtungen der Aktionäre der aufnehmenden Gesellschaft enthalten sein. So soll Planungssicherheit in Bezug auf die für den Zusammenschluss erforderlichen Kapitalerhöhungsbeschlüsse geschaffen werden.

b) Zulässigkeit und Zulässigkeitsgrenzen

Kapitalerhöhungsverpflichtungen der Aktionäre sind wie sonstige schuldrechtliche Vereinbarungen grundsätzlich zulässig. Sie unterfallen nicht dem Verbot des § 54 Abs. 1 AktG, weil dieses nur für korporative Verpflichtungen gilt.

Eine Zulässigkeitsgrenze bildet hingegen § 136 Abs. 2 AktG. Diese Norm verbietet den Aktionären, sich zur Ausübung ihres Stimmrechts nach Weisung der AG, dem Vorstand oder dem Aufsichtsrat in bestimmter Weise zu verpflichten oder sich zur Zustimmung der jeweiligen Vorschläge von Vorstand oder Aufsichtsrat zu verpflichten. Dem Gegenstand nach geht es um schuldrechtliche Stimmbindungsvereinbarungen[6]. Mit wem die Vereinbarungen geschlossen werden, ist gleichgültig. Entscheidend für die Anwendbarkeit dieser Norm ist, dass die Abstimmung nach Weisung der genannten Organe erfolgt unabhängig davon, ob diese Partei der Vereinbarung sind oder nicht[7]. Daher können nicht nur Vereinbarungen der Aktionäre mit der Gesellschaft oder ihren Organen sondern grundsätzlich auch Vereinbarungen der Aktionäre untereinander darunter fallen. Normzweck ist, kein Ungleichgewicht hinsichtlich den gesetzlich vorgegebenen Kompetenzen zu Lasten der Aktionäre zu schaffen[8]. Ein Verstoß gegen § 136 Abs. 2 AktG hat zur Folge, dass solche Verpflichtungen grundsätzlich wirksam

5 S. dazu auch schon oben unter § 1.

6 Die historische Bedeutung der Norm liegt darin, dass der Gesetzgeber damit die Verwendung sog. gebundener Aktien, die in ihrer Funktionsweise genau den jetzt in § 136 Abs. 2 AktG genannten entsprachen, wie sie noch in den zwanziger und dreißiger Jahren üblich waren, verhindern wollte, vgl. dazu *Boesebeck*, NJW 1960, 7 (9); *Overrath*, Stimmrechtsbindung, 1973, S. 21, beide jeweils noch zu § 136 Abs. 3 AktG a. F., der wortgleichen Vorgängernorm des § 136 Abs. 2 AktG; ebenso *Otto*, AG 1991, 369 (369) zu dem heutigen § 136 Abs. 2 AktG.

7 Begründung zum Regierungsentwurf eines AktG BT-Drucks. IV/171, S. 160 f. zu § 130 Abs. 3; Geßler u.a./*Eckardt*, Aktiengesetz, § 136 Rz. 60; *Joussen*, Gesellschafterabsprachen, 1995, S. 85.

8 Großkommentar AktG^3/*Barz*, § 136 Anm. 16 noch zu § 136 Abs. 3 AktG a. F.; *Hüffer*, AktG, § 136 Rz. 25.

sind und bleiben. § 136 Abs. 2 AktG schließt aber die rechtliche Bindung gegenüber der Gesellschaft bzw. ihren Organen aus[9].

Bei Kapitalerhöhungsverpflichtungen zwischen Aktionären kommt allerdings ein Verstoß gegen § 136 Abs. 2 AktG wegen des genannten Normzwecks teleologisch grundsätzlich nicht in Betracht. Denn die Aktionäre koordinieren typischerweise nur untereinander ihren Stimmrechtseinfluss in bezug auf den Kapitalerhöhungsbeschluss und nicht gegenüber ihrer Gesellschaft und deren anderen Organen. Sie unterwerfen sich gegenseitig der vertraglichen Bindung, nicht aber den Weisungen der Gesellschaft oder ihrer Organe. Anderes könnte dann gelten, wenn sich die Aktionäre untereinander verpflichteten, auf jeweilige Aufforderung z. B. des Vorstands eine Kapitalerhöhung zu beschließen. In einem solchen Fall ist ein Verstoß gegen § 136 Abs. 2 S. 1 AktG zu bejahen, weil bei einer solchen Vereinbarung die Aktionäre allein nach dem Willen des Vorstands entscheiden, die tatsächliche Entscheidung über die Kapitalerhöhung nicht in der Hauptversammlung, sondern im Vorstand fällt. Eine solche Konstellation dürfte aber wegen des eindeutigen Verstoßes gegen § 136 Abs. 2 S. 1 AktG in der Praxis kaum vorkommen[10].

Weitere Zulässigkeitsgrenzen bilden §§ 405 Abs. 3 Nr. 6, 7 AktG, die den Stimmenkauf untersagen. Erfüllt eine Vereinbarung den Tatbestand der entgeltlichen Stimmrechtsausübung, so ist sie nach § 134 BGB und nicht nach § 138 BGB nichtig, da die Norm ein ausdrückliches Verbot statuiert[11].

Schließlich stellt sich die Frage, ob die Satzung einer AG die Eingehung von schuldrechtlichen Vereinbarungen, speziell mit Blick auf Stimmbindungsvereinbarungen untersagen kann. Für die GmbH war festgestellt worden, dass ein statutarisches Stimmbindungsverbot als Nebenleistungspflicht nach § 3 Abs. 2 GmbHG festgelegt werden kann[12]. Entsprechend kann in der AG ein solches Verbot wegen § 54 Abs. 1 AktG nicht in der Satzung festgelegt werden, weil dies gegen das Verbot der Mehrleistungsverpflichtung verstößt, dass auch Unterlassungen wie die, bestimmten Satzungsänderungen nicht zuzustimmen, umfasst[13].

---

9 *Hüffer*, AktG, § 136 Rz. 25.

10 Bei Untersuchung von Konsortialvereinbarungen ganz unterschiedlicher Art stieß die Verfasserin auf kein Bsp., dass eine vergleichbare Verpflichtung enthalten hätte. In allen Fällen sollten die Aktionäre selbstbestimmt über die Zustimmung zu einer Kapitalerhöhung entscheiden.

11 *Hüffer*, AktG, § 136 Rz. 24; *Joussen*, Gesellschafterabsprachen, 1995, S. 82 f.; *Lübbert*, Abstimmungsvereinbarungen, 1971, S. 151; MünchHdbGesR IV/*Semler*, § 38 Rz. 45; *Overrath*, Stimmrechtsbindung, 1973, S. 25; s. dazu auch schon oben § 3I.1.g)aa)(1).

12 S. dazu oben § 3I.1.g)aa)(2).

13 Kölner Kommentar AktG/*Lutter*, § 54 Rz. 15; *Overrath*, Stimmrechtsbindung, 1973, S. 34; i. E. ebenso *Grimm*, Stimmrechtsbindung im Aktienrecht, Köln Univ. Diss.,

Die Satzung kann daher die Zulässigkeit schuldrechtlicher Zustimmungspflichten nicht beschränken.

c) Form

Bei der Formbedürftigkeit von Kapitalerhöhungsverpflichtungen der GmbH-Gesellschafter war die Frage diskutiert worden, ob diese analog § 53 Abs. 2 S. 1 GmbHG formpflichtig seien. Dies bejaht ein Teil der Literatur mit dem Argument, dass sich das Beurkundungserfordernis auf die einzelnen Willenserklärungen der Gesellschafter und nicht nur auf den gesamten Vorgang der Beschlussfassung beziehe und es deswegen einer Belehrung durch den Notar bedürfe. Im Ergebnis war eine Formpflicht abgelehnt worden, weil sich die Beurkundung nach § 36 BeurkG richtet und sich daher auf die tatsächlichen Wahrnehmungen des Notars bezieht und nicht auf die einzelnen Willenserklärungen der Gesellschafter[14].

Diese Fragestellung ist auch für Kapitalerhöhungsverpflichtungen der Aktionäre interessant. Man könnte erwägen, § 130 Abs. 1 S. 1 AktG auf Kapitalerhöhungsverpflichtungen analog anzuwenden. § 130 Abs. 1 S. 1 AktG schreibt vor, dass jeder Hauptversammlungsbeschluss, und damit auch der Kapitalerhöhungsbeschluss durch notariell aufgenommene Niederschrift beurkundet werden muss. Sollen nun auch die Verpflichtungserklärungen der Aktionäre im Vorfeld eines Beschlusses analog § 130 Abs. 1 S. 1 AktG beurkundungspflichtig sein? Voraussetzung wäre zunächst das Vorliegen einer planwidrigen Regelungslücke. Eine solche wäre dann zu bejahen, wenn wegen der besonderen Beschaffenheit der Kapitalerhöhungsverpflichtung eine notarielle Beurkundung erforderlich wäre und § 130 Abs. 1 S. 1 AktG nach seinem Normzweck geeignet ist, diese Lücke zu schließen. Dies wäre dann der Fall, wenn den Notar bei § 130 Abs. 1 S. 1 AktG eine Belehrungspflicht trifft und daher auch die Aktionäre bei einer den Beschluss nur vorbereitenden Willenserklärung einer Belehrung über den Umfang ihrer Rechtspflichten bedürften.

Die ganz überwiegende Meinung in Rechtsprechung und Literatur geht jedoch davon aus, dass den Notar im Rahmen der notariellen Niederschrift nach § 130 Abs. 1 S. 1 AktG keine Prüfungs- und Belehrungspflicht trifft, weil sich die Beurkundung auf den gesamten Vorgang der Satzungsänderung beziehe und

---

1959, S. 63 f., allerdings mit der Begründung, dass ein statutarisches Stimmbindungsverbot nach § 134 BGB nichtig sei, weil darin eine Überschreitung der Satzungsgewalt der Gesellschaft und ein Verstoß gegen die gewohnheitsrechtliche Zulässigkeit von Stimmverträgen liege.

14 Zum Ganzen s. oben § 3I.1.e).

nicht auf die einzelnen Willenserklärungen[15]. § 17 Abs. 1 S. 1 BeurkG, der eine Belehrungspflicht seitens des Notars bei der Beurkundung von Willenserklärungen nach §§ 8 ff. BeurkG vorsieht, findet daher auf die Niederschriften keine Anwendung[16].

Als Ergebnis lässt sich daher festhalten, dass Kapitalerhöhungsverpflichtungen nicht analog § 130 Abs. 1 S. 1 AktG notariell zu beurkunden sind. Zustimmungspflichten der Aktionäre zu Kapitalerhöhungen sind daher grundsätzlich ebenso formfrei wirksam wie die der GmbH-Gesellschafter. Da sie noch nicht den Kapitalerhöhungsbeschluss selbst vorwegnehmen, sondern vorbereiten, ist ein formwirksamer Kapitalerhöhungsbeschluss nach wie vor erforderlich; §§ 179 ff. AktG sind zwingend zu beachten.

d) Rechtsfolgen schuldrechtlicher Zustimmungspflichten

Die Rechtsfolgen bei Verletzung der Zustimmungspflicht des Aktionärs oder Unwirksamkeit der Kapitalerhöhungsverpflichtung entsprechen denen in der GmbH. Es gilt auch hier der Grundsatz, dass der Verstoß gegen die Vereinbarung oder eine sonstige Unwirksamkeit der Vereinbarung die Wirksamkeit der Stimmabgabe bei Beschlussfassung und den Kapitalerhöhungsbeschluss selbst unberührt lässt.

aa) Unwirksame Stimmbindung wegen Verstoßes gegen § 136 Abs. 2 AktG

Beinhaltet eine Aktionärsvereinbarung die Pflicht, einer Kapitalerhöhung nach Weisung des Vorstands oder eines anderen Organs zuzustimmen, stellt sich die Frage, welche Auswirkungen dies auf die Vereinbarung und auf die Stimmabgabe bei Beschlussfassung, also auf schuldrechtlicher und korporativer Ebene hat.

Eine solche Verpflichtung erfüllt den Tatbestand des § 136 Abs. 2 S. 1 AktG. Die Vereinbarung selbst ist daher nichtig und entfaltet gegenüber der Gesellschaft und ihren Organen keine Wirksamkeit. Verweigert der Aktionär entgegen der Vereinbarung seine Zustimmung zum Hauptversammlungsbeschluss, haben die Vertragspartner auf schuldrechtlicher Ebene keinen Anspruch auf Zahlung

---

15 RGZ 75, 259 (266); Eylmann/Vaasen/*Limmer*, BeurkG § 37 Rz. 11; Geßler u.a./*Eckardt*, Aktiengesetz, § 130 Rz. 56; *Henn*, HdbAktienrecht, Rz. 848; *Hüffer*, AktG, § 130 Rz. 12; *Wilhelmi*, BB 1987, 1331 (1335); unklar noch Kölner Kommentar AktG[1]/*Zöllner*, § 130 Rz. 62, der dem Notar als Organ gewisse Prüfungs- und Einwirkungspflichten in bezug auf den ordnungsgemäßen Verlauf der Hauptversammlung auferlegt, diese Anforderungen aber auch nicht „überspannt" sehen möchte.

16 Eylmann/Vaasen/*Limmer*, BeurkG § 36 Rz. 1, 3; *Hüffer*, AktG, § 130 Rz. 12.

einer eventuell vereinbarten Vertragsstrafe, da nach § 344 BGB im Falle der Unwirksamkeit eines Leistungsversprechens auch die vereinbarte Vertragsstrafe im Falle der Nichteinhaltung des Versprechens unwirksam ist.

Fraglich ist aber, ob auf korporativer Ebene die Stimmabgabe des Aktionärs wirksam ist, wenn er entsprechend der nichtigen Vereinbarung abgestimmt hat.

Zunächst gilt wiederum der Grundsatz, dass schuldrechtliche und korporative Ebene getrennt voneinander zu beurteilen sind und die Unwirksamkeit der schuldrechtlichen Vereinbarung nicht zwingend auf die korporative Ebene durchschlägt. Man könnte allerdings eine Abweichung von dem Grundsatz und damit die Ungültigkeit der Stimmabgabe mit dem Argument bejahen, dass ein solches Abstimmungsverhalten treupflichtwidrig wäre, weil die Einhaltung zwingender aktienrechtlicher Vorschriften, wie das Verbot nach § 136 Abs. 2 S. 1 AktG von der gesellschaftsrechtlichen Treupflicht umfasst ist und es widersinnig wäre, wenn sich bei Bejahung der Gültigkeit der Stimme das treupflichtwidrige Verhalten durchsetzen würde[17]. Gegen eine solche Argumentation wehren sich aber die Rechtsprechung und die ganz herrschende Meinung in der Literatur; sie halten an dem Gebot der Trennung der Regelungsebenen fest mit der Rechtsfolge der Gültigkeit der Stimme. Zur Begründung wird angeführt, dass die Nichtigkeitsfolge des § 136 Abs. 2 AktG gerade die Abstimmungsfreiheit des Aktionärs wiederherstelle. Der Aktionär sei an die Stimmbindungsvereinbarung nicht mehr gebunden und könne daher frei nach seiner eigenen Überzeugung abstimmen[18].

Diese Meinung überzeugt zwar im Ergebnis, doch muss die Begründung differenzierter ausfallen. Für den Fall, dass der Aktionär weiß, dass die Stimmbindungsvereinbarung nichtig und er daher an seine Verpflichtung nicht gebunden ist, ist es richtig, auf die Abstimmungsfreiheit abzustellen. Denn dann wird er tatsächlich seine Zustimmung nur erteilen, wenn er von der wirtschaftlichen Notwendigkeit des Beschlusses überzeugt ist und nicht, weil er sich wegen der Vereinbarung dazu verpflichtet fühlt.

Hat der Aktionär dagegen keine Kenntnis von der Nichtigkeit und stimmt er dem Beschluss nur aufgrund der Zwangslage zu, in der er sich wegen der Kapitalerhöhungsverpflichtung zu befinden glaubt, kann man nicht sagen, dass die Zustimmung Ausdruck seiner Abstimmungsfreiheit ist. Sie ist lediglich Folge der Zwangslage. Dennoch kann auch hier das Ergebnis nicht anders ausfallen und es

---

17 Diese Argumentation wird teilweise im Zusammenhang mit der Umgehung von Vinkulierungsklauseln durch Stimmbindungsverträge vertreten, so *Lutter/Grunewald*, AG 1989, 109 (115) mit der Konsequenz der Anfechtbarkeit des Beschlusses.

18 OLG Nürnberg AG 1996, 228 (229); Geßler u.a./*Eckardt*, Aktiengesetz, § 136 Rz. 68; *Hüffer*, AktG, § 136 Rz. 29; *Otto*, AG 1991, 369 (379); im Ergebnis ebenso aber ohne Begründung *Zetzsche*, NZG 2002, 942 (947).

muss die Stimmabgabe als gültig angesehen werden. Denn würde man danach differenzieren, ob der Aktionär aus freien Stücken oder wegen der eingegangenen Verpflichtung sein Stimmrecht ausübt, würde dies in der Praxis zu enormen Beweisschwierigkeiten und damit verbunden zu großer Rechtsunsicherheit führen, weil es auf den Beweis ausschließlich subjektiver Tatsachen ankäme. Aus diesem Grund ist es überzeugend, allein objektiv auf die erfolgte Stimmabgabe abzustellen und diese als gültig anzusehen.

Auch der „unwissende" Aktionär ist dadurch aber nicht rechtlos gestellt. Denn er hat die Möglichkeit, den Beschluss aus anderen Gründen anzufechten. So kommt gerade für den Fall der Zustimmung wegen vermeintlicher Verpflichtung aus dem Stimmbindungsvertrag eine Anfechtung wegen Irrtums oder arglistiger Täuschung in betracht, wenn er davon ausging oder darüber getäuscht wurde, entsprechend der Vereinbarung abstimmen zu müssen[19]. Diese Möglichkeit steht ihm allerdings immer zu und ist keine Besonderheit der Nichtanwendung des § 136 Abs. 2 S. 1 AktG. Es bleibt also bei der Trennung der schuldrechtlichen und korporativen Ebene. Die mögliche Nichtigkeit einer Vereinbarung zwischen Aktionär und AG wegen Verstoßes gegen § 136 Abs. 2 S. 1 AktG schlägt nicht auf die Beschlussebene durch.

bb) Verletzung schuldrechtlicher Zustimmungspflichten bei wirksamer Stimmbindung

Die Verletzung der schuldrechtlichen Zustimmungspflicht bei wirksamer Stimmbindung durch abredewidriges Abstimmungsverhalten zieht grundsätzlich allein Rechtsfolgen zwischen den Beteiligten nach sich, die in Vertragsstrafe- und/oder Schadensersatzansprüchen bestehen können. Sind alle Aktionäre an der Vereinbarung beteiligt, ist der für diesen Sonderfall in der GmbH entwickelte Grundsatz des Durchschlagens des Verstoßes gegen die Vereinbarung auf den Beschluss zu beachten[20]. Dieser Grundsatz gilt auch im Aktienrecht, da kein Anlass zu einer rechtsformspezifischen Differenzierung besteht[21].

---

19 So auch die Auffassung derjenigen, welche die Nichtigkeit wegen § 136 Abs. 2 S. 1 AktG ablehnen, vgl. nur Geßler u.a./*Eckardt*, Aktiengesetz, § 136 Rz. 69; *Hüffer*, AktG, § 136 Rz. 29.

20 S. zu dem Problemkreis bei der GmbH oben § 31.1.g)bb)(2)(c).

21 BGH WM 1987, 10 (11); *Hirte*, Kapitalgesellschaftsrecht, Rz. 3.276; *Joussen*, Gesellschafterabsprachen, 1995, S. 149; MünchHdbGesR IV/*Semler*, § 38 Rz. 49; *Noack*, Gesellschaftervereinbarungen, 1994, S. 168 f.; i. E. auch *Zetzsche*, NZG 2002, 942 (947); a. A. allerdings ohne nähere Begründung Kölner Kommentar AktG/*Zöllner*, § 179 Rz. 50.

2. *Nebenverträge über Kapitalerhöhungsverpflichtungen*

Neben Kapitalerhöhungsverpflichtungen zwischen Aktionären ist grundsätzlich auch denkbar, dass sich die Aktionäre gegenüber ihrer AG verpflichten, einer zukünftig zu beschließenden Kapitalerhöhung zuzustimmen. Eine vergleichbare Verpflichtung der GmbH-Gesellschafter gegenüber ihrer Gesellschaft wird in dieser Untersuchung als zulässig angesehen. Insbes. vertritt die Verfasserin die Auffassung, dass § 136 Abs. 2 S. 1 AktG im GmbH-Recht keine analoge Anwendung findet[22].

Es stellt sich daher die Frage, wie die Zulässigkeitsschranke des § 136 Abs. 2 S. 1 AktG genau beschaffen ist. Wie bereits in diesem Kapitel oben bei Punkt 1.b) erörtert wurde, ist der Weisungscharakter der Vereinbarung entscheidend. Der Aktionär muss sich verpflichten, gleichsam im „Auftrag" der Gesellschaft der Weisung entsprechend sein Stimmrecht ausüben. Würde man sich auf den Standpunkt stellen, dass jede Verpflichtung, die der Aktionär in bezug auf sein Stimmrecht gegenüber der Gesellschaft eingeht, einer Weisung der Gesellschaft gleichsteht, weil die Vereinbarung im Interesse der Gesellschaft oder auf ihr Betreiben hin getroffen wird, würden Nebenverträge über Kapitalerhöhungen regelmäßig nach § 136 Abs. 2 S. 1 AktG nichtig sein, weil sie im Interesse der AG erfolgen und häufig erst auf ihr Betreiben hin mit den Aktionären vereinbart werden, weil davon der Erfolg der jeweiligen Maßnahme, z. B. eines Zusammenschlusses abhängt[23]. Eine solche weitreichende Anwendung des § 136 Abs. 2 S. 1 AktG würde aber seinem Normzweck widersprechen. Entscheidend ist die Verschiebung des Kräfteverhältnisses der Organe ohne eigenbestimmte Einflussnahme der Aktionäre. Die Aktionäre müssen gleichsam zum Spielball der Entscheidungen der Gesellschaft werden. Dies ist dann der Fall, wenn die Gesellschaft bzw. ihre Organe die inhaltliche Bestimmung der Stimmabgabe vornehmen und der Aktionär nur noch entsprechend der Vorgabe abstimmen darf[24]. Daher verstößt eine Vereinbarung dann nicht gegen § 136 Abs. 2 S. 1 AktG, wenn sich der Aktionär freiwillig gegenüber der Gesellschaft zu einem bestimmten, konkretisierten Abstimmungsverhalten verpflichtet. Denn hier ist es allein der Aktionär, der durch seine Verpflichtung das Abstimmungsergebnis in eine bestimmte Richtung lenkt und dies auch will[25].

Übertragen auf Ad-hoc-Vereinbarungen über Kapitalerhöhungsverpflichtungen gegenüber der Gesellschaft bedeutet dies, dass diese grundsätzlich zulässig

---

22 S. dazu oben § 31.2.

23 *Otto*, AG 1991, 369 (376 ff.); *Wagner*, Standstill Agreements, 2000, S. 213 f.

24 In diesem Sinne auch *Herrmann*, Abwehrmaßnahmen, 1993, S. 135; *Overrath*, Stimmrechtsbindung, 1973, S. 21 ff.; *Zöllner*, ZHR 155 (1991), 168 (183 f.).

25 In diesem Sinne auch *Overrath*, Stimmrechtsbindung, 1973, S. 21 f.

sind, weil sich der Aktionär freiwillig verpflichtet, einer konkretisierten Maßnahme in naher Zukunft, nämlich einem bestimmten Kapitalerhöhungsbeschluss zuzustimmen. Sie verstoßen selbst bei Verpflichtungen gegenüber der Gesellschaft nicht gegen § 136 Abs. 2 S. 1 AktG. Im Einzelfall kann man dann zu einem anderen Ergebnis gelangen, wenn die Umstände ergeben, dass der Aktionär nur auf Druck der Gesellschaft der Vereinbarung zugestimmt hat und die Vereinbarung deswegen den für § 136 Abs. 2 S. 1 AktG typischen Weisungscharakter erhält. Dabei kann entscheidend sein, dass die Gesellschaft dem Aktionär mit effektiven wirtschaftlichen Nachteilen für den Fall droht, dass er der Vereinbarung nicht zustimme und er nur aufgrund dieser Zwangslage die Vereinbarung eingeht.

Verstößt jedoch im Einzelfall ein Nebenvertrag über eine Kapitalerhöhung gegen § 136 Abs. 2 S. 1 AktG, so gelten hinsichtlich der Rechtsfolgen die Ausführungen bei Punkt 1.d)aa).

3. *Kapitalerhöhungsverpflichtungen gegenüber Dritten*

Wie bereits für die GmbH diskutiert, spielt die Eingehung von Verpflichtungen gegenüber Dritten auch in der AG eine bedeutende Rolle, gerade im Bereich der Venture-Capital-Finanzierung. Solche Vereinbarungen enthalten die Verpflichtung der Aktionäre oder der Gesellschaft gegenüber Dritten, die regelmäßig potentielle Investoren sind, einen Kapitalerhöhungsbeschluss zu fassen, um eine Beteiligung des Investors zu ermöglichen. Allgemeiner gesprochen handelt es sich um eine Verpflichtung zur Vornahme einer bestimmten Satzungsänderung, die, um aus Sicht des Investors sinnvoll zu sein, ihm einen Anspruch auf bestimmte Stimmrechtsausübung der beteiligten Aktionäre einräumen soll. Im Falle einer Verpflichtung der Aktionäre richtet sich der Anspruch gegen sie, im Falle der Verpflichtung der AG richtet sich der Anspruch gegen die Gesellschaft, für den Kapitalerhöhungsbeschluss zu sorgen; dies natürlich jeweils unter der Prämisse, dass eine solche Vereinbarung überhaupt zulässig ist.

Um zunächst wieder den Vergleich zu entsprechenden Vereinbarungen in der GmbH herzustellen, ist festzuhalten, dass die Verfasserin Kapitalerhöhungsverpflichtungen der GmbH-Gesellschafter in Übereinstimmung mit der Rechtsprechung für zulässig hält, weil grundsätzlich keine Treupflichtverstöße zu befürchten sind. Kapitalerhöhungsverpflichtungen der Gesellschaft sind, da sie die Verpflichtung zu einer konkreten Satzungsänderung bedeuten, zulässig, wenn die Gesellschafterversammlung die GmbH zum Abschluss der Vereinbarung ermächtigt. Eine solche Ermächtigung erfordert die Kompetenzordnung in der GmbH[26].

26 S. zum Ganzen oben § 31.3.

Auch im Aktienrecht gilt, dass sich die Gesellschaft nicht mit gesellschaftsrechtlicher Wirkung gegenüber Dritten zur Beschlussfassung über eine Kapitalerhöhung verpflichten kann, weil dies gegen die zwingende Zuständigkeit der Hauptversammlung nach §§ 182 Abs. 1, 179 Abs. 1 AktG verstößt[27]. Im Folgenden sind zunächst unter Gliederungspunkt a) die Kapitalerhöhungsverpflichtungen der Aktionäre und unter Gliederungspunkt b) solche der Gesellschaft zu untersuchen. Gliederungspunkt c) stellt die Rechtsfolgen bei Nichteinhaltung der Zustimmungspflichten dar. Die kapitalmarktrechtliche Relevanz schuldrechtlicher Zustimmungspflichten nach §§ 30 Abs. 2 WpÜG und 22 Abs. 2 WpHG ist Gegenstand von Gliederungspunkt d).

a) Verpflichtung der Aktionäre

Die gleichen Argumente, mit denen die Zulässigkeit von Kapitalerhöhungsverpflichtungen der GmbH-Gesellschafter gegenüber Dritten bejaht wurde, gelten auch für entsprechende Vereinbarungen der Aktionäre. Ihre Verpflichtung gegenüber einem Investor, eine bestimmte Satzungsänderung in Form eines Kapitalerhöhungsbeschlusses herbeizuführen, ist zulässig, weil der Umfang der Verpflichtung auf ein bestimmtes Abstimmungsverhalten konkretisiert ist[28]. Die Gefährdung einer Stimmrechtsabspaltung besteht nicht, weil nach wie vor die Aktionäre selbst die Entscheidung über die Kapitalerhöhung treffen. Die Entscheidung liegt weder rechtlich noch tatsächlich in den Händen des Dritten. Es sind keine Sonderreglungen des Aktienrechts ersichtlich, die eine andere Betrachtung nahe legen.

b) Verpflichtung der Gesellschaft

Anknüpfungspunkt für die Frage, ob sich die Gesellschaft selbst gegenüber einem Dritten zur Beschlussfassung über eine Kapitalerhöhung verpflichten darf, ist wiederum die Kompetenzordnung in der AG. Für die Beschlussfassung ist die Hauptversammlung gemäß §§ 179 Abs. 1 S. 1, 119 Abs. 1 Nr. 5 AktG zwingend zuständig. Eine korporative Verpflichtung der Gesellschaft ist daher aus kompetenzrechtlichen Gründen unzulässig[29]. Die Frage ist jedoch, ob auch eine bloß

---

27 Großkommentar AktG/*Wiedemann*, § 182 Rz. 37; Großkommentar AktG/*Hirte*, § 202 Rz. 91; näher dazu sogleich unter § 41.3.b).

28 Kölner Kommentar AktG/*Zöllner*, § 179 Rz. 170; *ders.* in ZHR 155 (1991), 168 (182); i. E. auch *Weber, Ch.*, Privatautonomie, 2000, S. 350 ff., 362.

29 Geßler u.a./*Hefermehl/Bungeroth*, Aktiengesetz, § 179 Rz. 69; Großkommentar AktG/*Wiedemann*, § 182 Rz. 37; Großkommentar AktG/*Hirte*, § 202 Rz. 91 für das

schuldrechtliche Kapitalerhöhungsverpflichtung der AG gegenüber einem Dritten in diese Kompetenzordnung eingreift.

Teilweise wird dies mit einer analogen Anwendung des § 187 Abs. 2 AktG bejaht und damit die Zulässigkeit solcher Verpflichtungen abgelehnt.[30] Nach § 187 Abs. 2 AktG sind rechtsgeschäftliche Zusicherungen auf den Bezug junger Aktien vor dem Kapitalerhöhungsbeschluss unwirksam. Diese Norm wird richtigerweise dahingehend verstanden, dass die Gesellschaft zwar wirksam rechtsgeschäftlich Bezugsrechte zusichern kann, dem potentiellen Zeichner daraus aber weder ein Anspruch auf Durchführung der Kapitalerhöhung noch auf Schadensersatz bei Nichtdurchführung erwächst[31]. Die analoge Anwendung kann sich allenfalls darauf beziehen, dass sich § 187 Abs. 2 AktG in direkter Anwendung nur auf die Zusicherung von Bezugsrechten und damit auf die Durchführungsphase der Kapitalerhöhung und nicht schon ihre Beschlussphase bezieht.

Gegen eine analoge Anwendung der Norm auf Kapitalerhöhungsverpflichtungen der Gesellschaft spricht jedoch der Regelungszweck des § 187 Abs. 2 AktG. Dieser besteht darin, die Bezugsrechte der Aktionäre zu schützen. Bei der hier zu behandelnden Frage geht es jedoch um eine dem Gesichtspunkt des Bezugsrechts vorgeschaltete Frage, nämlich um die, ob sich die Gesellschaft überhaupt zulässigerweise gegenüber dem Investor verpflichten darf. Es geht um den Schutz der Kompetenzordnung in der AG. Erst wenn diese Frage beantwortet ist, stellt sich die Folgefrage, ob die Gesellschaft Rechte auf den Bezug der aus der Kapitalerhöhung entstehenden Anteile, zu deren Vornahme sich die Gesellschaft verpflichtet hat, zusichern darf. Mit einer analogen Anwendung des § 187 Abs. 2 AktG lässt sich die Zulässigkeit von Kapitalerhöhungsverpflichtungen gegenüber Dritten daher nicht begründen.

Andere Autoren lehnen solche Verpflichtungen der Gesellschaft als mit dem Prinzip der Satzungsautonomie unvereinbar und damit unzulässig ab[32]. Nur die AG selbst könne ihre Satzung gestalten, Dritte dürften keinen Einfluss auf die Satzungsgestaltung gewinnen. Daher könne es keine wirksame Verpflichtung der Gesellschaft gegenüber Dritten zu bestimmter statutarischer Gestaltung geben[33].

Im Grundsatz ist diesen Bedenken zuzustimmen. Die Gesellschaft kann sich nicht mit kompetenzverlagernder Wirkung Dritten gegenüber verpflichten. Fraglich ist jedoch, in welchen Fällen Verpflichtungen der Gesellschaft tatsächlich

---

genehmigte Kapital; Kölner Kommentar AktG/*Zöllner*, § 179 Rz. 130; Kölner Kommentar WpÜG/*Hirte*, § 33 Rz. 115.

30 So MünchHdbGesR IV/*Krieger*, § 56 Rz. 11, jedoch ohne nähere Begründung.

31 Ausführlicher dazu unten unter § 4I.5.

32 *Lutter* in FS Schilling, 1973, 207 (228); Geßler u.a./*Hefermehl/Bungeroth*, Aktiengesetz, § 179 Rz. 191.

33 *Lutter* in FS Schilling, 1973, 207 (228).

kompetenzverlagernde Wirkung haben. Zur Beantwortung der Frage ist entsprechend der Ausführungen zu Drittverpflichtungen der GmbH oben in § 31.3.b) danach zu differenzieren, ob die Verpflichtung dauerhafter oder einzelfallbezogener Natur ist. Für Dauerverpflichtungen nicht konkretisierter Art, die jede Einflussnahme der Gesellschafterversammlung ausschließen, ist die kompetenzverlagernde Wirkung zu bejahen. Denn in solchen Fällen vollzieht sich die Willensbildung tatsächlich außerhalb der Gesellschaft. Die Gesellschaft bzw. die Hauptversammlung vollzieht nur noch die Anweisungen des Dritten. Als Beispiel wäre an eine Vereinbarung dergestalt zu denken, dass sich die Gesellschaft gegenüber einem Dritten verpflichtet, sämtliche zukünftigen Satzungsänderungen nur mit dessen Zustimmung oder auf dessen Verlangen hin vorzunehmen[34].

Die hier in Rede stehenden Kapitalerhöhungsverpflichtungen sind jedoch anders gestaltet. Sie beziehen sich auf eine konkret vorzunehmende Satzungsänderung, deren Umfang klar begrenzt ist. Für die GmbH hat die Untersuchung ergeben, dass die Gesellschaft Kapitalerhöhungsverpflichtungen zulässigerweise eingehen kann und der fehlenden Vertretungsmacht durch einen Ermächtigungsbeschluss der Gesellschafterversammlung begegnet wird[35]. Der BGH hat allerdings in einer frühen Entscheidung aus dem Jahr 1953 für das Vereinsrecht entschieden, dass der Vorstand eines eingetragenen Vereins sich zwar grundsätzlich nicht mit Wirkung für den Verein gegenüber einem Dritten zu einer bestimmten Satzungsänderung verpflichten könne, die Mitgliederversammlung aber die Eingehung einer solchen Verpflichtung in entsprechender Anwendung der Rechtsgedanken aus §§ 177 Abs. 1, 182 Abs. 1 BGB genehmigen könne[36]. Danach setzt also die wirksame Verpflichtung der Gesellschaft ein rechtsgeschäftliches Handeln des Vorstands voraus, das die Mitgliederversammlung durch Genehmigung autorisiert.

Zu prüfen ist, ob sich diese Grundsätze auch auf das Aktienrecht übertragen lassen. Für eine Vergleichbarkeit spricht, dass die Anforderungen an Satzungsänderungen in Verein und AG ähnlich sind. § 33 Abs. 1 S. 1 BGB bestimmt, dass die Mitgliederversammlung für Satzungsänderungen zuständig ist und dass diese mit qualifizierter Mehrheit in Höhe von drei Vierteln der anwesenden Mitglieder die Satzungsänderung beschließen müsse. Dies entspricht im Grundsatz § 179 Abs. 1 S. 1, Abs. 2 S. 1 AktG. Danach ließe sich also eine wirksame Verpflichtung der Gesellschaft nach außen bejahen.

Dennoch wird teilweise eingewendet, dass die Gesellschaft sich weder korporativ noch schuldrechtlich zu Handlungen verpflichten könne, die im Zuständig-

---

34 So das Bsp. bei *Weber, Ch.*, Privatautonomie, 2000, S. 353.
35 S. dazu oben § 31.3.b).
36 BGH LM Nr. 6 zu § 16 UWG = JZ 1953, 474 (475).

keitsbereich ihrer Organe liegen[37]. Nach dieser Auffassung kann sich also der Vorstand noch nicht einmal schuldrechtlich zu einer Rechtshandlung verpflichten, für deren korporative Umsetzung die Hauptversammlung zuständig ist.

Dem ist aber zu entgegnen, dass gegen eine grundsätzliche Verpflichtungs*fähigkeit* der Gesellschaft nichts einzuwenden ist. Dies ist Ausdruck des im Gesellschaftsrechts geltenden Zurechnungsprinzips. Die Mitglieder- bzw. Hauptversammlung ist Organ der Gesellschaft und nicht etwa selbstständiges Rechtssubjekt. So wie der Gesellschaft das Handeln ihrer Vertretungsorgane im Außenverhältnis zugerechnet wird, handelt sie für die Gesellschafterversammlung im Innenverhältnis. Daher sind Klagen gegen Gesellschafterbeschlüsse gemäß §§ 246 Abs. 2 S. 1, 249 Abs. 1 S. 1 AktG gegen die Gesellschaft zu richten. Entsprechend kann sich auch die Gesellschaft nach außen verpflichten, wenn es um internes Handeln ihrer Organe geht[38]. Zu bedenken ist jedoch, dass sich auch dann, wenn man die Verpflichtungsfähigkeit der AG bejaht, an der im AktG vorgesehenen Zuständigkeitsordnung nichts ändert[39]. Für Satzungsänderungen ist gemäß § 119 Abs. 1 Nr. 5 AktG die Hauptversammlung zuständig. Der Vorstand ist nicht vertretungsbefugt, für die Gesellschaft eine solche Verpflichtung einzugehen[40]. Daraus ergeben sich aber angesichts der vorstehenden Ausführungen, die eine grundsätzliche Verpflichtungsfähigkeit der Gesellschaft bejahen, nur Grenzen hinsichtlich des rechtlichen „Dürfens" und nicht des „Könnens".

Damit geht es aber im Kern nur noch um die Überwindung der fehlenden Vertretungsbefugnis und nicht mehr um die Wahrung der Satzungsautonomie. Die fehlende Vertretungsbefugnis kann durch einen Beschluss der Hauptversammlung, in dem sie den Vorstand zum Abschluss der Kapitalerhöhungsvereinbarung ermächtigt, überwunden werden. Eine solche Ermächtigung zum Abschluss einer Kapitalerhöhungsvereinbarung verstößt nicht gegen die gesetzliche Zuständigkeitsordnung, weil sie sich auf eine konkrete Satzungsänderung, nämlich eine konkrete Kapitalerhöhung für eine bestimmte Investition bezieht[41]. Die-

---

37 *Beuthien/Gätsch*, ZHR 157 (1993), 483 (487 f.); Kölner Kommentar AktG/*Mertens*, § 82 Rz. 4.

38 So ausdrücklich *Weber, Ch.*, Privatautonomie, 2000, S. 357.

39 Ähnlich der Ansatz bei Geßler u.a./*Hefermehl/Bungeroth*, Aktiengesetz, § 179 Rz. 137, dass der allgemeine gesellschaftsrechtliche Grundsatz gelte, dass auch eine grundsätzlich unbeschränkte Vertretungsmacht von Gesellschaftsorganen da ihre Grenze finde, wo es um die Grundlagen des Gesellschaftsverhältnisses gehe.

40 Ausdrücklich Großkommentar AktG/*Wiedemann*, § 182 Rz. 37; *Weber, Ch.*, Privatautonomie, 2000, S. 357 Fn. 112.

41 So ausdrücklich Großkommentar AktG/*Wiedemann*, § 182 Rz. 37; *Weber, Ch.*, Privatautonomie, 2000, S. 353; zurückhaltend *Wiedemann* für schuldrechtliche Zustimmungsvorbehalte Dritter in Großkommentar AktG/*Wiedemann*, § 179 Rz. 136, wobei *Wiedemann* jedoch insoweit einräumt, dass vom Vorstand mit Dritten geschlossene schuldrechtliche Verträge möglich seien, die einen mittelbaren Druck

ser Ermächtigungsbeschluss erfordert die gleiche Stimmenmehrheit wie der Kapitalerhöhungsbeschluss selbst, also qualifizierte Mehrheit entsprechend § 179 Abs. 2 S. 1 AktG, weil er die Vornahme des Kapitalerhöhungsbeschluss sicherstellen soll[42]. Dies entspricht dem für den Ermächtigungsbeschluss der Gesellschafterversammlung für eine Verpflichtung der GmbH oben in § 3I.3.b) gefundenen Ergebnis. Die Formpflicht der Ermächtigung der GmbH-Gesellschafter war mit dem Argument abgelehnt worden, dass die notarielle Beurkundung lediglich Beweis- und nicht Warnzwecken gilt. Gleiches gilt auch für die Ermächtigung der Hauptversammlung, weil auch hier die notarielle Beurkundung nach § 130 Abs. 1 S. 1 AktG, wie in diesem Abschnitt oben bei 1.c) bereits diskutiert, keine Belehrungs- und Warnfunktion hat. Auch einer Eintragung in das Handelsregister bedarf es wegen fehlenden Publizitätsinteresses nicht.

Zusammenfassend gilt daher, dass die Gesellschaft, vertreten durch den Vorstand, Kapitalerhöhungsverpflichtungen gegenüber Dritten eingehen darf, wenn ein mit qualifizierter Mehrheit zustande gekommener Ermächtigungsbeschluss der Hauptversammlung vorliegt, der formfrei wirksam ist und nicht der Eintragung ins Handelsregister bedarf.

c) Rechtsfolgen bei Nichteinhaltung

Auch insoweit kann auf die Ausführungen bei der GmbH oben in § 3I.1.g)bb)(2)(a) verwiesen werden. Mit dem Vertrag als Grundlage kann die Satzungsänderung gerichtlich durchgesetzt werden. Der satzungsändernde Beschluss wird gemäß § 894 ZPO durch das Urteil ersetzt.

d) Kapitalmarktrechtliche Relevanz nach § 30 Abs. 2 WpÜG

Für börsennotierte Gesellschaften sind zusätzlich die besonderen Zurechnungstatbestände des § 30 Abs. 2 WpÜG und 22 Abs. 2 WpHG im Zusammenhang mit Mitteilungspflichten des Bieters bei Übernahmesituationen und sonstigen Beteiligungserhöhungen zu beachten.

---

schlossene schuldrechtliche Verträge möglich seien, die einen mittelbaren Druck auf Abänderung der Satzung erzeugten; für die GmbH s. dazu schon die Nachweise oben bei § 3I.3.b).

42 *Weber, Ch.*, Privatautonomie, 2000, S. 357 für GmbH und AG; ähnlich auch Geßler u.a./*Hefermehl/Bungeroth*, Aktiengesetz, § 179 Rz. 137 für eine Ermächtigung der Hauptversammlung an den Vorstand, Dritten schuldrechtliche Zustimmungsvorbehalte zu Satzungsänderungen einzuräumen.

Das WpÜG regelt gemäß § 1 WpÜG die Abgabe öffentlicher Angebote zum Erwerb von Wertpapieren, die an einem organisierten Markt zugelassen sind[43]. Ein Übernahmeangebot ist gemäß § 29 Abs. 1 WpÜG ein Angebot, das auf den „Erwerb der Kontrolle gerichtet" ist, wobei Kontrolle nach § 29 Abs. 2 WpÜG „das Halten von mindestens 30 % der Stimmanteile der Zielgesellschaft" ist. Zu den gehaltenen Stimmrechten des Bieters werden unter den Voraussetzungen des § 30 Abs. 2 WpÜG auch Stimmrechte von anderen Aktionären, die an der Gesellschaft beteiligt sind und mit denen der Bieter aufgrund einer Vereinbarung oder auf sonstige Weise sein Verhalten abstimmt, zugerechnet[44]. Bieter sind gemäß § 2 Abs. 4 WpÜG natürliche oder juristische Personen oder Personengesellschaften, die allein oder gemeinsam mit anderen ein Angebot abgeben, ein solches beabsichtigen oder zur Abgabe verpflichtet sind. Das WpÜG unterscheidet gemäß § 2 Abs. 1 WpÜG zwischen freiwilligen Übernahmeangeboten und sog. Pflichtangeboten nach § 35 Abs. 1 WpÜG. Die Zurechnung von fremden Stimmrechten nach § 30 WpÜG gilt sowohl für freiwillige Angebote als auch für Pflichtangebote. Erlangt der Bieter die Kontrolle, möglicherweise erst aufgrund der Zurechnung der Stimmrechte Dritter nach § 30 WpÜG, so muss er gemäß § 35 Abs. 1 S. 1, 2 S. 1 WpÜG ein Pflichtangebot veröffentlichen und abgeben. Kommt er dieser Pflicht nicht nach, bestimmt § 59 S. 1 WpÜG, dass die Rechte aus eigenen Aktien oder aus fremden Aktien, aus welchen ihm die Stimmrechte zugerechnet werden, für die Zeit, in welcher der Bieter das Pflichtangebot nicht abgibt, nicht bestehen.

Im Folgenden wird untersucht, ob schuldrechtliche Vereinbarungen über Kapitalbeschaffungsmaßnahmen die vorstehend beschriebenen zusätzlichen, für den Bieter unter Umständen unerwünschten Rechtspflichten nach dem WpÜG auslösen können. Zu diesem Zweck werden zunächst die § 30 WpÜG, § 22 WpHG in allgemeiner Form vorgestellt.

Die Zurechnungsvorschrift des § 30 WpÜG orientiert sich an § 22 WpHG a. F., der bereits vor Einführung des WpÜG Mitteilungspflichten im Wertpapierhandel bei Veränderungen des Stimmanteils an börsennotierten Gesellschaften

---

43 Auf die Entstehungsgeschichte des WpÜG wird im Rahmen dieser Untersuchung nicht näher eingegangen, ausführlich dazu Kölner Kommentar WpÜG/*Hirte*, Einleitung insbes. Rz. 35 ff.; *Pötzsch/Möller*, WM 2000 Sonderbeilage 2, 1 (4 ff.).

44 Solche Personen werden in § 30 WpÜG als Dritte bezeichnet. Der Begriff des Dritten im WpÜG ist ein anderer als der dieser Untersuchung zugrundegelegte, weil hier Dritter ein solcher ist, der noch nicht an der Gesellschaft beteiligt ist. Um eine einheitliche Terminologie zu wahren, wird in diesem Abschnitt zwischen Bieter und Aktionär unterschieden und nicht der Begriff des Dritten verwendet auch wenn der Bieter selbst bereits an der Zielgesellschaft beteiligt und damit selbst Aktionär sein kann.

vorsah[45]. § 30 Abs. 1 WpÜG enthält Zurechnungstatbestände, die an § 22 Abs. 1 WpHG a. F. angelehnt sind, z. B. in § 30 Abs. 1 Nr. 1 WpÜG die Zurechnung von Stimmrechten von Tochterunternehmen oder in § 30 Abs. 1 Nr. 2 WpÜG die Zurechnung von Stimmrechten, die von einem Dritten für Rechnung des Bieters gehalten werden.

Im Rahmen dieser Untersuchung sind jedoch nur die neugeschaffenen kapitalmarktrechtlichen Zurechnungstatbestände der §§ 30 Abs. 2 WpÜG, 22 Abs. 2 WpHG von Interesse. Diese Normen betreffen die Zurechnung von Stimmrechten wegen abgestimmten Verhaltens zwischen dem Bieter und anderen Aktionären der Zielgesellschaft, das sog. „Acting in concert"[46]. Abgestimmtes Verhalten setzt einen interaktiven kommunikativen Prozess voraus, an dessen Ende ein gemeinsames Abstimmungsverhalten steht. Es genügt tatsächliches, zielgerichtetes Handeln, ausdrückliche oder gar schriftliche Absprachen sind nicht erforderlich[47]. § 30 Abs. 2 S. 1 WpÜG verlangt, dass das Verhalten „in Bezug auf die Gesellschaft" abgestimmt wird. Das ist dann der Fall, wenn das abgestimmte Verhalten dazu dient, auf die Zielgesellschaft Einfluss zu nehmen, um in ihr bestimmte Ziele durchzusetzen oder sie zu bestimmten Maßnahmen zu veranlassen. Dies schafft die Gefährdungslage, der die Norm durch die Mitteilungspflicht begegnen will. Erforderlich ist daher ein Verhalten im Hinblick auf die Ausübung von Verwaltungsrechten aus Aktien der Zielgesellschaft[48].

In Gliederungspunkt aa) geht es nun zunächst um Kapitalerhöhungsverpflichtungen zwischen dem Bieter und einigen oder allen Aktionären der Zielgesellschaft, Gliederungspunkt bb) behandelt Kapitalerhöhungsverpflichtungen zwischen dem Bieter und der Zielgesellschaft selbst, jeweils unter dem Gesichtspunkt der kapitalmarktrechtlichen Relevanz solcher Verpflichtungen nach § 30 Abs. 2 WpÜG.

---

45 Kölner Kommentar WpÜG/*v. Bülow*, § 30 Rz. 10.

46 Begründung zum Regierungsentwurf eines WpÜG BT-Drucks. 14/7034, S. 54 zu § 30 Abs. 2 WpÜG; Kölner Kommentar WpÜG/*v. Bülow*, § 30 Rz. 106; im Folgenden beschränken sich die Ausführungen auf § 30 Abs. 2 WpÜG. Denn da § 22 Abs. 2 WpHG und § 30 Abs. 2 WpÜG in gleicher Weise auszulegen sind, können die Ausführungen grundsätzlich übertragen werden; näher zur parallelen Auslegung der Normen *Sudmeyer*, BB 2002, 685 (686).

47 Geibel/Süßmann/*Süßmann*, WpÜG, § 30 Rz. 27; Kölner Kommentar WpÜG/*v. Bülow*, § 30 Rz. 108 f.

48 Kölner Kommentar WpÜG/*v. Bülow*, § 30 Rz. 114.

aa) Vereinbarungen zwischen Bieter und Aktionären

Zu prüfen ist, ob Kapitalerhöhungsverpflichtungen zwischen den Aktionären und dem Bieter in den Anwendungsbereich des § 30 Abs. 2 WpÜG fallen können. Es ist danach zu differenzieren, in welchem Zusammenhang sie ihr Verhalten in Bezug auf Kapitalbeschaffungsmaßnahmen abstimmen.

Zunächst ist der Fall zu untersuchen, dass die Beteiligten eine Dauerstimmbindungsvereinbarung schließen, die in ihrer Konsequenz bedeutet, dass sie sich vor jedem Hauptversammlungsbeschluss, also auch jeweils im Vorfeld eines Beschlusses über eine Kapitalerhöhung auf eine gemeinsame Position festlegen müssen. Stimmbindungsvereinbarungen bilden den Hauptanwendungsfall des § 30 Abs. 2 S. 1 1. Hs. WpÜG, denn sie bezwecken eine Koordinierung der Verwaltungsrechte der Beteiligten[49]. In dem Fall einer Dauerstimmbindungsvereinbarung werden somit dem Bieter die Stimmanteile der an der Vereinbarung beteiligten Aktionäre mit den sich aus §§ 29, 35 WpÜG ergebenden Konsequenzen, insbesondere also unter Umständen der Rechtspflicht, ein Pflichtangebot unterbereiten zu müssen, zugerechnet.

Anders könnte der Fall zu beurteilen sein, dass die Beteiligten eine Ad-hoc-Vereinbarung schließen mit dem Zweck, eine konkret bevorstehende Kapitalerhöhung zu beschließen. § 30 Abs. 2 S. 1 2. Hs. WpÜG sieht eine Ausnahme von der Zurechnung fremder Stimmrechte für den Fall vor, dass die Beteiligten ihr Verhalten nur bezogen auf einen Einzelfall abstimmen. Anders als bei dauerhaften Stimmbindungen ist hier die Gefahr einer Einflussnahme auf die Gesellschaft gering, weil die Abstimmung nur punktuell und nicht nachhaltig erfolgt. Ad-hoc-Vereinbarungen über Kapitalerhöhungsverpflichtungen fallen unter die Ausnahme des § 30 Abs. 2 S. 1 2. Hs. WpÜG, weil die an der Vereinbarung beteiligten Aktionäre die Stimmrechtsausübung nur in Bezug auf einen bestimmten Kapitalerhöhungsbeschluss festlegen. Daher werden in diesem Fall die Stimmrechte der Aktionäre der Zielgesellschaft dem Bieter nicht zugerechnet.

bb) Vereinbarungen zwischen Bieter und Zielgesellschaft

Es ist auch zu prüfen, ob Vereinbarungen zwischen dem Bieter und der Zielgesellschaft zu einer Zurechnung nach § 30 Abs. 2 WpÜG führen können. In der Rechtspraxis kann sich diese Frage zum Beispiel bei Abschluss und Durchführung sog. business combination agreements stellen, die, wie in diesem Kapitel

---

49 Haarmann u. a./*Riehmer*, § 30 Rz. 58; Kölner Kommentar WpÜG/*v. Bülow*, § 30 Rz. 117; *Liebscher*, ZIP 2002, 1005 (1007); vgl. auch die Ausführungen zu § 22 Abs. 1 Nr. 3 WpHG a. F. bei *Hopt*, ZGR 1997, 1 (26 f.).

oben in 1.a) beschrieben, Rahmenverträge zwischen den Unternehmensleitungen darstellen, die der Vorbereitung eines geplanten Zusammenschlusses dienen und eine Vielzahl, häufig auch dauerhafter Verpflichtungen der Parteien enthalten[50].

Da § 30 Abs. 2 S. 1 WpÜG an die Beteiligung an der Zielgesellschaft anknüpft, ist zunächst erforderlich, dass die Zielgesellschaft eigene Aktien hält oder dass ihr nach § 30 Abs. 1 Nr. 1 WpÜG Stimmrechte zuzurechnen sind. Weiterhin muss das in der Vereinbarung festgelegte Verhalten gesellschaftsrechtlichen Bezug aufweisen, also dazu dienen, Einfluss auf die Zielgesellschaft zu nehmen. Man könnte argumentieren, dass der gesellschaftsrechtliche Bezug schon darin liegt, dass sich die Rahmenvereinbarung im Falle ihrer Durchführung wegen des Zusammenschlusses auf die Struktur der Gesellschaft auswirkt. Dies allein ist allerdings nicht ausreichend. Erforderlich ist vielmehr ein mitgliedschaftlich vermittelter gesellschaftsrechtlicher Einfluss. Ein solcher besteht beim Halten eigener Aktien aber nicht, weil der Gesellschaft aus ihren Aktien gemäß § 71 b AktG keine Stimmrechte zustehen und deswegen der Einfluss rein tatsächlicher Natur ist und sich nur in der Erfüllung der Verpflichtung aus dem business combination agreement zeigt[51]. Das genügt aber gerade für ein abgestimmtes Verhalten im Sinne des § 30 Abs. 2 S. 1 WpÜG nicht.

Zusammenfassend ist daher festzuhalten, dass die Zurechnungstatbestände der §§ 30 Abs. 2, 22 Abs. 2 WpÜG bei Dauerstimmbindungen erfüllt sein können, bei Ad-hoc-Vereinbarungen der Beteiligten über Kapitalerhöhungsverpflichtungen dagegen nicht. Vereinbarungen mit der Zielgesellschaft fallen mangels gesellschaftsrechtlichen Bezugs nicht unter § 30 Abs. 2 WpÜG.

4. Exkurs: Zustimmungspflicht der Hauptversammlung bei komplexen Transaktionen

Vorstehende Ausführungen bezogen sich auf Grundfragen im Zusammenhang mit einer Kapitalerhöhungsverpflichtung der Hauptversammlung und der Gesellschaft. In der Einleitung in § 1 war bereits darauf hingewiesen worden, dass in der Rechtspraxis Kapitalerhöhungsverpflichtungen häufig nur einen Bestandteil eines komplexen Vertragsgebildes darstellen. Das bereits mehrfach erwähnte business combination agreement soll als Beispiel für ein solches Vertragsgebilde

50 Auf Mitteilungspflichten der Zielgesellschaft nach § 15 Abs. 1 S. 1 WpHG, die dann entstehen können, wenn der Zusammenschluss kursbeeinflussenden Charakter hat, wird hier nicht eingegangen, weil diese Pflicht nicht aus der schuldrechtlichen Vereinbarung als solche folgt, sondern allein aus dem kursbeeinflussenden Charakter der Transaktion, näher dazu *Aha*, BB 2001, 2225 (2233).

51 Kölner Kommentar WpÜG/*v. Bülow*, § 30 Rz. 127.

dienen. Es ist deshalb ein geeignetes Beispiel, weil sich die Kautelarpraxis dieser Vertragskonstruktion häufig dann bedient, wenn die Parteien einen Zusammenschluss im Wege der Kapitalerhöhung gegen Sacheinlage wünschen[52]. Das business combination agreement enthält eine Vielzahl von Verpflichtungen, darunter auch solche, die Geschäftsführungsmaßnahmen zur Vorbereitung des Zusammenschlusses betreffen. Es stellt sich daher die Frage, ob die Hauptversammlungen der aufnehmenden und der übertragenden Gesellschaft dem business combination agreement trotz der ausschließlichen Zuständigkeit des Vorstands für die Geschäftsführungsmaßnahmen dem Abschluss des Rahmenvertrages entsprechend der Holzmüller-Grundsätze zustimmen müssen[53]. Die Kernaussage der Holzmüller-Entscheidung lautet, dass es grundlegende Entscheidungen in der AG gibt, die zwar formal durch Geschäftsführungsbefugnis und Vertretungsmacht des Vorstands noch gedeckt sind, aber so tief in die Mitgliedschaftsrechte eingreifen, dass der Vorstand nicht aus eigener Zuständigkeit zu handeln berechtigt ist, sondern die Hauptversammlung zu beteiligen hat[54]. Die aufnehmende Gesellschaft muss dem Zusammenschluss schon nach kodifiziertem Aktienrecht zustimmen, da er im Wege der Kapitalerhöhung gegen Sacheinlagen durchgeführt wird und deswegen nach §§ 182 ff., 179 ff. AktG ein Kapitalerhöhungsbeschluss erforderlich ist. Die Hauptversammlung der aufnehmenden Gesellschaft wird bei der Entscheidung somit nicht übergangen. Folglich stellt sich die Problematik der Holzmüller-Entscheidung aus Sicht der aufnehmenden Gesellschaft grundsätzlich nicht[55].

---

52 So *Aha*, BB 2001, 2225 (2225) mit zahlreichen Beispielen über Zusammenschlüsse dieser Art, überwiegend zu Zeit des Hochphase des Neuen Marktes; allgemein dazu *Hirte*, Kapitalgesellschaftsrecht, Rz. 6.93; die Einschätzung, dass business combination agreements vor allem bei Zusammenschlüssen im Wege der Kapitalerhöhung gegen Sacheinlagen verwendet werden, fand die Verfasserin sowohl in Gesprächen mit Rechtsanwälten aus der wirtschaftberatenden Praxis und bei der Analyse solcher Verträge bestätigt.

53 *Aha*, BB 2001, 2225 (2231 ff.).

54 In der sog. Holzmüller-Entscheidung in BGHZ 83, 122 (131) ging es um die Ausgliederung eines Betriebsteils, der ca. 90 % des Betriebsvermögens ausmachte, auf eine 100 % Tochtergesellschaft, ausführlich dazu u. a. Großkommentar AktG/ *Mülbert*, § 119 Rz. 17; *Hirte*, Bezugsrechtsausschluß, 1986, S. 138 ff., 159f., 179 f.; *Riegen*, Gesellschafterschutz, 1999, S. 14 ff.; *Schmidt*, GesR, § 28 V.2. S. 870 ff; "Holzmüller-Grundsätze" nun erheblich eingeschränkt in BGH NZG 2004, 571 (574) und 575 (579) wonach ungeschriebene Mitwirkungsbefugnisse der Hauptversammlung nur noch in bestimmten Einzelfallen und auch dann nur dann anzunehmen seien, wenn sie eine wesentliche Beeinträchtigung der Mitwirkungsbefugnisse der Hauptversammlung bedeuten; eine solche könne aber erst dann angenommen werden, wenn sie in etwa die Ausmaße des "Holzmüller-Falles" erreiche.

55 *Aha*, BB 2001, 2225 (2231).

Fraglich ist, ob dies auch dann gilt, wenn die Satzung der AG eine einfache Kapitalmehrheit für die Beschlussfassung über eine Kapitalerhöhung ausreichen lässt, was gemäß § 182 Abs. 1 S. 2 AktG zulässig ist. Man könnte für diesen Fall argumentieren, dass die Gefahr eines Übergehens der Aktionäre, die gegen den Beschluss stimmen, besteht, weil die Umstrukturierung entgegen ihrer Stimme dennoch erfolgen kann[56]. Dieses Problem stellt sich im Zusammenhang mit den Holzmüller-Grundsätzen deswegen, weil die h. L. für einen Holzmüller-Beschluss eine qualifizierte Mehrheit verlangt[57]. Doch auch in diesem Fall sind die Holzmüller-Grundsätze nicht anzuwenden. Die formale Zuständigkeit bleibt auch bei einer geringeren als der qualifizierten Kapitalmehrheit gewahrt. Da das Gesetz die Möglichkeit einer Beschlussfassung im Wege der einfachen Kapitalmehrheit vorsieht, werden die Rechte der außenstehenden Aktionäre nicht unzulässig beschnitten.

Anders stellt sich die Situation für die Hauptversammlung der übertragenden Gesellschaft dar, wenn im Zuge des Zusammenschlusses das gesamte oder nahezu gesamte Vermögen der übertragenden Gesellschaft auf die übernehmende übergeht. Insoweit bestimmt § 179 a Abs. 1 AktG, dass die Hauptversammlung der übertragenden Gesellschaft der Übertragung im Wege des Beschlusses nach § 179 AktG zustimmen muss[58]. Die Bezugnahme auf § 179 AktG bedeutet allerdings nicht, dass die Zustimmung eine Satzungsänderung darstellt. Sie legt lediglich fest, dass der Beschluss mindestens mit einer Kapitalmehrheit von 75 % ergehen muss und die Satzung gemäß § 179 a Abs. 1 S. 2 AktG allenfalls eine größere Mehrheit vorsehen kann[59]. Wenn die Übertragung jedoch eine Änderung des Unternehmensgegenstandes bedeutet, ist gemäß § 179 Abs. 2 S. 2 AktG eine Satzungsänderung erforderlich.

5. *Zeichnungsverpflichtungen*

Nachdem vorstehend Vereinbarungen im Zusammenhang mit der Beschlussfassung der Kapitalerhöhung behandelt wurden, geht es in den folgenden Abschnitten 5 bis 7 um Vereinbarungen im Zusammenhang mit der Durchführung der Kapitalerhöhung.

Gliederungspunkt 5 behandelt die Frage, ob sich die Übernehmer zulässigerweise schuldrechtlich zur Zeichnung junger Aktien verpflichten können und be-

56 *Aha*, BB 2001, 2225 (2231 Fn. 92) wirft diese Frage auf, ohne sie zu beantworten.
57 *Lutter/Leinekugel*, ZIP 1998, 225 (231); MünchHdbGesR IV/*Krieger*, § 69 Rz. 11; a. A. *Hüffer*, AktG, § 119 Rz. 20.
58 *Aha*, BB 2001, 2225 (2231 f.).
59 *Hüffer*, AktG, § 179 a Rz. 8.

jahendenfalls wie solche Verpflichtungen ausgestaltet sein müssen. Wie in der GmbH erfüllen Zeichnungsverpflichtungen in der AG den Zweck, die Platzierbarkeit der Anteile bereits vor dem Kapitalerhöhungsbeschluss zu klären[60]. Eine statutarische Zeichnungspflicht ist anders als im GmbH-Recht im Aktienrecht wegen § 54 Abs. 1 AktG nicht zulässig, weil diese Norm die finanzielle Verpflichtung der Aktionäre auf den Ausgabebetrag der Aktien begrenzt[61].

Der Zeichnungsvertrag ist seiner Rechtsnatur nach ein körperschaftlicher Vertrag zwischen der AG und dem Zeichner, der auf die Einräumung oder Erweiterung der Mitgliedschaft gerichtet ist. Er ist kein reines Schuldverhältnis und kein gegenseitiger Vertrag im Sinne der §§ 320 ff. BGB, weil sich die Leistung in Form der Geld- oder Sacheinlage und die Gegenleistung durch Einräumung oder Erweiterung der Mitgliedschaft nicht als gleichartige Leistungspflichten gegenüberstehen. Denn die Mitgliedschaft entsteht von Gesetzes wegen mit der Eintragung der Durchführung der Kapitalerhöhung gemäß § 189 AktG[62]. Der Zeichnungsvertrag kommt regelmäßig durch schriftliche Erklärung seitens des potentiellen Übernehmers in Form des Zeichnungsscheins nach § 185 Abs. 1 S. 1 AktG zustande und beinhaltet die Verpflichtung zur Übernahme der neuen Aktien gegen Zahlung der Einlage. Der Zeichnungsvertrag muss bestimmten, in § 185 Abs. 1 S. 2 AktG aufgeführten Form- und Inhaltserfordernissen genügen. Er muss schriftlich abgefasst sein, allerdings anders als z. B. die Übernahmeerklärung nach § 55 Abs. 1 GmbHG, nicht notariell beurkundet. Dagegen ist die Annahme durch die Gesellschaft formfrei wirksam und braucht gemäß § 151 S. 1 BGB dem Zeichner gegenüber nicht erklärt zu werden.

Üblich ist es auch, dass das Angebot von der Gesellschaft ausgeht. In dem Fall stellt dann die Zeichnungserklärung die Annahme dar. Mit Zustandekommen des Zeichnungsvertrages entsteht seitens des Zeichners die Pflicht, die Einlage in der gesetzlich vorgeschriebenen Höhe zu leisten. Da die Verschaffung der Mitgliedschaft von Gesetzes wegen erfolgt und der Zeichner daher auch keinen Erfüllungsanspruch gegen die AG hat, beschränkt sich die Verpflichtung der AG

---

60 *Hergeth/Eberl*, NZG 2003, 205 (205).

61 Geßler u.a./*Hefermehl/Bungeroth*, Aktiengesetz, § 182 Rz. 7; Großkommentar AktG/*Wiedemann*, § 182 Rz. 38; *Hirte*, Kapitalgesellschaftsrecht, Rz. 6.25; *Priester*, ZGR 1977, 445 (465); *Schmidt*, ZGR 1982, 519 (525); Ausführungen zu § 54 Abs. 1 AktG s. schon oben § 2II.2.b).

62 Zum Ganzen bereits RGZ 79, 174 (177); OLG Schleswig NJW-RR 2004, 126 (127); Geßler u.a./*Hefermehl/Bungeroth*, Aktiengesetz, § 185 Rz. 47; *Hüffer*, AktG, § 185 Rz. 4; Großkommentar AktG/*Wiedemann*, § 185 Rz. 29 f.

darauf, dem Aktionär die Mitgliedschaftsrechte zuzuteilen, falls die Kapitalerhöhung durchgeführt wird[63].

Für die GmbH war festgestellt worden, dass sowohl die Verpflichtung zur Abgabe einer Übernahmeerklärung als auch die vorgezogene Übernahmeerklärung zulässig sind[64]. Während die vorgezogene Übernahmeerklärung immer gemäß § 55 Abs. 1 GmbHG formbedürftig ist, gilt das für die Verpflichtung zur Abgabe einer Übernahmeerklärung nur dann, wenn Dritte eine solche Verpflichtung abgeben und auch dann nur, wenn sie sich zur Übernahme zusätzlicher Leistungspflichten im Sinne des § 55 Abs. 2 S. 2 GmbHG verpflichten. Im Übrigen sind auch sie formfrei wirksam.

Der nun folgende Gliederungspunkt a) untersucht die Zulässigkeit der schuldrechtlichen Verpflichtung der Zeichner zur Abgabe einer Zeichnungserklärung unter besonderer Berücksichtigung der Formvorgaben nach § 185 Abs. 1 AktG und deren Rechtsfolgen. Bei Gliederungspunkt b) geht es um die Frage, ob auch schon die korporative Zeichnungserklärung vor dem Kapitalerhöhungsbeschluss abgeben werden darf.

a) Verpflichtung zur Abgabe einer Zeichnungserklärung

Das AktG enthält keine Regelungen über die Möglichkeit, die Verpflichtung zur Abgabe einer Zeichnungserklärung vor dem Kapitalerhöhungsbeschluss einzugehen. Seiner Rechtsnatur nach handelt es sich bei einer solchen Verpflichtung wie auch bei einer entsprechenden Verpflichtung der GmbH-Gesellschafter um einen schuldrechtlichen Vorvertrag zum Zweck der Vorbereitung des Zeichnungsvertrages. Ein solcher Vorvertrag ist als Ausdruck der Vertragsfreiheit nach allgemeiner Ansicht jederzeit, also auch vor dem Kapitalerhöhungsbeschluss zulässig und in der Praxis auch weit verbreitet[65]. Problematisch ist allerdings, inwieweit der Zeichnungsvorvertrag auch die Voraussetzungen der Zeichnungserklärung nach § 185 Abs. 1 entsprechend erfüllen muss. Dies betrifft insbesondere das Schriftformerfordernis und die Angaben nach § 185 Abs. 1 S. 3 Nr. 1-4 AktG.

---

63 *Hüffer*, AktG, § 185 Rz. 4; Großkommentar AktG/*Wiedemann*, § 185 Rz. 34 f.; Muster eines Zeichnungsscheins z. B. bei *Happ*, Aktienrecht, Abschnitt 12.01 lit. f).

64 Vgl. dazu § 3II.

65 Vgl. aus der jüngsten Rechtsprechung die Entscheidung des OLG Frankfurt/M. ZIP 2001, 1048 (1048) (rkr.), in welchem das Gericht über die Zulässigkeit eines Zeichnungsvorvertrages zu entscheiden hatte und diese grundsätzlich bejahte, allerdings aus einem anderen, noch in diesem Abschnitt zu erörternden Grund zu der Nichtigkeit des Zeichnungsvorvertrages kam; *Blaurock* in FS Rittner, 1991, 33 (35); *Happ*, Aktienrecht, Abschnitt 12.01 lit. f), Anm. 26; *Hergeth/Eberl*, NZG 2003, 205 (205); Kölner Kommentar AktG/*Lutter*, § 185 Rz. 39.

Diese Frage stellt sich deswegen, weil der Zeichnungsvorvertrag auf die Vornahme eines korporativen Rechtsgeschäfts gerichtet ist, nämlich auf den Abschluss des Zeichnungsvertrages.

aa) Schriftform

Wie bereits eingangs dieses Abschnitts erörtert muss nur der Zeichnungsschein gemäß § 185 Abs. 1 S. 1 AktG schriftlich abgefasst werden, nicht aber der gesamte Zeichnungsvertrag. Dass das Gesetz dem Schriftformerfordernis hohe Bedeutung beimisst, lässt sich daran erkennen, dass § 185 Abs. 2 AktG die Nichtigkeit des Zeichnungsscheins nach § 125 S. 1 BGB u. a. für den Fall des Verstoßes gegen das Schriftformerfordernis anordnet. Daraus leitet die herrschende Meinung ab, dass auch der Zeichnungsvorvertrag in analoger Anwendung des § 185 Abs. 1 S. 1 AktG schriftlich abzufassen sei[66].

Gegen die analoge Anwendung könnte man vorbringen, dass es an der Vergleichbarkeit der Interessenlage fehlt, weil es ohnehin noch des Abschlusses des Hauptvertrages in Form des Zeichnungsvertrages bedarf, bei dem dann die Zeichnungserklärung dem Formerfordernis genügt. Dieses Argument überzeugt aber wiederum nur dann, wenn das Formerfordernis dem Beweissicherungs- und Publizitätsinteresse des Rechtsverkehrs dienen soll, nicht aber dem Schutz des Zeichners vor Übereilung. Diente das Formerfordernis aber auch dem Schutz des Zeichners, müsste auch der Zeichnungsvorvertrag schriftlich abgefasst werden, weil sonst bereits ohne den Schutz aus § 185 Abs. 1 S. 1 AktG mittelbar die Verpflichtung zur Zeichnung erklärt würde[67].

Es stellt sich demnach die Frage nach dem Schutzzweck des § 185 Abs. 1 AktG. Bereits das RG vertrat die Auffassung, dass der Zeichnungsvertrag jedenfalls auch eine Erklärung an die Öffentlichkeit beinhalte[68]. Daraus lässt sich ableiten, dass der Zeichnungsvertrag jedenfalls auch im Interesse der Öffentlichkeit schriftlich abgefasst wird, was allerdings als Argument für die Schriftlichkeit des Zeichnungsvorvertrages, wie vorstehend herausgearbeitet, gerade nicht genügt. Es bleibt also die Frage nach einem möglichen Übereilungsschutz des Schriftformerfordernisses nach § 185 Abs. 1 S. 1 AktG. Dieser wird, soweit sich die Literatur überhaupt ausführlicher mit der Frage beschäftigt, mit der Regelung des

66 Ausführlich *Blaurock* in FS Rittner, 1991, 33 (45); ohne nähere Begründung Geßler u.a./*Hefermehl/Bungeroth*, Aktiengesetz, § 185 Rz. 41; Großkommentar AktG/*Wiedemann*, § 185 Rz. 82; Kölner Kommentar AktG/*Lutter*, § 185 Rz. 45; MünchHdbGesR IV/*Krieger*, § 56 Rz. 102.

67 So die zutreffende Differenzierung bei *Blaurock* in FS Rittner, 1991, 33 (43).

68 RGZ 118, 269 (274) (AG); RGZ 142, 98 (103) (OHG, Ausführungen an der genannten Stelle aber auf Kapitalgesellschaften bezogen).

§ 185 Abs. 3 AktG bejaht[69]. § 185 Abs. 3 AktG bestimmt, dass sich der Zeichner nach Eintragung der Durchführung der Kapitalerhöhung nicht auf die Nichtigkeit oder Unverbindlichkeit des Zeichnungsscheins berufen kann, wenn er auf Grund des Zeichnungsscheins als Aktionär Rechte ausgeübt oder Verpflichtungen erfüllt hat. *Blaurock* argumentiert, dass sich der Zeichnerschutz auch als Reflexwirkung aus der Voraussetzung der Vorlage des Zeichnungsscheins für die Registeranmeldung ergebe, weil sich der Zeichner nach § 185 Abs. 3 AktG hinsichtlich der bereits erbrachten Leistungen auf die Unwirksamkeit oder Nichtigkeit des Zeichnungsscheins nicht mehr berufen kann, wenn die Durchführung der Kapitalerhöhung ins Handelsregister eingetragen worden ist[70].

Dieses Argument überzeugt, weil die Heilungsmöglichkeit nach § 185 Abs. 3 AktG, unabhängig von der umstrittenen Frage, ob fehlende Schriftform überhaupt nach § 185 Abs. 3 AktG heilbar ist[71], verlangt, dass der Aktionär „auf Grund" des Zeichnungsscheins seine Rechte ausübt. Das bedeutet, dass der Zeichnungsschein und nicht etwa anderweitiger Aktienbesitz Ursache für die Aktivität des Aktionärs sein muss[72]. Der Aktionär kann aber nur auf Grund des Zeichnungsscheins handeln, wenn er auch Kenntnis vom Inhalt des Zeichnungsscheins hat, wofür die Schriftlichkeit der Zeichnungserklärung Sorge tragen soll. Damit lässt sich folglich auch die Übereilungsschutzfunktion des Zeichnungsvertrages und daher entsprechend obigem Argumentationsansatzes auch des Zeichnungsvorvertrages begründen[73].

Da aus den vorgenannten Gründen das Formerfordernis des § 185 Abs. 1 S. 1 AktG sowohl dem Schutz der Öffentlichkeit als auch dem des Zeichners dient, ist mit der herrschenden Meinung das Schriftlichkeitserfordernis des Zeichnungsvorvertrages zu bejahen.

bb) Sonstige Angaben nach § 185 Abs. 1 S. 3 Nr. 1-4 AktG

Weiterhin ist fraglich, ob der Zeichnungsvorvertrag die weiteren Angaben nach § 185 Abs. 1 S. 3 Nr. 1-4 AktG enthalten muss. Diese Ziffern verlangen in der

---

69 So ausdrücklich *Blaurock* in FS Rittner, 1991, 33 (44 f.).

70 *Blaurock* in FS Rittner, 1991, 33 (44 f.).

71 Dafür Großkommentar AktG/*Wiedemann*, § 185 Rz. 58; MünchHdbGesR IV/*Krieger*, § 56 Rz. 106; dagegen Geßler u.a./*Hefermehl/Bungeroth*, Aktiengesetz, § 185 Rz. 87 und Kölner Kommentar AktG/*Lutter*, § 185 Rz. 60, allerdings i. E. ähnlich, weil sie aus § 242 BGB ein Verbot seitens des Zeichners ableiten, sich wegen widersprüchlichen Verhaltens auf die fehlende Schriftform berufen zu dürfen, wenn die Voraussetzungen des § 185 Abs. 3 AktG im übrigen vorliegen; nicht eindeutig Stellung beziehend *Hüffer*, AktG, § 185 Rz. 21.

72 Großkommentar AktG/*Wiedemann*, § 185 Rz. 56.

73 Im Ergebnis ebenso *Hergeth/Eberl*, NZG 2003, 205 (206).

Zeichnungserklärung die Angabe des Tages des Kapitalerhöhungsbeschlusses (Nr. 1), des Ausgabebetrages der Aktien, den Betrag der festgesetzten Einzahlungen sowie den Umfang von Nebenverpflichtungen (Nr. 2), der bei einer Sachkapitalerhöhung nach § 183 Abs. 1 AktG erforderlichen Angaben (Nr. 3) und schließlich des Zeitpunktes, an dem die Zeichnung unverbindlich wird, wenn nicht bis dahin die Durchführung der Kapitalerhöhung eingetragen ist (Nr. 4).

Die Angabe des Datums des Kapitalerhöhungsbeschlusses, der ja chronologisch der vorvertraglichen Zeichnungsverpflichtung nachfolgt, ist nur dann möglich, wenn dieser Tag bereits feststeht. Aber auch dann erscheint die Angabe im Zeichnungsvorvertrag entbehrlich, weil dieser Angabe allein ordnungsrechtliche und keine materielle Bedeutung zukommt[74].

Bezüglich der Angaben nach Nr. 2 und 3 wird zum Teil die Auffassung vertreten, dass im Zeichnungsvorvertrag der Umfang der Verpflichtung erkennbar sein müsse und deswegen die zu erwerbende Beteiligung nach Zahl, ggf. Nennbetrag und Gattung der Aktien bestimmbar sein müsse, ohne dass die genauen Angaben nach Nr. 2 und 3 im Zeichnungsvorvertrag enthalten sein müssten[75]. Andere verlangen dagegen die genaue Aufnahme der genannten Angaben und begründen dies entsprechend der Argumentation zum Schriftformerfordernis mit der zeichnerschützenden Funktion dieser Angaben[76].

Zur Beantwortung der Frage, ob die Angabe von Ausgabebetrag, Einzahlungs- und Nebenpflichten in der Zeichnungserklärung zeichnerschützende Funktion haben, was dann auch ihre Aufnahme im Zeichnungsvorvertrag erforderlich machen würde, soll zunächst diese Rechtslage mit der im GmbH-Recht verglichen werden.

Im Zusammenhang mit der Frage der Formbedürftigkeit vorvertraglicher Übernahmeverpflichtungen in der GmbH war die Formpflichtigkeit nur für die Fälle bejaht worden, in denen sich Dritte zur Übernahme neuer, mit zusätzlichen Leistungspflichten versehener Anteile bereit erklären[77]. Dies war mit § 55 Abs. 2 S. 2 GmbHG begründet worden, der die Angabe sonstiger, neben die Einlage tretender Leistungen der notariellen Form der Übernahmeerklärung nach § 55 Abs. 1 GmbHG unterwirft, wenn Dritte Anteile erwerben.

Im Gegensatz dazu verlangt § 185 Abs. 1 S. 3 Nr. 2 AktG die Angabe in jeder Zeichnungserklärung und differenziert nicht nach der Position des Zeichners als Alt- oder Neuaktionär. Wenn aber die Angabe in jedem Fall erforderlich sein

---

74 So bereits; RGZ 85, 284 (287 f.); *Blaurock* in FS Rittner, 1991, 33 (46); *Hüffer*, AktG, § 185 Rz. 31.

75 Großkommentar AktG/*Wiedemann*, § 185 Rz. 81; MünchHdbGesR IV/*Krieger*, § 56 Rz. 102.

76 *Blaurock* in FS Rittner, 1991, 33 (45 f.); *Hüffer*, AktG, § 185 Rz. 31.

77 S. dazu § 3II.1.b)bb).

soll, lässt sich daraus ableiten, dass auch die zeichnerschützende Funktion der Angaben in jedem Fall, also im Falle der Zeichnung durch Alt- oder Neuaktionäre besteht. Dies spricht dafür, die zeichnerschützende Funktion der Angaben nach § 185 Abs. 1 S. 3 Nr. 2 AktG zu bejahen und daher auch die Angabe im Zeichnungsvorvertrag zu verlangen. Diese Position wird bestärkt durch ein historisches Argument. Denn schon in der allgemeinen Begründung zur Aktienrechtsnovelle 1884 war ausgeführt worden, dass der Zeichnungsschein den Betrag enthalten solle, für welchen die Ausgabe der Aktien stattfinde und den Betrag der Einzahlungen, welche bereits festgesetzt sind, damit kein Zweifel über die dem Zeichner obliegenden Leistungen bestehe[78]. Gleiches gilt auch für die Angabe der Festsetzungen bei Erbringung einer Sacheinlage nach § 185 Abs. 1 S. 3 Nr. 3 AktG. Hier ergibt sich die zeichnerschützende Funktion aus § 183 AktG, der dezidierte Angaben bei Sachkapitalerhöhungen im Kapitalerhöhungsbeschluss verlangt.

Als Zwischenergebnis ist festzuhalten, dass die Angaben nach § 185 Abs. 1 S. 3 Nr. 2 und 3 AktG schon im Vorvertrag festgehalten werden müssen.

Schließlich stellt sich die Frage des Zeichnerschutzes für die Angabe des Zeitpunktes der Unverbindlichkeit der Zeichnung im Falle der nichterfolgten Durchführung der Kapitalerhöhung. Zweck der Angabe nach § 185 Abs. 1 S. 3 Nr. 4 AktG ist, eine zeitlich unbegrenzte Bindung des Zeichners zu verhindern[79]. Insoweit besteht Übereinstimmung, dass die Laufzeit des Zeichnungsvorvertrages entsprechend § 185 Abs. 1 S. 3 Nr. 4 AktG zu begrenzen ist, weil es dem Zeichner nicht zugemutet werden kann, jederzeit mit dem Kapitalerhöhungsbeschluss rechnen zu müssen[80]. Allerdings wird hier teilweise in den Fällen, in denen der genaue Zeitpunkt des Kapitalerhöhungsbeschlusses noch nicht feststeht, auch die Angabe eines Zeitraumes vom Tag der Kapitalerhöhung bis zu seiner Eintragung für ausreichend erachtet[81].

In dem der Entscheidung des OLG Frankfurt vom 04.04.2001 zugrundeliegenden Sachverhalt hatte sich der Beklagte in einem Zeichnungsvorvertrag zur Zeichnung einer bestimmten Anzahl von Aktien aus einer noch ausstehenden Kapitalerhöhung verpflichtet, ohne dass ein Zeitpunkt angegeben oder jedenfalls bestimmbar war, zu dem die Hauptversammlung der klagenden AG die Kapitaler-

78 Aktenstück Nr. 21 vom 07.03.1884 Entwurf eines Gesetzes betreffend die Kommanditgesellschaften auf Aktien und die Aktiengesellschaften § 8 Abs. 3 3. a) Nr. 3, abgedruckt u. a. bei *Schubert/Hommelhoff*, ZGR Sonderheft 4, 1985, 404 ff. (439); ebenso *Blaurock* in FS Rittner, 1991, 33 (47).

79 RGZ 85, 284 (287); Geßler u.a./*Hefermehl/Bungeroth*, Aktiengesetz, § 185 Rz. 29.

80 *Blaurock* in FS Rittner, 1991, 33 (48); Großkommentar AktG/*Wiedemann*, § 185 Rz. 82; *Hüffer*, AktG, § 185 Rz. 31; MünchHdbGesR IV/*Krieger*, § 56 Rz. 102.

81 Geßler u.a./*Hefermehl/Bungeroth*, Aktiengesetz, § 185 Rz. 30; Kölner Kommentar AktG/*Lutter*, § 185 Rz. 42.

höhung beschließen sollte. Der Beklagte weigerte sich in der Folgezeit, die Einlagen zu leisten, die Gesellschaft nahm ihn auf Zahlung in Anspruch[82]. Das Gericht wies die Klage mit der Begründung zurück, dass der Zeichnungsvorvertrag wegen der fehlenden Angabe eines maßgeblichen Endzeitpunktes nichtig sei. Ein solcher sei aber auch und gerade in dem Fall, in dem der Zeitpunkt des Kapitalerhöhungsbeschlusses nicht feststehe, erforderlich, weil es sonst der AG freistehe, wann sie den Beschluss tatsächlich herbeiführen wolle, während der aus dem Vorvertrag Verpflichtete aber seinerseits jederzeit mit dem Beschluss und der Aufforderung zur Zeichnung rechnen müsse[83]. Diese Argumentation überzeugt, weil ansonsten der Schutzzweck der Norm, der eine zeitlich unbegrenzte Bindung des Zeichners verhindern soll, durch den Zeichnungsvorvertrag umgangen werden würde[84].

Zusammenfassend gilt daher, dass die Angabe über das konkrete Datum des Kapitalerhöhungsbeschlusses nach § 185 Abs. 1 S. 3 Nr. 1 AktG im Vorvertrag entbehrlich ist, die Angaben nach § 185 Abs. 1 S. 3 Nr. 2 bis 4 AktG dagegen notwendig sind. Steht der Zeitpunkt des Kapitalerhöhungsbeschlusses nicht fest, so ist bereits entsprechend § 185 Abs. 1 S. 3 Nr. 4 AktG im Zeichnungsvorvertrag der Endzeitpunkt zu nennen, an dem die Zeichnungsverpflichtung unverbindlich wird.

cc) Rechtsfolgen vorvertraglicher Zeichnungsverpflichtungen

Fehlen die nach § 185 Abs. 1 S. 3 AktG erforderlichen Angaben, ist der Zeichnungsvorvertrag in entsprechender Anwendung des § 185 Abs. 2 AktG nach § 125 S. 1 BGB nichtig[85].

Bei wirksamer vorvertraglicher Zeichnungsverpflichtung hingegen kann die Gesellschaft den Zeichner auf Abgabe der Zeichnungserklärung in Anspruch nehmen und ggf. nach § 894 Abs. 1 ZPO vollstrecken. Andererseits kann der Zeichner nicht bereits aus der vorvertraglichen Verpflichtung zur Abgabe der Zeichnungserklärung die Gesellschaft auf Durchführung der Kapitalerhöhung oder gar Zuteilung der Anteile in Anspruch nehmen. § 187 Abs. 2 AktG steht einer solchen Inanspruchnahme der Gesellschaft entgegen. Gemäß § 187 Abs. 2 AktG sind Zusicherungen vor dem Kapitalerhöhungsbeschluss der Gesellschaft gegenüber unwirksam. Das bedeutet, dass die Gesellschaft zwar vertragliche Vereinbarungen über den Bezug von Anteilen auch vor dem Kapitalerhöhungsbeschluss

82 OLG Frankfurt/M. ZIP 2001, 1048 (1048); dazu *Hirte*, NJW 2003, 1090 (1093).
83 OLG Frankfurt/M. ZIP 2001, 1048 (1048 f.).
84 Ebenso *Blaurock* in FS Rittner, 1991, 33 (48) bereits vor der genannten Entscheidung; diese bestätigend *Hüffer*, AktG, § 185 Rz. 31.
85 OLG Frankfurt/M. ZIP 2001, 1048 (1048); *Hergeth/Eberl*, NZG 2003, 205 (208).

treffen kann, daraus aber nicht verpflichtet wird, das Grundkapital auch tatsächlich zu erhöhen. Führt sie die Kapitalerhöhung nicht durch und kann sie infolgedessen die Bezugsrechte der Zeichner nicht bedienen, folgt aus § 187 Abs. 2 AktG auch, dass die Gesellschaft deswegen nicht auf Schadensersatz in Anspruch genommen werden kann[86].

Die Hauptversammlung wird durch den Zeichnungsvorvertrag nicht gebunden. Sie ist frei in ihrer Entscheidung, eine Kapitalerhöhung zu beschließen oder nicht und sich an die Vorgaben aus dem Zeichnungsvorvertrag zu halten oder nicht. Auch dies ist Ausdruck der ihr zustehenden Satzungsautonomie.

Dies alles zeigt den vorbereitenden, eher organisatorischen Charakter einer vorvertraglichen Zeichnungsverpflichtung, deren Bedeutung in der Klärung der Platzierbarkeit der Anteile vor Beschlussfassung liegt, wodurch sich das Risiko eines Scheiterns der Kapitalerhöhung aus Sicht der Gesellschaft reduziert. Daraus ergibt sich aber auch die Verantwortung der Gesellschaft, den Zeichner über den Umfang seiner zukünftigen Verpflichtung zu informieren, weswegen der Zeichnungsvorvertrag inhaltlich der Zeichnungserklärung nach § 185 Abs. 1 S. 1 AktG entsprechen muss.

b) Vorgezogene Zeichnungserklärung

Ebenso ist es denkbar, dass der potentielle Zeichner bereits die Zeichnungserklärung nach § 185 Abs. 1 S. 1 AktG vor dem Zeichnungsangebot abgibt. Insoweit ist fraglich, ob zur Wirksamkeit der Zeichnungserklärung die Kapitalerhöhung bereits beschlossen sein muss. Dafür könnte sprechen, dass § 185 Abs. 1 S. 3 Nr. 1 AktG die Angabe des Datums, „an dem die Kapitalerhöhung beschlossen worden ist," verlangt. Dennoch besteht Einigkeit, dass die Zeichnungserklärung zulässigerweise auch vor dem Kapitalerhöhungsbeschluss abgegeben werden kann[87]. Richtigerweise steht die Angabe nach § 185 Abs. 1 S. 3 Nr. 1 AktG der Zulässigkeit der vorgezogenen Zeichnungserklärung nicht entgegen, weil diese Angabe, wie vorstehend in Punkt a)bb) erörtert, nur ordnungsrechtlichen und nicht materiellrechtlichen Charakter hat und daher der Kapitalerhöhungsbeschluss nicht konstitutiv für die Zulässigkeit der Zeichnungserklärung ist. Dies entspricht im Übrigen auch dem für die vorgezogene Übernahmeerklärung eines GmbH-Gesellschafters gefundenen Ergebnis. Auch hier ist die Abgabe vor dem Kapitalerhöhungsbeschluss zulässig[88].

---

86 *Hüffer*, AktG, § 187 Rz. 5 f.; weitere Ausführungen zu § 187 Abs. 2 AktG s. auch schon oben § 4I.3.b).

87 *Blaurock* in FS Rittner, 1991, 33 (35 f.); Großkommentar AktG/*Wiedemann*, § 185 Rz. 18, 36; Kölner Kommentar AktG/*Lutter*, § 185 Rz. 25.

88 Vgl. dazu § 3II.2.

6. Vereinbarungen im Zusammenhang mit dem Bezugsrecht

Der vorhergehende Abschnitt beschäftigte sich mit Zeichnungsverpflichtungen der Aktionäre. In diesem Gliederungspunkt 6 geht es um rechtsgeschäftliche Zusicherungen seitens der AG über den Bezug junger Aktien.

Zunächst ist es erforderlich, die Rechtsnatur des gesetzlichen Bezugsrechts der Aktionäre zu erörtern. Bisherige Aktionäre haben gemäß § 186 Abs. 1 AktG Anspruch auf den Bezug der neuen Aktien entsprechend ihrer bisherigen Beteiligungsquote. Dieses Recht wird als Bezugsrecht bezeichnet. Das Bezugsrecht bedeutet die Zulassung zur Übernahme eines Anteils. Es dient zum einen dazu, die bisherige Beteiligungs- und Stimmrechtsquote aufrechtzuerhalten. Zum anderen soll es etwaige Wertverluste ausgleichen, die dadurch entstehen können, dass die neuen Aktien einen niedrigeren Ausgabepreis haben als ihr wirklicher Wert bzw. der Börsenpreis der Altaktien und so einen sog. Verwässerungseffekt auf die Altaktien ausüben[89].

Das Bezugsrecht ist gemäß § 186 Abs. 1 AktG als zwingendes Mitgliedschaftsrecht ausgestaltet. Änderungen durch die Satzung sind unzulässig[90]. Gesetzliche Ausschlussmöglichkeiten bestehen allein unter den Voraussetzungen der § 186 Abs. 3 und 4 AktG. Wesentlich mit Blick auf den korporativen Charakter der Maßnahme ist vor allem, dass der Ausschluss gemäß § 186 Abs. 3 S. 1 AktG nur im Erhöhungsbeschluss selbst erfolgen kann. Er kann nicht schon generell für alle Kapitalerhöhungen in der Satzung vorgesehen oder verboten werden[91]. Ausdrücklich nicht als Ausschluss angesehen wird gemäß § 186 Abs. 5 AktG die Einräumung eines sog. mittelbaren Bezugsrechts, welches unter Punkt b) eingehender behandelt wird. Bei dieser in der Praxis überwiegend angewendeten Emissionsmethode zeichnet ein Emissionsunternehmen die Gesamtzahl der neuen Aktien und verpflichtet sich gegenüber der AG, diese den Aktionären anzubieten. Dieses Bezugsrecht ist mittelbar, weil die Aktionäre die Aktien nicht originär von der AG, sondern derivativ von dem Dritten erhalten[92].

Vereinbarungen über das Bezugsrecht seitens der Gesellschaft können mit Verpflichtungserklärungen über die Zeichnung seitens des Aktionärs verbunden werden. Ebenso sind rechtsgeschäftliche Vereinbarungen über das Bezugsrecht ohne entsprechende Zeichnungsvorverträge denkbar. In beiden Fällen geht es je-

---

89 *Hirte*, Bezugsrechtsausschluß, 1986, S. 31 spricht von dem Bezugsrechtsausschluß als „Gesellschafterausschluss auf Raten"; *Hüffer*, AktG, § 186 Rz. 2; MünchHdb-GesR IV/*Krieger*, § 56 Rz. 57.

90 Großkommentar AktG/*Wiedemann*, § 186 Rz. 48; MünchHdbGesR IV/*Krieger*, § 56 Rz. 126.

91 Kölner Kommentar AktG/*Lutter*, § 186 Rz. 51.

92 Kölner Kommentar AktG/*Lutter*, § 186 Rz. 102.

weils um die Frage, ob solche Vereinbarungen mit Blick auf die Regelungen in § 187 AktG zulässig sind. Dieser Frage wird im nun folgenden Gliederungspunkt a) nachgegangen.

a) Rechtsgeschäftliches Bezugsrecht

Gesellschaft und Zeichner können auf schuldrechtlicher Ebene Vereinbarungen über die Zuteilung neuer Anteile treffen. Dabei stellt sich die Frage, ob und inwieweit § 187 AktG der Zulässigkeit solcher rechtsgeschäftlichen Bezugsrechte Grenzen zieht.

§ 187 AktG definiert den Rahmen, innerhalb dessen die Gesellschaft „Zusicherungen", wie § 187 Abs. 1 AktG formuliert, über die Einräumung von Bezugsrechten erteilen darf. Die Norm dient dazu, das gesetzliche Bezugsrecht der Aktionäre nach § 186 Abs. 1 AktG zu sichern, welches, wie vorstehend erörtert zwingend ist und nur im Erhöhungsbeschluss ausgeschlossen werden kann. Sie betrifft nur Verpflichtungen der Gesellschaft, nicht seitens der Zeichner. Sie richtet sich an die Gesellschaft und damit an alle ihre Organe, also Hauptversammlung, Vorstand und Aufsichtsrat[93]. Zusicherung im Sinne der Norm meint jede schuldrechtliche oder korporative Verpflichtung im Zusammenhang mit dem Bezugsrecht. Solche Regelungen können folglich auch durch Beschluss getroffen und in die Satzung aufgenommen werden. Im Rahmen dieser Untersuchung sind aber vorrangig die schuldrechtlichen Zusicherungen von Interesse.

Die Norm regelt in Abs. 1 den Vorrang der gesetzlichen Bezugsrechte gegenüber rechtsgeschäftlichen Vereinbarungen über das Bezugsrecht. Ansprüche aus zugesicherten Bezugsrechten können nur bedient werden, wenn die gesetzlichen Bezugsrechte erfüllt sind.

Streitig ist, ob der „Vorbehalt des Bezugsrechts" nach § 187 Abs. 1 AktG in die Vereinbarung über die Zusicherung ausdrücklich aufgenommen werden müsse oder kraft Gesetzes gelte. Vertreter der ersten Ansicht begründen das Erfordernis eines ausdrücklichen Vorbehalts zum einen mit dem Wortlaut der Norm, der nahe lege, dass ein solcher Vorbehalt in die Vereinbarung aufgenommen werden müsse. Zum anderen erfordere auch der Normzweck eine ausdrückliche Warnung potentieller Zeichner vor dem Bestand gesetzlicher Bezugsrechte[94]. Auch die Vertreter der zweiten Ansicht, die einen Vorbehalt kraft Gesetzes annehmen, argumentieren mit dem Normzweck des § 187 Abs. 1 AktG, der darin

93 Großkommentar AktG/*Wiedemann*, § 187 Rz. 3.

94 *Godin/Wilhelmi*, AktG, § 187 Anm. 3; Großkommentar AktG/*Wiedemann*, § 187 Rz. 14; *Schlegelberger/Quassowski*, AktG 1937, § 154 Rz. 2; auch noch *Baumbach/Hueck*, AktG, § 187 Rz. 3.

zu sehen sei, dass gesetzliche Bezugsrechte zu schützen seien, ohne die Interessen der AG und der Inhaber zugesicherter Bezugsrechte zu vernachlässigen[95].

Die Konsequenzen der jeweiligen Meinungen zeigen sich bei den Rechtsfolgen. Verlangt man mit der ersten Ansicht einen ausdrücklich vereinbarten Vorbehalt, so führt ein Verstoß gegen diese Vorgabe zur Nichtigkeit der Zusicherung. Rechtsgeschäftlich zugesicherte Bezugsrechte könnten selbst dann nicht bedient werden, wenn gesetzliche Bezugsrechte nicht ausgeübt werden und somit zur anderweitigen Verwendung zur Verfügung stünden. Nach der zweiten Ansicht können rechtsgeschäftliche Bezugsrechte so lange bedient werden, wie gesetzliche nicht bestehen oder nicht ausgeübt werden, weil der Vorrang kraft Gesetzes gilt.

Gegen die erste Ansicht spricht, dass sie das gesetzliche Bezugsrecht in einer Weise schützt, wie es § 187 Abs. 1 AktG nicht verlangt. Die gesetzlichen Bezugsrechte müssen nicht um ihrer selbst Willen geschützt werden, sondern nur soweit sie auch von den Altaktionären tatsächlich ausgeübt werden. Dieser Schutz wird aber auch bei Anerkennung eines gesetzlichen Vorbehalts ausreichend ermöglicht, so dass der zweiten Ansicht zu folgen ist und der in § 187 Abs. 1 AktG verlangte Vorbehalt als gesetzlicher zu verstehen ist.

§ 187 Abs. 2 AktG betrifft den Zeitpunkt der Zusicherung. Wird eine solche Vereinbarung vor dem Kapitalerhöhungsbeschluss getroffen, so ist sie, jedenfalls dem Wortlaut der Norm nach zu urteilen, der Gesellschaft gegenüber unwirksam. Entsprechend des vorstehend ausgeführten Streits zur Ausgestaltung des Vorbehalts in § 187 Abs. 1 AktG differieren auch die Ansichten zur Rechtsfolge des § 187 Abs. 2 AktG. Verlangt man ein ausdrücklich vereinbartes Bezugsrecht, so sind Zusicherungen vor dem Kapitalerhöhungsbeschluss unwirksam, weil zu diesem Zeitpunkt der Umfang der gesetzlichen Bezugsrechte noch nicht feststeht, da der Ausschluss etwaiger gesetzlicher Bezugsrechte nur im Kapitalerhöhungsbeschluss erfolgen kann. Folglich können nach dieser Ansicht Zusicherungen vor der Entscheidung über den Umfang der gesetzlichen Bezugsrechte gar nicht getroffen werden und müssen daher unwirksam sein[96].

Bei Anerkennung eines Vorbehalts des gesetzlichen Bezugsrechts muss die Norm erweiternd dahingehend ausgelegt werden, dass Zusicherungen vor dem Kapitalerhöhungsbeschluss zulässig sind, die Gesellschaft aber nicht verpflichtet wird, das Grundkapital zu erhöhen oder das gesetzliche Bezugsrecht auszuschlie-

---

95 Geßler u.a./*Hefermehl/Bungeroth*, Aktiengesetz, § 187 Rz. 18; *Hüffer*, AktG, § 187 Rz. 4; Kölner Kommentar AktG/*Lutter*, § 187 Rz. 14; MünchHdbGesR IV/*Krieger*, § 187 Rz. 97.

96 So konsequenterweise *Baumbach/Hueck*, AktG, § 187 Rz. 3; Großkommentar AktG/*Wiedemann*, § 187 Rz. 8; *Schlegelberger/Quassowski*, AktG 1937, § 154 Rz. 3.

ßen[97]. Wegen der Ausführungen zum vorstehend erörternden Streit, in dem die Verfasserin in § 187 Abs. 1 AktG einen gesetzlichen Vorbehalt des Bezugsrechts bejaht hatte, bejaht die Verfasserin mit den gleichen Argumenten die erweiternde Auslegung des § 187 Abs. 2 AktG. Die Gesellschaft darf daher auch schon vor dem Kapitalerhöhungsbeschluss den Bezug junger Aktien schuldrechtlich zusichern.

b) Kapitalerhöhung bei Einschaltung eines Emissionsunternehmens

In diesem Abschnitt geht es um die Besonderheiten einer Kapitalerhöhung bei Einschaltung eines Emissionsunternehmens mit Blick auf die einer solchen Konstruktion zugrundeliegenden schuldrechtlichen Vereinbarungen. Die Durchführung einer Kapitalerhöhung bei Einschaltung eines Emissionsunternehmens nach § 186 Abs. 5 AktG unterscheidet sich von einer Durchführung nach § 186 Abs. 1 AktG dadurch, dass bei Einschaltung eines Emissionsunternehmens dieses sich gegenüber der AG verpflichtet, die Anteile zu übernehmen und zu platzieren. Auch hier ist ähnlich wie bei Zeichnungsverpflichtungen das Platzierungsrisiko der Anteile für die Gesellschaft geringer als bei einem direkten Bezug durch die Aktionäre, weil zunächst das Emissionsunternehmen die Anteile zeichnet und dann selbst für die Platzierung sorgen muss. Daher stellt die Durchführung der Kapitalerhöhung nach § 186 Abs. 5 AktG sowohl eine Alternative zum direkten Bezug der Aktien durch die Aktionäre als auch zur Vorbereitung mittels Zeichnungsvorverträgen dar. Dies zeigt auch die praktische Bedeutung des mittelbaren Bezugsrechts. Auch wenn nach der gesetzlichen Struktur der direkte Bezug der Anteile das Leitbild sein soll, so stellt in der Praxis der börsennotierten Gesellschaften die Emission nach § 186 Abs. 5 AktG die Regel dar[98].

Die wirksame Festlegung des mittelbaren Bezugsrechts setzt nach § 186 Abs. 5 S. 1 AktG auf korporativer Ebene zunächst voraus, dass der Kapitalerhöhungsbeschluss dieses bereits festsetzt. Dabei muss die Hauptversammlung den gesamten Erhöhungsbetrag einem Emissionsunternehmen zur Zeichnung zuweisen, wobei dieses im Beschluss noch nicht namentlich genannt werden muss[99]. Emissionsunternehmen im Sinne des § 186 Abs. 5 S. 1 AktG kann zunächst ein Kreditinstitut im Sinne des § 1 Abs. 1 KWG mit den Ausnahmen nach § 2 Abs. 1

97 Geßler u.a./*Hefermehl/Bungeroth*, Aktiengesetz, § 187 Rz. 22; *Hüffer*, AktG, § 187 Rz. 5; Kölner Kommentar AktG/*Lutter*, § 187 Rz. 17; MünchHdbGesR IV/*Krieger*, § 56 Rz. 97; *Semler* in FS Werner, 1984, 855 (866).

98 *Blaurock* in FS Rittner, 1991, 33 (34 f.); Großkommentar AktG/*Wiedemann*, § 186 Rz. 102; *Hüffer*, AktG, § 186 Rz. 44.

99 OLG Hamburg AG 2000, 326 (328); Geßler u.a./*Hefermehl/Bungeroth*, Aktiengesetz, § 186 Rz. 162; Kölner Kommentar AktG/*Lutter*, § 186 Rz. 104 f, 108.

KWG sein, ferner gemäß des ausdrücklichen Verweises in § 186 Abs. 5 S. 1 AktG auch die nach § 53 Abs. 1 S. 1 oder nach § 53 b Abs. 1 S. 1, VII KWG tätigen Unternehmen, weil sie nach § 1 Abs. 1 S. 2 Nr. 10, XI KWG Emissionsgeschäfte betreiben dürfen.

Die Vermittlung der Anteile ist durch ein oder mehrere Emissionsunternehmen möglich. Werden mehrere verpflichtet, so können sie sich zu einem sog. Emissionskonsortium zusammenschließen. Das Emissionskonsortium bildet regelmäßig eine GbR nach § 705 BGB, die Innengesellschaft sein kann, wenn nur ein Gesellschafter, also ein Kreditinstitut, als Konsortialführer mit dem Emittenten verhandelt oder Außengesellschaft, wenn das Konsortium als solches vertreten durch einen Konsortialführer als Geschäftsführer auftritt[100]. Ferner muss der Kapitalerhöhungsbeschluss selbst die Verpflichtung des Emissionsunternehmens enthalten, die neuen Aktien zu übernehmen und den Aktionären zum Bezug anzubieten. Diese Verpflichtung wird in einem schuldrechtlichen Vertrag zwischen der AG, vertreten durch den Vorstand, und dem Emissionsunternehmen näher definiert. Daher ist die im Kapitalerhöhungsbeschluss enthaltene Verpflichtung zur Zeichnung und zum weiteren Angebot an die Aktionäre als Anweisung der Hauptversammlung an den Vorstand zu verstehen, eine solche Vereinbarung mit dem Emissionsunternehmen zu schließen[101].

Es stellt sich dann die Frage, wie die Vereinbarungen zwischen Emittent und Emissionsunternehmen ausgestaltet sein müssen, um die Vorgaben aus dem Kapitalerhöhungsbeschluss vollständig zu erfüllen. Das Emissionsunternehmen verpflichtet sich gegenüber dem Emittenten, die übernommenen Aktien den Aktionären entsprechend ihrer bisherigen Beteiligung zum Bezug anzubieten. Die Vereinbarung enthält erstens die Verpflichtung des Emissionsunternehmens, die Aktien zunächst selbst zu zeichnen und zweitens, die Aktien anschließend zu platzieren[102]. Das mittelbare Bezugsrecht zeichnet sich dadurch aus, dass es gerade kein Bezugsrechtsausschluss im Sinne der § 186 Abs. 3, 4 AktG ist und auch nicht sein darf. Vielmehr haben die Aktionäre ein von dem Emissionsunternehmen abgeleitetes eigenes Bezugsrecht. Die Vereinbarung zwischen Emittent und Emissionsunternehmen, die ihrer Rechtsnatur nach ein Geschäftsbesorgungsvertrag nach § 675 Abs. 1 BGB ist, muss folglich als Vertrag zugunsten Dritter ge-

---

100 Zum letzteren *De Meo*, Bankenkonsortien, 1994, Kap. 2 Rz. 148 ff.; Großkommentar AktG/*Wiedemann*, § 186 Rz. 199; im folgenden ist aus Vereinfachungsgründen nur von Emissionsunternehmen im Singular die Rede, umfasst sind aber auch Konsortien.

101 Kölner Kommentar AktG/*Lutter*, § 186 Rz. 106.

102 *Fredebeil*, Underwriting Agreement, 2002, S. 259; MünchHdbGesR IV/*Krieger*, § 56 Rz. 91; vgl. dazu das Muster einer Kapitalerhöhungsofferte bei BuB/*Groß*, Bd. 5 Rz. 10/325.

mäß § 328 BGB ausgestaltet sein. Denn die Aktionäre müssen daraus einen eigenen Anspruch auf Abgabe des Angebots zur Zeichnung durch das Emissionsunternehmen haben, nachdem die Durchführung der Kapitalerhöhung eingetragen worden ist[103].

Der Vertrag zwischen Emittent und Emissionsunternehmen muss auch den Bezugskurs enthalten, zu dem die Aktionäre die Anteile erwerben können. Den Bezugskurs kann der Kapitalerhöhungsbeschluss selbst festlegen, ansonsten übernimmt dies der Vorstand. Dabei ist die Neuregelung in § 186 Abs. 5 S. 2 AktG zu beachten, die es nun dem Vorstand erlaubt, den spezifischen Bezugspreis unter den Voraussetzungen des ebenfalls neugefassten § 186 Abs. 2 S. 2 AktG erst zu einem späteren Zeitpunkt, nämlich gemäß § 186 Abs. 2 S. 2 AktG spätestens drei Tage vor Ablauf der Bezugsfrist, festzulegen[104]. Der Kurs, zu dem die Aktionäre die Aktien beziehen, kann höher liegen als der sog. Ausgabepreis, also der Preis, zu dem das Emissionsunternehmen zeichnet. Rechtspraktisch liegt die Bedeutung der Differenz darin, dass das Emissionsunternehmen gemäß §§ 188 Abs. 2 S. 1, 36 a Abs. 1 AktG nur ein Viertel des Ausgabepreises vor Anmeldung der Durchführung der Kapitalerhöhung einzahlen muss, während der wesentlich höhere Bezugspreis zu diesem Zeitpunkt außer Betracht bleibt und erst durch die Aktionäre erbracht werden muss.

Es besteht die Gefahr, dass bei einer zu großen Differenz zwischen Ausgabe- und Bezugspreis der höhere Bezugspreis dieselbe Wirkung hat wie ein regulärer Bezugsrechtsausschluss nach § 186 Abs. 3 und 4 AktG, dessen Voraussetzungen aber nicht erfüllt sind; bei einem zu hohen Bezugspreis wären die Aktionäre „faktisch" von dem Bezug neuer Aktien ausgeschlossen, weil sie den Preis nicht bezahlen könnten.

Daher sind einige Autoren der Ansicht, dass die Differenz zwischen Ausgabe- und Bezugspreis nur so hoch sein darf, dass sie ein angemessenes Entgelt für die Dienstleistung des Emissionsunternehmens darstellt[105]. Nach anderer Ansicht kann der Bezugspreis auch höher liegen, wenn sich das Emissionsunternehmen im Übernahmevertrag verpflichtet, den über das Entgelt hinausgehenden Betrag an den Emittenten abzuführen, den dieses dann nach § 272 Abs. 2 Nr. 1 HGB in

---

103 Geßler u.a./*Hefermehl/Bungeroth*, Aktiengesetz, § 186 Rz. 185; *Hüffer*, AktG, § 186 Rz. 51.

104 Die Neuregelungen der §§ 186 Abs. 2 und Abs. 5 S. 2 wurde durch das TransPuG in das AktG eingeführt; zu den Voraussetzungen und der praktischen Relevanz dieser Änderungen Hirte/*Hirte*, TransPuG, 2003, 1. Kap. Rz. 91 ff. und Hirte/*Heckschen*, TransPuG, 2003, 3. Kap. Rz. 61; *Schlitt/Seiler/Singhof*, AG 2003, 254 (260 f.); zu dem Regelungsbedürfnis vor der Gesetzesänderung *Busch*, AG 2002, 230 (234 f.).

105 Geßler u.a./*Hefermehl/Bungeroth*, Aktiengesetz, § 186 Rz. 166; *Immenga* in FS Beusch, 1993, 413 (419 ff.); *Schippel* in FS Steindorff, 1990, 249 (254 ff.).

die Kapitalrücklage einstellt[106]. Die zuletzt genannte Auffassung überzeugt, weil durch die Verpflichtung des Emissionsunternehmens zur Abführung des überschüssigen Betrages verhindert wird, dass ihm wirtschaftliche Vorteile zuteil werden, die ihm nicht gewährt werden dürfen.

Auf korporativer Ebene wird der soeben beschriebene Übernahmevertrag durch den Zeichnungsvertrag nach § 185 Abs. 1 S. 3 AktG zwischen Gesellschaft und Emissionsunternehmen ergänzt. Das Emissionsunternehmen ist alleiniger Zeichner.

Nach dem Übernahmevertrag ist das Emissionskonsortium verpflichtet, den Aktionären ein Angebot zum Abschluss eines Kaufvertrages über die jungen Aktien zu unterbreiten. Anders als bei dem unmittelbaren Bezugsrecht geht das Angebot beim mittelbaren Bezugsrecht von dem Emissionsunternehmen aus[107].

Vorstehende Ausführungen zeigen, dass das mittelbare Bezugsrecht der Vereinfachung der Kapitalerhöhung dient. Es wird ein Mittler eingeschaltet, der für die Gesellschaft die Platzierung der Anteile übernimmt. Das Emissionsunternehmen zeichnet zwar zunächst die Aktien, der Altaktionär ist aber von Beginn an derjenige, der das Bezugsrecht besitzt und die Aktien erhalten soll.

7. *Kapitalerhöhung mit Agio oder schuldrechtlichen Mehrleistungen*

Ebenso wie im GmbH-Recht ist es auch im Aktienrecht üblich, die aus einer Kapitalerhöhung entstehenden jungen Anteile nicht zum Nennwert, sondern zu einem erhöhten Betrag auszugeben. Die Differenz zwischen Nennwert und erhöhtem Ausgabebetrag wird als Agio oder Aufgeld bezeichnet. Anders als das GmbHG enthält das AktG ausdrückliche Regelungen zum Agio. § 9 Abs. 2 AktG erklärt die Überpari-Emission, also die Ausgabe der Aktien zu einem höheren als dem Nennbetrag ausdrücklich für zulässig, knüpft die Zulässigkeit jedoch an bestimmte Voraussetzungen. In diesem Abschnitt geht es parallel zu den Ausführungen oben in § 3IV um die Frage, ob und unter welchen Voraussetzungen es im Aktienrecht zulässig ist, die Aktionäre zu zusätzlichen schuldrechtlichen Mehr-

---

106 *Fredebeil*, Underwriting Agreement, 2002, S. 281 f.; Großkommentar AktG/*Wiedemann*, § 186 Rz. 202 f.; ausführlich zu dem Streitstand *Herchen*, Agio und verdecktes Agio, 2004, S. 259 ff., die i. E. die Emissionspraxis für zulässig erachtet; *Hoffmann-Becking* in FS Lieberknecht, 1997, 25 (33); Kölner Kommentar AktG/*Lutter*, § 186 Rz. 107; MünchHdbGesR IV/*Krieger*, § 56 Rz. 90; *Priester* in FS Brandner, 1996, 97 (110 ff.); *ders.* in FS Lutter, 2000, 617 (620 f.); *Technau*, AG 1998, 445 (449); *Wiedemann*, WM 1979, 990 (991).

107 So jüngst OLG Karlsruhe AG 2002, 91 (91) (nicht rkr.); Kölner Kommentar AktG/*Lutter*, § 186 Rz. 112.

leistungen zu verpflichten und wann solche Verpflichtungen ein verdecktes Agio darstellen, also eine Mehrleistungspflicht, die in ihrer Funktion einem Aufgeld entspricht, ohne dessen gesetzliche Vorgaben zu erfüllen[108]. Dazu ist es zunächst erforderlich, die aktienrechtlichen Besonderheiten der Verpflichtung zur Leistung eines Agios bezüglich Funktion, Rechtsnatur, Voraussetzungen und Rechtsfolgen zu erörtern.

a) Funktion, Rechtsnatur, Voraussetzungen und Rechtsfolgen der Verpflichtung zur Leistung eines Agios im Aktienrecht

Das Aufgeld erfüllt im Aktienrecht wie auch im GmbH-Recht bei Kapitalerhöhungen die Aufgabe, den Wert der Anteile zu erhalten, die dadurch an Wert verlieren können, dass der Nennbetrag, zu dem die Neuaktionäre die Anteile erwerben, möglicherweise niedriger ist als der Wert, den die Anteile tatsächlich haben. Das Agio ist Bestandteil der korporativen Leistungspflicht des Aktionärs. Dies ergibt sich aus § 54 Abs. 1 AktG, der bestimmt, dass die Einlagepflicht der Aktionäre auf den Ausgabebetrag begrenzt ist. Der Ausgabebetrag bezeichnet die Zahlung, die der Aktionär für die Aktie zu erbringen hat oder den Wert, den eine vereinbarte Sacheinlage wenigstens erreichen muss[109]. § 9 AktG definiert den Umfang des Ausgabebetrages. Dieser muss gemäß § 9 Abs. 1 AktG mindestens dem Nennbetrag der Aktien entsprechen, darf aber gemäß § 9 Abs. 2 AktG auch höher liegen. Die Ausgabe zu einem höheren als dem geringsten Ausgabebetrag schließt damit ein etwaiges Aufgeld mit ein. Daraus folgt, dass das Agio einen Bestandteil der Einlage bildet[110]. Daher ist das Agio auch mit dem grundsätzlichen Verbot der Mehrleistungsverpflichtung im Aktienrecht vereinbar, weil es Bestandteil der Einlage ist und somit keine über die Einlagepflicht hinausgehende Zusatzleistung darstellt. Hier zeigt sich der erste Unterschied zur Agiopflicht im GmbH-Recht. Im GmbH-Recht ist das Agio Nebenleistungspflicht nach § 3 Abs. 2 GmbHG und gehört gerade nicht zur Einlagepflicht[111]. Aus diesem Unterschied ergeben sich weitere Differenzen hinsichtlich der Voraussetzungen der ordnungsgemäßen Vereinbarung und Erbringung des Agios im Aktien- und GmbH-Recht.

Bei der effektiven Kapitalerhöhung muss der Kapitalerhöhungsbeschluss gemäß § 182 Abs. 3 AktG den Mindestausgabebetrag einschließlich eines etwaigen Agios enthalten. Für die grundsätzliche Entscheidung, ob die Anteile zum Nenn-

---

108 S. zum Parallelproblem in der GmbH oben § 3IV.2.

109 *Hüffer*, AktG, § 9 Rz. 2.

110 Begründung zum Regierungsentwurf eines StückAG BT-Drucks 13/9573 S. 15 zu § 9 Abs. 1 AktG; MünchKommAktG/*Heider*, § 9 Rz. 35.

111 Vgl. dazu die Ausführungen unter § 3IV.1.b).

wert oder einem erhöhten Betrag ausgegeben werden, ist die Hauptversammlung zuständig, da sie den Kapitalerhöhungsbeschluss fasst. Den konkreten Ausgabebetrag und damit die konkrete Höhe des Agios kann sie entweder selbst festlegen oder dem Vorstand zur Entscheidung übertragen[112]. Auch der Zeichnungsschein muss, wie bereits oben in Punkt 5.a)bb) dargestellt, den Ausgabebetrag und damit also auch ein etwaiges Agio angeben. Fehlt die Angabe des Ausgabebetrages im Zeichnungsschein, ist dieser gemäß § 185 Abs. 2 AktG nichtig und allenfalls unter den Voraussetzungen des § 185 Abs. 3 AktG heilbar[113]. Im Gegensatz dazu ist bei der GmbH das Agio als Nebenleistungspflicht im Kapitalerhöhungsbeschluss der Gesellschafterversammlung zu nennen, in der Übernahmeerklärung nach § 55 Abs. 2 S. 2 GmbHG dagegen nur, wenn ein Dritter einen neuen Anteil übernimmt[114].

Wann der Aktionär das Aufgeld zu zahlen hat, regeln §§ 188 Abs. 2 S. 1, 36 a Abs. 1, 2 S. 2 AktG. Danach muss der Aktionär das Aufgeld bei Anmeldung der Durchführung der Kapitalerhöhung bereits vollständig erbracht haben. Die Regelung in § 36 a AktG dient der Sicherung der Kapitalaufbringung. Der Verweis in § 188 Abs. 2 S. 1 AktG auf § 36 a AktG zeigt deutlich, dass das Agio am Kapitalaufbringungsschutz teilnimmt[115]. Auch hier unterscheidet sich die Agiopflicht im Aktienrecht von der im GmbH-Recht. Denn im GmbH-Recht besteht keine Vollaufbringungspflicht des Agios, weil § 7 Abs. 2 S. 1 AktG, der die Parallelnorm zu § 36 a AktG darstellt, nur verlangt, dass ein Viertel der Stammeinlage erbracht ist. Ein etwaiges Aufgeld wird nicht erwähnt.

Die genannten Voraussetzungen, also Aufnahme in Kapitalerhöhungsbeschluss und Zeichnungsschein und vollständige Erbringung vor Anmeldung haben nach § 188 AktG auch registerrechtliche Bedeutung. Denn nachdem der Vorstand die Durchführung der Kapitalerhöhung angemeldet hat, muss das Registergericht prüfen, ob alle Eintragungsvoraussetzungen vorliegen. Zu dem Zweck hat der Vorstand die in § 188 Abs. 2, 3 AktG erforderlichen Angaben zu machen bzw. die genannten Unterlagen einzureichen. Diese Pflicht umfasst u. a. gemäß §§ 188 Abs. 2 S. 1, 37 AktG die Angabe, dass die erforderlichen Beträge erbracht wurden und endgültig zur freien Verfügung des Vorstands stehen und gemäß § 188 Abs. 3 Nr. 1 die Vorlage der Zweitschriften der Zeichnungsscheine. Das Registergericht prüft dann, ob die Anmeldung ordnungsgemäß ist, wobei

---

112 Geßler u.a./*Hefermehl/Bungeroth*, Aktiengesetz, § 182 Rz. 64; Kölner Kommentar AktG/*Lutter*, § 182 Rz. 24; *Priester* in FS Lutter, 2000, 617 (619).

113 BGH WM 1992, 1812 (1815); LG Frankfurt AG 1992, 240 (240); *Hüffer*, AktG, § 185 Rz. 16.

114 S. dazu oben in § 3IV.1.b).

115 *Hüffer*, AktG, § 36 a Rz. 1; *Lutter*, Kapital, 1964, S. 477 f. bereits vor Einführung des § 36 a AktG im Jahr 1979; MünchKommAktG/*Pentz*, § 36 a Rz. 3.

dies neben den formalen Voraussetzungen des § 188 Abs. 3 AktG auch die Frage betrifft, ob der gesamte Vorgang der Kapitalerhöhung entsprechend der aktienrechtlichen und satzungsmäßigen Vorgaben abgelaufen ist. Dabei hat das Gericht gemäß § 12 FGG von Amts wegen zu ermitteln[116]. Kommt es bei der Prüfung zu dem Ergebnis, dass gewisse Voraussetzungen nicht erfüllt sind, muss es die Anmeldung ablehnen.

Ein ordnungsgemäß erbrachtes Agio ist im Aktien- wie im GmbH-Recht in die Kapitalrücklage nach § 272 Abs. 2 Nr. 1 HGB einzustellen. Im Unterschied zum GmbH-Recht unterliegt das Agio im Aktienrecht aber einer strengeren Kapitalbindung[117]. Dies folgt aus §§ 150 Abs. 3 und 4 AktG, die festlegen, dass Kapitalrücklagen nach § 272 Abs. 2 Nr. 1-3 HGB grundsätzlich nicht ausgeschüttet werden dürfen, da sie nur zur Deckung von Verlusten und bei Überschreiten des in § 150 Abs. 2 AktG definierten Mindestbetrages auch zur Kapitalerhöhung aus Gesellschaftsmitteln nach §§ 207 ff. AktG verwendet werden dürfen. Hintergrund dieser Regelung ist, dass verhindert werden soll, dass die AG dadurch Ertragskraft vortäuscht, dass sie Gesellschafterleistungen als Gewinn ausschüttet, sog. Agiotage[118].

Zusammenfassend lässt sich daher festhalten, dass das Agio im Aktienrecht wesentlich strengeren Aufbringungs-, Publizitäts- und Erhaltungsvoraussetzungen unterliegt als im GmbH-Recht, weil es einen Teil der korporativen Einlagepflicht des Aktionärs bildet.

b) Schuldrechtliche Mehrleistungen und verdecktes Agio

Wegen der strengen Voraussetzungen, denen die Agiopflicht im Aktienrecht unterliegt, wählt die Praxis häufig den Weg, statt eines Agios den Zeichnern schuldrechtliche Mehrleistungsverpflichtungen aufzuerlegen, um erhöhte Flexibilität zu schaffen und die Durchführung der Kapitalerhöhung zu vereinfachen. Gerade wegen der strengen aktienrechtlichen Anforderungen an das Agio geht es insbesondere auch um die Frage, wann eine schuldrechtliche Mehrleistungspflicht ei-

---

116 Zum Ganzen vor allem jüngst BayObLG ZIP 2002, 1484 (1485) (rkr.); Geßler u.a./*Hefermehl/Bungeroth*, Aktiengesetz, § 188 Rz. 56; Großkommentar AktG/*Wiedemann*, § 188 Rz. 67; unter dem Gesichtspunkt der Gründerhaftung *Hirte*, NJW 2003, 1090 (1093); *Hüffer*, AktG, § 188 Rz. 20, 181 Rz. 12; *Lutter*, NJW 1969, 1873 (1876).

117 Zur Kapitalbindung des Agios im GmbH-Recht s. oben § 3IV.1.c)aa).

118 *Adler/Düring/Schmaltz*, AktG § 150, Rz. 17; *Hüffer*, AktG, § 150 Rz. 1; Kölner Kommentar AktG/*Lutter*, § 183 Rz. 46; *Lutter*, Kapital, 1964, S. 469; *Priester* in FS Lutter, 2000, 617 (621).

nes Aktionärs der Sache nach ein Agio darstellt, ohne als solches gekennzeichnet zu sein und welche Rechtsfolgen sich daraus ergeben.

Als Grundsatz ist festzuhalten, dass korporative Mehrleistungsverpflichtungen nur als Agio vereinbart werden können. Andere korporative Mehrleistungspflichten verstoßen im Aktienrecht gegen § 54 Abs. 1 AktG und sind unzulässig[119].

Im Folgenden geht es zunächst um die Frage, ob schuldrechtliche Zuzahlungsverpflichtungen der Aktionäre überhaupt zulässig sind. Anschließend wird untersucht, ob und unter welchen Voraussetzungen schuldrechtliche Mehrleistungsverpflichtungen geeignet sind, die gesetzlichen Vorgaben zum Agio zu umgehen, bevor abschließend die Rechtsfolgen einer möglichen Umgehung behandelt werden.

aa) Zulässigkeit schuldrechtlicher Mehrleistungsverpflichtungen der Aktionäre

Es ist zu untersuchen, ob sich Aktionäre überhaupt zulässigerweise neben ihrer Einlagepflicht auf schuldrechtlicher Grundlage zu weiteren Zusatzleistungen im Zusammenhang mit einer Kapitalerhöhung verpflichten dürfen. Zu diesem Zweck wird zunächst der wirtschaftliche Hintergrund der Verwendung schuldrechtlicher Mehrleistungen im Aktienrecht beleuchtet. Anschließend steht der bereits mehrfach erwähnte Beschluss des BayObLG vom 27.02.2002 im Mittelpunkt, der die Frage der Prüfungspflicht des Registerrichters bei Kapitalerhöhungen mit schuldrechtlichen Zusatzzahlungen behandelt[120]. Schließlich wird untersucht, ob schuldrechtliche Mehrleistungsverpflichtungen der Aktionäre untereinander oder gegenüber der AG anlässlich von Kapitalerhöhungen grundsätzlich zulässig sind.

(1) Schuldrechtlicher Mehrleistungsverpflichtungen in der Kautelarpraxis

Die Kautelarpraxis verwendet schuldrechtliche Mehrleistungen in jüngerer Zeit insbesondere im Bereich der Venture-Capital-Finanzierung von Aktiengesellschaften. Hier liegt es im Interesse des Investors, dass er die gesamte Beteiligungssumme nicht vollständig vor der Handelsregisteranmeldung der Durchführung der Kapitalerhöhung erbringt, sondern dass die Einzahlung von Zusatzleistungen vom Erreichen bestimmter wirtschaftlicher Ziele abhängig gemacht wird[121]. Hintergrund dieser Praxis ist, dass mit den Investitionen häufig wirt-

---

119 So ausdrücklich *Hergeth/Eberl*, DStR 2002, 1818 (1819); *Hüffer*, AktG, § 54 Rz. 5; Kölner Kommentar AktG/*Lutter*, § 54 Rz. 13, 21.

120 BayObLG ZIP 2002, 1484 (1485 f.).

121 Diese wirtschaftlichen Ziele werden üblicherweise mit dem englischen Begriff milestones, Meilensteine, bezeichnet, *Hergeth/Eberl*, DStR 2002, 1818 (1818); *Her-*

schaftliches Neuland betreten wird und der wirtschaftliche Erfolg insbesondere bei dieser Art der Investition nicht garantiert ist. Dies macht gerade das Wesen der Risikofinanzierung aus. Einer Vereinbarung als Agio steht die Regelung des § 36 a AktG entgegen, die, wie bereits in diesem Abschnitt oben in a) erwähnt, die Volleinzahlung des Agios vor Handelsregisteranmeldung verlangt. Dies würde bedeuten, dass der Investor bei Bareinlagen den größten Teil des Erhöhungsbetrages, nämlich ein Viertel der Einlage und das gesamte Agio vor der Anmeldung zahlen müsste. Dies läuft aber seinen Interessen, die weitere Finanzierung von der Entwicklung der Unternehmung abhängig zu machen, entgegen. Auch die Publizitätspflicht des Agios entspricht nicht den Interessen des Investors, weil aus Wettbewerbsgründen regelmäßig von den geplanten Aktivitäten vor ihrem tatsächlichen Beginn so wenig wie möglich bekannt werden soll. Also weicht die Praxis auf schuldrechtliche Vereinbarungen aus. Diese bieten nach dem bisherigen Rechtsverständnis grundsätzlich den Vorteil, dass sie weder der Volleinzahlungspflicht unterliegen noch publizitätspflichtig sind.

(2) Die Entscheidung des BayObLG vom 27.02.2002

Die vorstehend beschriebene Vertragspraxis ist in dem Beschluss des BayObLG vom 27.02.2002 einer Prüfung unterzogen worden[122]. In dem zugrundeliegenden Sachverhalt hatten sich die Zeichner im Vorfeld verschiedener Kapitalerhöhungen in einem sog. Investors-Agreement gegenüber den bisherigen Aktionären zur Zahlung eines Aufpreises auf den Nennbetrag der Aktien verpflichtet.

Kern der gerichtlichen Auseinandersetzungen war die Frage, ob ein schuldrechtliches Agio der registerrechtlichen Publizität und Kontrolle unterliegt. Durfte das Registergericht zulässigerweise die Eintragung der Durchführung der Kapitalerhöhung von der Vorlage des Investors-Agreements im Rahmen seiner Amtsermittlungspflicht nach § 12 FGG abhängig machen, um feststellen zu können, ob die in dem Investors-Agreement enthaltene Verpflichtung ein Agio darstelle? Käme das Registergericht zu dem Ergebnis, dass die in der Vereinbarung enthaltene Zuzahlungspflicht der Sache nach ein Agio darstellt, hätte dies aus den vorstehend bei a) erwähnten Gründen die Unwirksamkeit von Kapitalerhöhungsbeschluss und Zeichnungsschein zur Folge. Der Antrag auf Eintragung müsste zurückgewiesen werden. Das BayObLG entschied, dass das Registergericht die

manns, ZIP 2003, 788 (789); *Schorling/Vogel*, AG 2003, 86 (86); vgl. das Bsp. für die Aufnahme eines sog. Meilensteins in einen Beteiligungsvertrag zwischen Investoren, Altaktionären und der Gesellschaft bei *Schäfer/Stephan*, VC Verträge, 2003, Rz. 311 ff., 582.

122 BayObLG ZIP 2002, 1484 (1484 f.).

Vorlage des Dokuments verlangen könne, um die Frage der Rechtsnatur der Zuzahlungspflicht zu klären[123].

Um die Auswirkungen dieses Beschlusses auf die Finanzierungspraxis von Venture Capital Gesellschaften und darüber hinaus auf die Zulässigkeit der Vereinbarung sonstiger schuldrechtlicher Mehrleistungspflichten in anderen wirtschaftlichen Zusammenhängen einordnen zu können, gilt es zunächst festzuhalten, worüber das Gericht tatsächlich entschieden hat. Entschieden hat es nur über das registerrechtliche Erfordernis der Vorlage bestimmter Dokumente im Rahmen des § 188 AktG, § 12 FGG. Eine materiellrechtliche Entscheidung mit Blick auf die Frage, unter welchen Voraussetzungen eine in einem schuldrechtlichen Vertrag enthaltene Zuzahlungspflicht ein verdecktes Agio darstellt, hat es nicht getroffen. Insoweit hat das Gericht *in obiter* drei Gesichtspunkte angedeutet: Erstens könne die Frage entscheidend sein, ob die Gesellschaft ein eigenes Forderungsrecht bezüglich der Zuzahlung habe oder nicht. Zweitens komme es darauf an, ob es sich bei der Zuzahlung um „gewollte Einlagen" handele[124], ob also nach der Intention der Parteien die Zuzahlungen wie Einlagen zu erbringen seien. Im übrigen neige das Gericht der herrschenden Meinung zu, dass es im Rahmen der Vertragsfreiheit grundsätzlich möglich sei, Zuzahlungen zum geringsten Ausgabebetrag auch im Verhältnis der Aktionäre untereinander zu vereinbaren[125].

Im Folgenden soll unter Berücksichtigung der Ausführungen des BayObLG die Frage untersucht werden, ob die Zeichner untereinander, wobei mit Zeichnern Altaktionäre und Investoren als potentielle Aktionäre gemeint sind, und gegenüber der AG zulässigerweise schuldrechtliche Mehrleistungsverpflichtungen vereinbaren können.

(3) Schuldrechtliche Mehrleistungsverpflichtungen der Aktionäre untereinander und gegenüber der AG

Im Rahmen dieser Untersuchung war bereits mehrfach festgestellt worden, dass sich die Aktionäre grundsätzlich untereinander und gegenüber ihrer Gesellschaft auf schuldrechtlicher Grundlage Leistungs- und Unterlassungspflichten verschiedensten Inhalts im Zusammenhang mit Kapitalerhöhungen unterwerfen können. Sie können sich dazu verpflichten, einer Kapitalerhöhung zuzustimmen oder eine solche Zustimmung zu unterlassen. Ebenso können sie sich dazu verpflichten, eine Zeichnungserklärung abzugeben. Weder § 23 Abs. 5 AktG noch § 54 Abs. 1 AktG stehen der Zulässigkeit grundsätzlich entgegen, weil diese Rechtsnormen

123 BayObLG ZIP 2002, 1484 (1485 f.).
124 So die Formulierung bei BayObLG ZIP 2002, 1484 (1486).
125 BayObLG ZIP 2002, 1484 (1486).

nur für den korporativen Bereich gelten und der Satzungsautonomie der Gesellschaft Schranken setzen, nicht aber der Vertragsautonomie der Aktionäre auf schuldrechtlicher Ebene[126].

Fraglich ist, ob sich dieses Ergebnis auch auf schuldrechtliche Zuzahlungen der Zeichner anlässlich einer Kapitalerhöhung übertragen lässt. In Rechtsprechung und Literatur ist insoweit anerkannt, dass zusätzliche Leistungen grundsätzlich auch in Form von Zuzahlungen erbracht werden können[127]. Denn im Rahmen der Vertragsfreiheit können sich die Aktionäre untereinander schuldrechtlichen Verpflichtungen jeder Art unterwerfen, also auch zusätzlichen, über die Einlagepflicht hinausgehender Zahlungen. Es besteht grundsätzlich kein Anlass, schuldrechtliche Zuzahlungen einer strengeren Zulässigkeitskontrolle zu unterziehen als sonstige Formen zusätzlicher Leistungspflichten. Die Grenze verläuft generell erst dort, wo gegen zwingende Grundsätze des Aktienrechts verstoßen wird. Wann dies im Falle der freiwilligen Zuzahlungspflicht anlässlich von Kapitalerhöhungen der Fall sein könnte, gilt es im Folgenden zu erörtern[128]. Zwingende aktienrechtliche Grundsätze, welche die Zulässigkeit schuldrechtlicher Zuzahlungen anlässlich von Kapitalerhöhungen beschränken könnten, können sich aus § 54 Abs. 1 AktG, §§ 188 Abs. 2 S. 1 i. V. m. 36 a Abs. 1 AktG, § 255 Abs. 2 AktG oder aus §§ 150 AktG i.V. m. den Bilanzregeln des § 272 Abs. 2 HGB ergeben[129].

(a) Verstoß gegen § 54 Abs. 1 AktG

Ein Verstoß schuldrechtlicher Zuzahlungspflichten gegen § 54 Abs. 1 AktG könnte nur dann angenommen werden, wenn §§ 54 Abs. 1, 55 AktG die Zulässigkeit von Mehrleistungen abschließend regelten. Gegen dieses Argument

---

126 Die Zulässigkeit schuldrechtlicher Zusatzleistungen anerkennend, aber die Wahlfreiheit der Gesellschafter hinsichtlich ihrer Vereinbarung einschränkend *Herchen*, Agio und verdecktes Agio, 2004, S. 294 ff.

127 BayObLG ZIP 2002, 1484 (1486) für Zuzahlungen im Verhältnis der Aktionäre zu einander; die Zulässigkeit freiwilliger Zusatzzahlungen auch zugunsten der AG ausdrücklich bejahend LG Mainz WM 1986, 1315 (1320); Großkommentar AktG/*Wiedemann*, § 54 Rz. 53; *Herchen*, Agio und verdecktes Agio, 2004, S. 295 f.; *Hergeth/Eberl*, DStR 2002, 1818 (1820); *Hermanns*, ZIP 2003, 788 (791); Kölner Kommentar AktG/*Lutter*, § 54 Rz. 21; *Noack*, Gesellschaftervereinbarungen, 1994, S. 17; *Priester* in FS Lutter, 2000, 617 (625, 632); *Schorling/Vogel*, AG 2003, 86 (87).

128 S. dazu schon die allgemeinen Ausführungen oben in § 2III.2.f).

129 Das BayObLG musste diese Frage, wie bereits angedeutet, nicht entscheiden; ähnliche Argumentationsansätze finden sich bei *Hergeth/Eberl*, DStR 2002, 1818 (1820 f.); *Schorling/Vogel*, AG 2003, 86 (87 ff.).

spricht aber, dass diese Normen nur für die Vereinbarung korporativer Leistungspflichten abschließend sind, nicht aber für die Vereinbarung schuldrechtlicher Leistungspflichten[130]. Schuldrechtliche Zuzahlungspflichten verstoßen somit nicht gegen das Verbot der korporativen Mehrleistungsverpflichtung.

(b) Verstoß gegen §§ 188 Abs. 2 S. 1 i. V. m. 36 a Abs. 1 AktG

Die Regelungen in §§ 188 Abs. 2 S. 1 i. V. m. 36 a Abs. 1 AktG bestimmen, dass das Aufgeld vor Eintragung der Durchführung der Kapitalerhöhung vollständig eingezahlt sein muss[131]. Schuldrechtliche Mehrzahlungsverpflichtungen haben demgegenüber den Vorteil, dass für sie das Gebot der Volleinzahlungspflicht nicht gilt[132]. Die Verwendung schuldrechtlicher Zuzahlungen könnte aber gegen das Gebot der Volleinzahlungspflicht verstoßen, wenn der Schutzzweck der §§ 188 Abs. 2 S. 1 i. V. m. 36 a Abs. 1 AktG auch für die Erbringung schuldrechtlicher Zusatzzahlungen gilt oder gar zwingend ihre korporative Festlegung verlangt. Der Schutzzweck des § 36 a Abs. 1 AktG wird teilweise in einem ausschließlichen Schutz der Erwerber neuer Aktien, teilweise auch in einem Schutz der Gläubiger gesehen[133].

§ 36 a AktG hat jedenfalls insofern anlegerschützenden Charakter, als das Aufgeld als Bestandteil der Einlageleistung mit der Aktie verknüpft ist. Es geht gesetzlich, nicht erst durch Rechtgeschäft auf den Erwerber über. Das Gebot der Volleinzahlungspflicht dient dazu, den Umfang der tatsächlichen Verpflichtung transparent zu machen. Bei schuldrechtlichen Mehrleistungsverpflichtungen besteht dieses Schutzbedürfnis jedoch nicht, da es erst durch individuelles Rechtsgeschäft mit jedem Erwerber vereinbart wird. Es bildet ja gerade keinen Bestandteil der Einlagepflicht und verpflichtet Neu-Aktionäre nur, wenn sie der Verpflichtung beitreten. Daher verlangt der aktionärsschützende Charakter des § 36 a AktG keine korporative Festlegung der Zusatzverpflichtung[134].

Ein überwiegendes Gläubigerinteresse an einer korporativen Festlegung ließe sich dann bejahen, wenn die Gläubiger einen Anspruch darauf hätten, dass bei einer Kapitalerhöhung ein angemessenes Agio festgesetzt wird. Dagegen spricht

---

130 S. dazu schon oben § 2II.2.b) und die vorstehenden Ausführungen in diesem Abschnitt.

131 S. dazu schon oben bei § 4I.7.a).

132 Dazu § 4I.7.b)aa)(1).

133 Den aktionärsschützenden Charakter betonen *Priester* in FS Brandner, 1996, 97 (110 ff.) und *Technau*, AG 1998, 445 (449); für Gläubigerschutz *Immenga* in FS Beusch, 1993, 413 (417); *Schippel* in FS Steindorff, 1990, 249 (256 ff.); ausführlich zum Streitstand *Schorling/Vogel*, AG 2003, 86 (87 ff.).

134 Vgl. dazu *Schorling/Vogel*, AG 2003, 86 (88).

aber, dass es, wie bereits vorstehend in a) erörtert, im Ermessen der Hauptversammlung bzw. des Vorstands liegt, ob und in welcher Höhe ein Aufgeld verlangt wird. Die Gläubiger können allein die Festsetzung und Aufbringung des Nennkapitals verlangen[135]. Daher ist es auch unter Gläubigerschutzgesichtspunkten nicht unzulässig, schuldrechtliche Zusatzzahlungen anlässlich von Kapitalerhöhungen zu verlangen.

(c) Verstoß gegen § 255 Abs. 2 AktG

Fraglich ist weiterhin, ob schuldrechtliche Mehrleistungsverpflichtungen gegen § 255 Abs. 2 AktG verstoßen und aus diesem Grund unzulässig sind. § 255 Abs. 2 AktG räumt den Aktionären, deren Bezugsrecht ausgeschlossen ist, ein Anfechtungsrecht gegen den Kapitalerhöhungsbeschluss ein, wenn der Ausgabebetrag der Aktien unangemessen niedrig ist. Diese Regelung ist aktionärsschützend, weil sie der Verwässerung der Anteile der von der Kapitalerhöhung ausgeschlossenen Aktionäre entgegenwirken soll. Dieser Norm lässt sich aber nicht entnehmen, dass Zusatzleistungen nur dann angemessen sind, wenn sie als korporative festgelegt werden[136]. Es geht im Kern um die Verwässerungsgefahr. Diese wird aber durch die Vereinbarung schuldrechtlicher Zusatzleistungen gleichermaßen effektiv bekämpft, weil der Gesellschaft wie beim Agio Vermögenswerte zugeführt werden, die den angenommenen Wert der Anteile widerspiegeln[137]. Auch mit § 255 Abs. 2 AktG lässt sich daher die Unzulässigkeit schuldrechtlicher Mehrleistungsverpflichtungen anlässlich von Kapitalerhöhungen nicht begründen.

(d) Verstoß gegen § 150 Abs. 3, 4 AktG, 272 Abs. 2 HGB

Auch aus bilanzrechtlichen Erwägungen ergibt sich nichts anderes. Zwar dient die bereits oben unter a) erörterte, in § 150 Abs. 3 und 4 HGB geregelte Auflösungsbeschränkung der Kapitalrücklagen nach § 272 Abs. 2 Nr. 1-3 HGB auch dem Schutz der Gläubiger. Jedoch besteht nach dem Gesetz keine Verpflichtung, die Kapitalrücklage in der Bilanz ein eine Kapitalrücklage nach § 272 Abs. 2 Nr. 1 bis 3 HGB und in eine Kapitalrücklage nach § 272 Abs. 2 Nr. 4 HGB zu gliedern. Denn in § 272 Abs. 2 HGB wird "Kapitalrücklage" nur im Singular, bezogen auf die Beträge nach § 272 Abs. 2 Nr. 1 bis 4 HGB, verwendet. Entspre-

---

135 *Müller* in FS Heinsius, 1991, 591 (593); *Priester* in FS Lutter, 2000, 617 (627); *Schorling/Vogel*, AG 2003, 86 (88 f.).

136 So im Ergebnis auch *Hermanns*, ZIP 2003, 788 (789); *Priester* in FS Lutter, 2000, 617 (631); *Schorling/Vogel*, AG 2003, 86 (90).

137 *Hergeth/Eberl*, DStR 2002, 1818 (1821); *Priester* in FS Lutter, 2000, 617 (631).

chend ist für den Gläubiger dann auch nicht zwingend ersichtlich, in welcher Höhe frei auflösbare Rücklagen nach § 272 Abs. 2 Nr. 4 HGB und nicht frei auflösbare Rücklagen vorhanden sind. Somit kann er aber auch keinen Anspruch auf eine bestimmte Höhe nicht frei auflösbarer Rücklagen haben und daher auch keinen Anspruch darauf, dass Zuzahlungen anlässlich einer Kapitalerhöhung immer als nicht frei auflösbare Rücklagen nach § 272 Abs. 2 Nr. 1 HGB und damit als Agio verbucht werden[138].

Als Zwischenergebnis ist festzuhalten, dass schuldrechtliche Zuzahlungspflichten anlässlich von Kapitalerhöhungsverpflichtungen grundsätzlich zulässig sind. Sie verstoßen gegen keine zwingenden aktienrechtlichen Grundsätze.

bb) Umgehung der gesetzlichen Agiovorschriften

Die vorstehenden Ausführungen beantworten allerdings nur die Frage nach der grundsätzlichen Zulässigkeit schuldrechtlicher Mehrleistungsverpflichtungen anlässlich einer Kapitalerhöhung. Es ist nun die Konstellation zu untersuchen, dass die Parteien sich einig sind, dass die Zuzahlungspflicht wie eine Einlage erbracht werden soll, also funktional ein Agio darstellen soll, ohne als solches in Beschluss und Zeichnungsschein ausgewiesen und nicht voll eingezahlt zu sein. Dies kann problematisch sein, weil ein korporatives Agio jedenfalls nur unter Beachtung der zwingenden aktienrechtlichen Vorschriften wirksam vereinbart werden kann. Es geht folglich um den Tatbestand des „verdeckten Agios".

Eine allgemeingültige Festlegung der Kriterien, die den Tatbestand des verdeckten Agios ausmachen, ist nicht möglich. Vielmehr ist jeweils im Einzelfall zu entscheiden, ob die gesetzlichen Agiovorschriften umgangen werden.

Zu berücksichtigen ist zunächst die Intention der Beteiligten, eine, wie es das BayObLG in seiner Begründung nennt, „gewollte Einlage" zu schaffen[139], also eine einlagegleiche Leistungspflicht vereinbaren zu wollen, ohne die gesetzlichen Voraussetzungen eines Agios zu befolgen. Dieses subjektive Element alleine hilft wenig weiter, weil es aus der Vereinbarung nur schwer ersichtlich und damit auch schwer zu beweisen ist.

Denkbar sind aber objektive Begleitkriterien, welche die Annahme eines verdeckten Agios nahe legen können. Ein solches Begleitkriterium kann die Form sein, welche die Parteien für die Vereinbarung wählen. Wenn nicht der Kapitalerhöhungsbeschluss diese Leistungspflicht festlegt, sondern eine außerhalb des Beschlusses getroffene Vereinbarung, so kann das die Intention der Parteien un-

---

138 Zum Ganzen *Hergeth/Eberl*, DStR 2002, 1818 (1820); *Schorling/Vogel*, AG 2003, 86 (89).

139 BayObLG ZIP 2002, 1484 (1486).

terstreichen, diese Leistung auch nur als schuldrechtliche Pflicht zu wollen. Dieses Argument ist aber dann ein Zirkelschluss, wenn die schuldrechtliche Form gerade gewählt wird, um die korporative zu umgehen. Sie hilft auch dann nicht weiter, wenn die Parteien die Zuzahlungspflicht als nichtkorporativen Bestandteil in den Kapitalerhöhungsbeschluss aufnehmen. Denn auch in dem Fall verliert die Vereinbarung nicht zwingend ihren schuldrechtlichen Charakter[140]. In dem Fall muss ggf. durch Auslegung ermittelt werden, ob eine schuldrechtliche Zuzahlungspflicht oder ein Agio vorliegt. Es kann nicht alleine aus der Tatsache, dass die Leistungspflicht im Kapitalerhöhungsbeschluss enthalten ist, gefolgert werden, dass es sich um eine korporative Leistungspflicht handelt. Auch die Rechtsform ist daher für sich allein genommen kein verlässliches Kriterium.

Ein weiteres Begleitkriterium kann der Umstand sein, dass sich, was eher in einer kleinen AG als in einer Publikums-AG denkbar ist, alle Aktionäre gleichmäßig dieser Zusatzpflicht unterwerfen. Denn dann steht nicht die individuelle Verpflichtung des Einzelnen, sondern die kollektive Leistungspflicht der Zeichner, die sonst nur bei der Einlage besteht, im Vordergrund. Verstärkt wird dieser Eindruck dann, wenn sich auch künftige Zeichner dieser Verpflichtung durch Schuldbeitritt unterwerfen müssen. Denn dadurch wird die gleiche Rechtswirkung erzielt, die bestünde, wenn ein zur Einlage gehörendes Agio vereinbart wird.

Es kann auch der Umstand von Bedeutung sein, dass die Gesellschaft ein eigenes Forderungsrecht bezüglich der Mehrleistung hat, sei es, dass sie selbst Partei der Vereinbarung ist, sei es, dass ihr ein Forderungsrecht nach § 328 BGB zusteht[141]. Im Hinblick auf diese Konstellation hat das BayObLG in seinem Beschluss *obiter* und ohne weitere Begründung angedeutet, dass bei einem eigenen Forderungsrecht der Gesellschaft eine gewollte Einlage vorliegen könne[142]. Da-

---

140 So ausdrücklich *Hermanns*, ZIP 2003, 788 (791).

141 In der Vertragspraxis ist es wohl eher selten, der Gesellschaft einen eigenen Anspruch einzuräumen, weil für den Fall, dass sich das Investment nicht den Erwartungen der Investoren entsprechend entwickelt, mit anderen Worten die „Meilensteine" nicht erreicht werden, ein Interesse daran bestehen kann, keine weiteren Zahlungen an die Gesellschaft zu leisten, näher dazu *Hergeth/Eberl*, DStR 2002, 1818 (1821); vgl. auch den Gestaltungshinweis bei *Schäfer/Stephan*, VC Verträge, 2003, Rz. 642; auch die der Verfasserin zu Recherchezwecken zur Verfügung gestellten Venture-Capital-Verträge begründeten jeweils nur ein Forderungsrecht zwischen den Investoren.

142 BayObLG ZIP 2002, 1484 (1486): „Zwar weist die Betroffene zu Recht darauf hin, dass die Gesellschaft schon nach Sinn und Zweck des Agreements bei sachgerechter Ausgestaltung regelmäßig kein eigenes Forderungsrecht gegen die neuen Aktionäre erwerben wird. Zwingend ist dies aber keineswegs. Der Senat schließt sich deshalb der Rechtsauffassung des Landgerichts an, dass ohne eine Vorlage des Investors-

für könnte sprechen, dass bei einem eigenen Forderungsrecht der Gesellschaft eine strukturelle Ähnlichkeit zum Agio besteht, weil hier ebenso wie beim Agio die Gesellschaft Anspruch auf Zahlung der Zusatzleistung hat. Dennoch ist diese Annahme nicht zwingend. Denn erstens sind nach überwiegender Auffassung schuldrechtliche Vereinbarungen, die der Gesellschaft ein eigenes Forderungsrecht gewähren, grundsätzlich zulässig[143]. Zweitens ist zu bedenken, dass nach der Intention der Beteiligten und nach dem Inhalt der Vereinbarung diese Leistungspflicht schuldrechtlicher und nicht korporativer Natur sein soll. Drittens kommt hinzu, dass schuldrechtliche Zuzahlungspflichten auch bei einem eigenen Forderungsrecht der Gesellschaft nicht gegen die vorstehend in den Unterpunkten aa)(3)(a) bis aa)(3)(d) erörterten aktienrechtlichen Grundsätze verstoßen, weil der jeweilige Schutzzweck der Normen nicht verletzt wird[144].

Schließlich kann ein verdecktes Agio vorliegen, wenn die Vereinbarung Sanktionen für den Fall der Nichterbringung der Zusatzleistung vorsieht oder aus den Umständen ersichtlich ist, dass ein wirtschaftlicher Zwang zur Teilnahme an dieser Vereinbarung besteht.

cc) Rechtsfolgen und Ergebnis

Liegt im Einzelfall ein verdecktes Agio vor, ergeben sich daraus folgende Rechtsfolgen. Ein Agio ist nur dann wirksam vereinbart, wenn es wie vorstehend in a) erläutert im Kapitalerhöhungsbeschluss und in der Zeichnungserklärung berücksichtigt wird. Anders als im GmbH-Recht[145] kommt allerdings eine Nichtigkeit des Kapitalerhöhungsbeschlusses nach § 241 Nr. 2 AktG wegen unvollständiger Beurkundung des Beschlusses nicht in Betracht, weil § 188 Abs. 3 AktG nicht verlangt, dass die genaue Höhe des Ausgabebetrages im Beschluss genannt wird. Es genügt die Angabe eine Mindestbetrags, da die endgültige Höhe auch der Vorstand festlegen darf. Auch eine Nichtigkeit nach § 243 Nr. 3 AktG kommt nicht in Betracht, da schuldrechtliche Zusatzleistungen, wie vorstehend in aa)(3)(b) und aa)(3)(c) dargestellt, weder Aktionärsrechte verletzen noch gegen

---

Agreement nicht abschließend beurteil werden kann, ob die darin begründeten Verpflichtungen als gewollte Einlage zu betrachten sind.".

143 RGZ 83, 216 (218 f.) (GmbH); LG Mainz WM 1986, 1315 (1320) (AG); Großkommentar AktG/*Henze*, § 54 Rz. 55; *Hüffer*, AktG, § 54 Rz. 7; Kölner Kommentar AktG/*Lutter*, § 54 Rz. 21.

144 So im Ergebnis auch *Hergeth/Eberl*, DStR 2002, 1818 (1821); mit einem Gestaltungshinweis an die Praxis, in Zukunft Zuzahlungen nur unter den Zeichnern zu vereinbaren, um „sicher zu gehen", grundsätzlich aber den Ansatz des BayObLG ebenfalls in Frage stellend *Schorling/Vogel*, AG 2003, 86 (91).

145 S. dazu oben § 3IV.2.c).

den Gläubigerschutz verstoßen[146]. Der Kapitalerhöhungsbeschluss ist allerdings gemäß § 243 Abs. 1 AktG anfechtbar, weil das verdeckte Agio eine Umgehung der gesetzlichen Vorschriften darstellt und deswegen rechtswidrig ist. Der Zeichnungsschein ist nach § 185 Abs. 2 AktG nichtig, weil er nicht gemäß § 185 Abs. 1 S. 3 Nr. 2 AktG den vollständigen Ausgabebetrag nennt. Der Registerrichter hat die Eintragung abzulehnen, weil mangels wirksamer Zeichnung der neuen Anteile die Kapitalerhöhung nicht wirksam durchgeführt ist[147].

Im Zusammenhang mit der Prüfungspflicht des Registerrichters ist nun abschließend auf die vom BayObLG entschiedene Frage zurückzukommen, ob der Registerrichter im Rahmen seiner Prüfung nach § 12 FGG verlangen kann, vor Eintragung der Durchführung der Kapitalerhöhung Einsicht in die Vereinbarung über die Zuzahlungspflicht zu nehmen. Das Gericht bejaht dies mit der Begründung, dass „ohne eine Vorlage des Dokuments nicht abschließend geklärt werden“ könne, „wie die Verpflichtung der neuen Aktionäre zur Zahlung den Ausgabepreis der Aktien übersteigender Beträge rechtlich einzuordnen“ sei[148]. *Schorling/Vogel* wenden gegen die Prüfungspflicht des Registerrichters ein, dass sich die Prüfungskompetenz allein auf den Vorgang der Kapitalerhöhung selbst und nicht auf außerhalb der Kapitalerhöhung getroffene Vereinbarungen beziehe. Allein die Hauptversammlung entscheide darüber, welcher Ausgabebetrag im Kapitalerhöhungsbeschluss festgelegt werde[149]. *Hermanns* bejaht ein Prüfungsrecht des Registerrichters dann, wenn die Festsetzung des Agios gesellschaftsrechtlich zwingend sei[150].

Gegen das Argument von *Schorling/Vogel* spricht, dass danach der Tatbestand des verdeckten Agios nie korporative Rechtsfolgen nach sich ziehen würde, weil die Umstände seiner Vereinbarung nicht offen gelegt werden müssten. Danach würde sich aber konsequenterweise das Problem des verdeckten Agios gar nicht stellen. Die Argumentation *Hermanns* überzeugt nicht, weil bei seinem Ansatz offen bleibt, wie das Registergericht prüfen soll, ob die Festsetzung des Agios im Einzelfall gesellschaftsrechtlich zwingend ist.

Es ist daher die Prüfungspflicht des Registerrichters in dem vom BayObLG bejahten Umfang zu bejahen[151]. Der Registerrichter muss die Möglichkeit der Einsichtnahme in die Vereinbarung haben, um überprüfen zu können, ob die Unterlagen vollständig sind und das Verfahren ordnungsgemäß durchgeführt wurde. Denn nur so kann er feststellen, ob die Vereinbarung ihrem Inhalt nach ein ver-

146 So i. E. auch *Herchen*, Agio und verdecktes Agio, 2004, S. 356 ff.
147 Ausführlich dazu *Herchen*, Agio und verdecktes Agio, 2004, S. 356 ff.
148 BayObLG ZIP 2002, 1484 (1486).
149 *Schorling/Vogel*, AG 2003, 86 (91).
150 *Hermanns*, ZIP 2003, 788 (792).
151 Ebenso *Herchen*, Agio und verdecktes Agio, 2004, S. 362 ff.

decktes Agio und damit ein unwirksam vereinbartes Agio darstellt. Dies widerspricht auch nicht dem Grundsatz der objektiven Auslegung, die für schuldrechtliche Vereinbarungen gilt, wonach bei Unklarheiten nicht auf außerhalb der Urkunde liegende Umstände zurückgegriffen werden darf[152]. Denn es geht nicht um die Frage der Wirksamkeit der schuldrechtlichen Vereinbarung sondern darum, ob der Kapitalerhöhungsbeschluss und der Zeichnungsschein als korporative Rechtsakte unzulässig sind, weil sie kein Agio enthalten, obwohl ein solches vereinbart worden ist. Für korporative Regelungen gilt aber der Grundsatz der subjektiven Auslegung, so dass auf außerhalb der Urkunde liegende Umstände zurückgegriffen werden darf. Ähnlich wie der BGH dies in der in § 3I.1.g)bb)(2)(c) ausführlich diskutierten Kerbnägel-Entscheidung bei Stimmbindungsvereinbarungen aller Gesellschafter entschieden hat, kommt es auch hier zu einem Durchschlagen der schuldrechtlichen auf die korporative Ebene.

Für das GmbH-Recht war bereits oben in § 3IV.2.c) erklärt worden, dass der Streit um die Prüfungspflicht des Registerrichters im GmbH-Recht keine Bedeutung habe, weil dort das Gebot der Volleinzahlungspflicht nicht bestehe. Der Registerrichter hat keine Veranlassung und auch kein Recht zu überprüfen, ob das Agio bereits vollständig eingezahlt ist bzw. die schuldrechtliche Zusatzzahlung ein verdecktes Agio darstellt und daher in voller Höhe eingezahlt werden müsste. Seine Prüfungskompetenz beschränkt sich bei Kapitalerhöhungen im GmbH-Recht auf die ordnungsgemäße Einzahlung des Erhöhungskapitals in Höhe von einem Viertel des erhöhten Kapitals gemäß §§ 56 a, 7 Abs. 2 S. 1 GmbHG. Das Erhöhungskapital umfasst aber nicht das Aufgeld, da es im GmbH-Recht nicht zur Einlageleistung gehört[153].

Im Ergebnis ist daher festzuhalten, dass schuldrechtliche Mehrleistungsverpflichtungen anlässlich von Kapitalerhöhungen zulässig sind. Ihre Vereinbarung verstößt grundsätzlich nicht gegen zwingende aktienrechtliche Grundsätze. Liegt im Einzelfall wegen der Umstände seines Zustandekommens ein verdecktes Agio vor, so ist dieses wie ein unwirksam vereinbartes Agio zu behandeln. Der Registerrichter darf Einsicht in die Vereinbarung nehmen, um feststellen zu können, ob ein verdecktes Agio vorliegt.

8. Zusammenfassung des Abschnitts I

Kapitalerhöhungsverpflichtungen sind auch im Aktienrecht grundsätzlich zulässig. Sie unterliegen nicht dem Verbot der Mehrleistungsverpflichtung nach § 54

152 S. dazu oben § 2III.2.e).
153 *Hermanns*, ZIP 2003, 788 (791); s. dazu auch schon oben § 3IV.1.b).

Abs. 1 AktG, da dieses nur für korporative Pflichten gilt. Anders als im GmbH-Recht können Zustimmungspflichten zu Kapitalerhöhungen im Aktienrecht sogar nur auf schuldrechtlicher Ebene vereinbart werden.

Kapitalerhöhungsverpflichtungen zwischen Aktionären verstoßen grundsätzlich nicht gegen § 136 Abs. 2 AktG, weil die Aktionäre in ihrer Entscheidungsfindung frei sind. Sie koordinieren ihren Stimmrechtseinfluss in Bezug auf die Kapitalerhöhung untereinander und nicht gegenüber anderen Organen der AG. Lassen sie sich einen Vorteil dafür versprechen oder gewähren, ihr Stimmrecht in bestimmter Weise auszuüben, verstößt eine solche Vereinbarung gegen § 405 Abs. 3 Nr. 6 oder 7 AktG und ist gemäß § 134 BGB nichtig. Statutarische Stimmbindungsverbote sind anders als im GmbH-Recht im Aktienrecht wegen § 54 Abs. 1 AktG nicht zulässig.

Kapitalerhöhungsverpflichtungen der Aktionäre sind ebenso wie die der GmbH-Gesellschafter formfrei wirksam. Sie sind nicht gemäß § 130 Abs. 1 S. 1 AktG analog beurkundungspflichtig, weil sich die Beurkundungspflicht bei § 130 Abs. 1 S. 1 AktG auf den gesamten Vorgang der Satzungsänderung und nicht auf die einzelnen Willenserklärungen bezieht und somit einen anderen Normzweck verfolgt. Kapitalerhöhungsverpflichtungen beinhalten dagegen nur die Willenserklärungen der an ihnen beteiligten Aktionäre.

Verletzt ein Aktionär seine in der Kapitalerhöhungsvereinbarung eingegangene Verpflichtung oder ist die schuldrechtliche Verpflichtung aus anderen Gründen unwirksam, so berührt dies die Wirksamkeit der Stimmabgabe bei Beschlussfassung grundsätzlich nicht. Schuldrechtliche und korporative Ebene sind zu trennen. Dies gilt auch bei der Abstimmung aufgrund einer wegen Verstoßes gegen § 136 Abs. 2 S. 1 AktG nichtigen Vereinbarung. Die Nichtigkeitsfolge stellt gerade die Abstimmungsfreiheit des Aktionärs wieder her. Doch auch wenn der Aktionär in Unkenntnis der Nichtigkeit entsprechend der schuldrechtlichen Verpflichtung abstimmt, ist die Stimmabgabe wirksam, weil allein auf die objektiv erfolgte Stimmabgabe und nicht subjektiv auf die vermeintliche Verpflichtung abzustellen ist. Dem Aktionär verbleibt ein Anfechtungsrecht wegen arglistiger Täuschung oder wegen Irrtums, wenn er davon ausging, entsprechend der Vereinbarung abstimmen zu müssen.

Die Aktionäre können sich auch gegenüber ihrer Gesellschaft verpflichten, Kapitalerhöhungsbeschlüssen zuzustimmen. Eine solche Verpflichtung verstößt dann nicht gegen § 136 Abs. 2 AktG, wenn sich der Aktionär freiwillig zu einem konkretisierten Abstimmungsverhalten verpflichtet. Es muss dabei feststehen, auf welche zukünftige Kapitalerhöhung sich die Pflicht bezieht.

Kapitalerhöhungsverpflichtungen der Aktionäre gegenüber außenstehenden Investoren sind zulässig, wenn der Umfang der Verpflichtung auf ein bestimmtes Abstimmungsverhalten konkretisiert ist. Die Gefahr einer Stimmrechtsabspaltung besteht dann nicht. Die Gesellschaft selbst kann sich korporativ nicht zur Beschlussfassung über eine Kapitalerhöhung gegenüber Dritten verpflichten. Sie kann sich mit Ermächtigung der Hauptversammlung schuldrechtlich verpflichten, wenn die Verpflichtung keine kompetenzverlagernde Wirkung hat. Eine solche Wirkung hat die Verpflichtung aber nur bei Dauerverpflichtungen nicht konkretisierter Art. Kapitalerhöhungsverpflichtungen haben diese Wirkung nicht, weil sie sich auf eine konkrete Satzungsänderung beziehen. Die fehlende Vertretungsbefugnis kann durch einen Ermächtigungsbeschluss der Hauptversammlung überwunden werden, der mit qualifizierter Mehrheit geschlossen, aber weder notariell beurkundet noch ins Handelsregister eingetragen werden muss. Bei komplexen Transaktionen, die durch Zusammenschlussvereinbarungen vorbereitet werden und Kapitalerhöhungsverpflichtungen enthalten, ist eine Zustimmung der Hauptversammlung der aufnehmenden Gesellschaft nach den Holzmüller-Grundsätzen nicht erforderlich, weil die Hauptversammlung ohnehin über die Kapitalerhöhung durch Beschluss abstimmt und dadurch am Verfahren beteiligt wird. Für die Hauptversammlung der übertragenden Gesellschaft kann sich dagegen eine Zustimmungspflicht aus § 179 a Abs. 1 AktG ergeben, wenn im Zuge des Zusammenschlusses das gesamte oder nahezu gesamte Vermögen der übertragenden Gesellschaft auf die übernehmende übergeht.

Für börsennotierte Gesellschaften sind bei Vereinbarungen gegenüber Bietern auch die besonderen Zurechnungstatbestände der § 30 Abs. 2 WpÜG, § 22 Abs. 2 WpHG zu beachten. Kapitalerhöhungsverpflichtungen der Aktionäre gegenüber dem Bieter, die sich auf eine bestimmte zukünftige Kapitalbeschaffungsmaßnahme beziehen, fallen unter die Ausnahmeregel des §§ 30 Abs. 2 S. 1 2. Hs. WpÜG, 22 Abs. 2 S. 1 2. Hs. WpHG. Die Stimmrechte der Aktionäre werden dem Stimmanteil des Bieters nicht zugerechnet, weil die Vereinbarungen nur die Verpflichtung zu abgestimmtem Verhalten in einem Einzelfall begründen. Auch Vereinbarungen mit der Zielgesellschaft, die eigene Aktien hält, fallen nicht unter § 30 Abs. 2 WpÜG, weil der notwendige gesellschaftsrechtliche Bezug der Vereinbarung fehlt. Der Einfluss der Gesellschaft ist wegen der Einschränkungen des § 71 b AktG ein rein tatsächlicher und kein durch das Stimmrecht mitgliedschaftlich vermittelter.

Die Aktionäre können sich jederzeit, auch bereits vor Kapitalerhöhungsbeschluss vorvertraglich zur Abgabe einer Zeichnungserklärung verpflichten. Der Vorvertrag ist analog § 185 Abs. 1 S. 1 AktG schriftlich abzufassen und hat auch bereits die nach § 185 Abs. 1 S. 3 Nr. 2-4 AktG erforderlichen Angaben zu enthalten. Die Gesellschaft trifft wegen § 187 Abs. 2 AktG keine Pflicht, das Grundkapital tatsächlich zu erhöhen. Die Hauptversammlung wird durch den Zeichnungsvertrag nicht gebunden. Sie ist frei in ihrer Entscheidung, die Kapitalerhöhung zu beschließen. Die Zeichnungserklärung selbst kann ebenfalls vor dem Kapitalerhöhungsbeschluss abgegeben werden.

Die Gesellschaft kann im Rahmen des § 187 AktG den potentiellen Zeichnern rechtsgeschäftliche Bezugsrechte einzuräumen. Der Vorbehalt des Bezugsrechts gilt kraft Gesetzes und bedarf keiner ausdrücklichen Vereinbarung. Daher sind auch Zusicherungen der Gesellschaft vor dem Kapitalerhöhungsbeschluss zulässig. Jedoch wird die Gesellschaft dadurch nicht verpflichtet, die Kapitalerhöhung zu beschließen oder das gesetzliche Bezugsrecht auszuschließen.

Erfolgt die Aktienausgabe mittels eines Emissionskonsortiums nach § 186 Abs. 5 AktG muss auf korporativer Ebene der Kapitalerhöhungsbeschluss dies festsetzen. Auf schuldrechtlicher Ebene verpflichtet sich das Emissionsunternehmen gegenüber der Gesellschaft, die übernommenen Aktien den bisherigen Aktionären entsprechend ihrer bisherigen Beteiligung zum Bezug anzubieten. Der Vertrag muss auch den Bezugskurs festlegen. Eine große Differenz zwischen Bezugs- und Ausgabepreis ist unbedenklich, wenn sich das Emissionsunternehmen verpflichtet, den über das für ihre Dienstleistung zu zahlende Entgelt hinausgehenden Betrag an die Gesellschaft abzuführen, die diesen nach § 272 Abs. 2 Nr. 1 HGB in die Kapitalrücklage einzustellen hat.

Das Agio ist im Aktienrecht Bestandteil der korporativen Leistungspflicht des Aktionärs. Dies ergibt sich aus dem systematischen Zusammenhang von §§ 54 Abs. 1 und 9 Abs. 1, 2 AktG. Es ist in den Kapitalerhöhungsbeschluss und den Zeichnungsschein aufzunehmen und vom Aktionär vor Anmeldung der Durchführung der Kapitalerhöhung vollständig zu erbringen. Es darf nur unter den engen Voraussetzungen des §§ 150 Abs. 3, 4 AktG ausgeschüttet werden. Schuldrechtliche Mehrleistungsverpflichtungen zwischen den Aktionären und gegenüber der Gesellschaft sind grundsätzlich zulässig, weil das Verbot der Mehrleistungsverpflichtung nur für korporative, über die Einlagepflicht hinausgehende Leistungspflichten gilt. Ein verdecktes Agio liegt vor, wenn eine Mehrleistungspflicht der Sache nach ein Aufgeld darstellt, ohne als solches ausgewiesen zu sein. Wann dies der Fall ist, bestimmt sich im Einzelfall nicht nur nach der Form der Vereinbarung – schuldrechtlich außerhalb des Kapitalerhöhungsbeschlusses – sondern auch nach objektiven und subjektiven Umständen der Erbringung. Dazu gehört die Frage, ob sich nur einzelne Aktionäre der Pflicht unterwerfen sollen oder alle Aktionäre oder auch zukünftige Aktionäre durch Schuldbeitritt und ob Sanktionen für den Fall der Nichterbringung vorgesehen sind oder sonst ein wirtschaftlicher Zwang zur Teilnahme an der Vereinbarung besteht. Liegt ein verdecktes Agio vor, steht es bezüglich der Rechtsfolgen einem unwirksam vereinbarten Agio gleich. Zum Zweck der vollumfänglichen registerrechtlichen Prüfungspflicht muss der Registerrichter auch Einsicht in die Vereinbarung nehmen können.

Ähnlich wie bei Stimmbindungen aller Gesellschafter kommt es hier zum Durchschlagen der schuldrechtlichen auf die korporative Ebene.

II. Unterlassung von Kapitalerhöhungsbeschlüssen und Beteiligungserhöhungen

Als inhaltliches Gegenstück zu Kapitalerhöhungsverpflichtungen kommt die Verpflichtung in Betracht, zukünftig Kapitalerhöhungen nicht zu beschließen oder keine Aktien zu übernehmen. Als Verpflichtete einer solchen Vereinbarung kommen die Aktionäre, die Gesellschaft, vertreten durch ihren Vorstand, oder auch solche Investoren in Betracht, die bereits Gesellschafter sind, aber sich bereit erklären, ihre Beteiligung zukünftig nicht zu erhöhen. Insbesondere bei der Gruppe der Investoren stellt sich bei Unterlassungsverpflichtungen die Frage nach der aktienrechtlichen und – wegen des neu eingeführten § 33 WpÜG – nach der kapitalmarktrechtlichen Zulässigkeit. Diese Gesichtspunkte werden nachstehend unter Gliederungspunkt 3 behandelt.

1. Unterlassungsverpflichtungen der Aktionäre

Grundsätzlich ist denkbar, dass sich die Aktionäre gegenüber ihrer Gesellschaft verpflichten, Kapitalerhöhungen nicht zu beschließen. Wirtschaftlicher Hintergrund könnte die Motivation sein, feindliche Übernahmen zu verhindern. Eine korporative Verpflichtung dieser Art scheitert an § 54 Abs. 1 AktG, weil sie eine unzulässig Mehrleistung in Form einer Unterlassung bedeuten würde. Eine schuldrechtliche Verpflichtung begegnet in den Grenzen des § 136 Abs. 2 AktG keinen grundsätzlichen Bedenken, solange die Aktionäre diese Entscheidung aus freien Stücken treffen. Enthält die Vereinbarung ein Recht der Gesellschaft, die Hauptversammlung in sich anbahnenden Übernahmesituationen anzuweisen, eine Kapitalerhöhung nicht zu beschließen, würde dies einen Verstoß gegen § 136 Abs. 2 AktG bedeuten. Die Vereinbarung wäre nichtig. Allein die praktische Relevanz solcher Vereinbarungen ist gering. In Publikumsgesellschaften ist sie nicht denkbar, weil kaum vorstellbar ist, dass sich alle Aktionäre oder jedenfalls die relevante Mehrheit einer solchen Verpflichtung unterwerfen. Aber auch in Familiengesellschaften ist eine solche Unterlassungspflicht unwahrscheinlich, weil sich die Aktionäre damit der Entscheidungsfreiheit begeben, über die Übernahme durch einen Dritten, die für sie auch vorteilhaft sein kann, in der konkreten Situation frei zu entscheiden.

2. *Unterlassungsverpflichtungen der Gesellschaft*

Eine Unterlassungsverpflichtung der Gesellschaft gegenüber einem Investor stößt auf die gleichen kompetenzrechtlichen Bedenken wie eine positive Kapitalerhöhungsverpflichtung, da die Gesellschaft damit in die zwingende Zuständigkeit der Hauptversammlung eingreift. Für Kapitalerhöhungsverpflichtungen der Gesellschaft war daher oben in I.3.b) entschieden worden, dass eine solche Verpflichtung allenfalls mit Ermächtigung der Hauptversammlung denkbar ist. Gleiches gilt auch für eine Unterlassungspflicht, weil auch insoweit ausschließlich die Hauptversammlung zuständig ist. Eine solche Ermächtigung ist jedoch aus den gleichen, vorstehend erörterten Gründen wie eine unmittelbare Verpflichtung der Aktionäre, Kapitalerhöhungen zukünftig nicht zu beschließen, rechtspraktisch schwer vorstellbar[154].

3. *Stillhalteverpflichtungen des Investors*

Die dritte Alternative stellt die Verpflichtung des Investors gegenüber der Gesellschaft oder anderen an der Gesellschaft beteiligten Aktionären dar, die bereits bestehende Beteiligung an der Gesellschaft zukünftig nicht zu erhöhen. Diese sog. Stillhaltevereinbarung, auch „Standstill Agreement“ genannt, ist vor allem in der US-amerikanischen Vertragspraxis verbreitet[155]. Es wird aber auch die Zulässigkeit nach deutschem Recht diskutiert. Beteiligte Parteien können der Investor und die Zielgesellschaft, vertreten durch den Vorstand sein, aber auch andere Aktionäre der Gesellschaft, die ein Interesse daran haben können, die Beteiligungen an der Zielgesellschaft nicht zu erhöhen[156]. Wirtschaftlicher Hintergrund ist, eine Übernahme durch den Investor, die dadurch möglich werden könnte, dass er die Beteiligungsmehrheit an der Gesellschaft erlangt, zu verhindern. Neben der genannten Verpflichtung, sich in Bezug auf zukünftige Beteiligungserhöhungen still zu verhalten, enthalten solche Verpflichtungen auch schuldrechtliche Verfü-

154 Dieses Ergebnis deckt sich auch mit den Rechercheergebnissen der Verfasserin, die kein Bsp. einer solchen Verpflichtung seitens der Aktionäre oder des Vorstands fand.

155 *Wagner*, Standstill Agreements, 2000, S. 25.

156 Bekanntes Beispiel aus der jüngeren wirtschaftshistorischen Vergangenheit ist die Übernahmeauseinandersetzung zwischen der Continental AG und der Pirelli SpA anfangs der 90er Jahre, in dessen Verlauf u. a. der Abschluss eines Standstill Agreements vorgeschlagen wurde, auf dessen Inhalt sich die Parteien jedoch nicht einigen konnten. Im Ergebnis scheiterte auch die Übernahme; vgl. dazu Das Wertpapier. Nr. 8/1991, S. 440 (insbes. 441, 443); ausführlich zum Ganzen auch *Wagner*, Standstill Agreements, 2000, S. 52 f.

gungsbeschränkungen in Bezug auf die bereits bestehende Beteiligung. Im Rahmen dieser Untersuchung soll es allerdings allein um die Zulässigkeit der Unterlassungspflicht bezüglich einer Erweiterung der Beteiligung gehen, da diese in direktem Zusammenhang mit zukünftigen Kapitalbeschaffungsmaßnahmen steht. Die Verfügungsbeschränkungen sollen dagegen nicht interessieren, weil sie sich auf bereits bestehende Beteiligungen beziehen und nicht auf solche durch Kapitalerhöhungen zu schaffende[157].

a) Aktienrechtliche Zulässigkeit

Es stellt sich zunächst die Frage nach der aktienrechtlichen Zulässigkeit und hier insbesondere nach der Vereinbarkeit mit § 136 Abs. 2 AktG, weil die Verpflichtung, die Beteiligung nicht zu erhöhen auch die Pflicht beinhalten kann, einem zukünftigen Kapitalerhöhungsbeschluss nicht zuzustimmen und so sein Stimmrecht entsprechend der Verpflichtung in der Stillhaltevereinbarung auszuüben.

§ 136 Abs. 2 AktG erklärt Vereinbarungen für nichtig, in denen sich der Aktionär verpflichtet, sein Stimmrecht entsprechend der Weisung der Gesellschaft oder des Vorstands auszuüben oder für die entsprechenden Vorschläge von Vorstand oder Aufsichtsrat zu stimmen[158]. Der Normzweck liegt darin, den Einfluss des Vorstands auf die Entscheidungsfreiheit der Hauptversammlung so gering wie möglich zu halten. Als Kriterien waren oben bei Punkt I.2 herausgearbeitet worden, dass eine Vereinbarung mit der Gesellschaft oder ihren Organen zulässig ist, solange sie die Verpflichtung zu einem konkreten Verhalten oder zur Vornahme einer bestimmten Maßnahme vorsieht und der Aktionär diese Verpflichtung selbstbestimmt eingeht.

Fraglich ist, wann eine Stillhaltevereinbarung gegen diesen Normzweck verstößt. Verpflichtet sich der Investor gegenüber der Gesellschaft, allen zukünftigen Kapitalerhöhungsbeschlüssen nicht zuzustimmen oder entsprechend der Vorgaben des Vorstands abzustimmen, so bedeutet dies, dass die Stimmabgabe offen ist, weil nicht näher bestimmt ist, welche Kapitalerhöhungen beschlossen werden könnten. Der Aktionär legt sein Abstimmungsverhalten nicht deswegen fest, weil er selbst in der jeweiligen Situation eine Kapitalerhöhung für falsch hält und deswegen dagegen stimmen möchte, sondern weil die Gesellschaft ein solches Abstimmungsverhalten für die Zukunft verlangt. Eine solche Verpflichtung ist als Weisung zu verstehen, weil der Investor sie im Interesse der Gesellschaft

157 Ausführlich zur schuldrechtlichen Beschränkung des Erwerbs und der Veräußerung *Herrmann*, Abwehrmaßnahmen, 1993, S. 192 ff.; *Wagner*, Standstill Agreements, 2000, S. 194 ff.

158 S. dazu § 4I.1.b).

eingeht und diese die inhaltliche Gestaltung des Abstimmungsverhaltens übernimmt. Daher verstößt eine solche Vereinbarung gegen § 136 Abs. 2 S. 1 AktG und ist nichtig[159]. Bezüglich der Rechtsfolgen kann insoweit auf die Ausführungen oben in I.1.d)aa) verwiesen werden.

Aus den vorstehenden Ausführungen folgt, dass die Vereinbarung dann nicht gegen § 136 Abs. 2 AktG verstößt, wenn der Investor sich zu einem konkreten Abstimmungsverhalten oder zu einer konkreten Maßnahme verpflichtet. So wäre denkbar, dass er sich verpflichtet, einem bestimmten Kapitalerhöhungsbeschluss nicht zuzustimmen bzw. auf seinen Bezugsrechtsanspruch auf Anteile aus dieser Kapitalerhöhung zu verzichten, um seine Beteiligung nicht zu erhöhen. Dann ist dem Erfordernis des konkretisierten selbstbestimmten Abstimmungsverhaltens genüge getan und es liegt kein Verstoß gegen § 136 Abs. 2 AktG vor[160].

b) Kapitalmarktrechtliche Zulässigkeit nach § 33 WpÜG

Da Stillhaltevereinbarungen in erster Linie dazu dienen, eine Übernahme durch den Investor zu verhindern, stellt sich auch die Frage, ob und unter welchen Voraussetzungen die hier dargestellten Verpflichtungsinhalte in den Anwendungsbereich des § 33 WpÜG fallen und welche Rechtsfolgen sich ggf. daraus ergeben.

Das WpÜG regelt gemäß § 1 WpÜG die Abwehr öffentlicher Übernahmeangebote für Aktien, die an einem organisierten Markt zugelassen sind[161]. Ein Übernahmeangebot ist gemäß § 29 Abs. 1 WpÜG ein solches, das auf den „Erwerb der Kontrolle gerichtet" ist, wobei Kontrolle nach § 29 Abs. 2 WpÜG „das Halten von mindestens 30 % der Stimmanteile der Zielgesellschaft" ist. § 33 WpÜG trifft Regelungen hinsichtlich des Verhaltens des Vorstands der Zielgesellschaft während und vor Abgabe eines Übernahmeangebots.

Normzweck ist der Ausgleich widerstreitender Interessen des Vorstands und der Aktionäre[162]. Diese Interessen können gegenläufig sein, weil einerseits der Vorstand gemäß § 3 Abs. 3 WpÜG, §§ 76 Abs. 1, 93 Abs. 1 S. 1 AktG im Inte-

---

159 Dieses Ergebnis deckt sich auch mit den Ausführungen zur Zulässigkeit von Nebenverträgen, die nur für konkretisierte Kapitalerhöhungsverpflichtungen für zulässig gehalten werden, s. dazu oben § 4I.2; zum Sonderfall der Stillhaltevereinbarung in diesem Sinne auch *Herrmann*, Abwehrmaßnahmen, 1993, S. 135; im Ergebnis ähnlich aber von vornherein einen engeren Maßstab anlegen *Otto*, AG 1991, 369 (379), der auch ausführt, dass bei der Übernahmeauseinandersetzung zwischen Pirelli und Conti überlegt worden war, die Vereinbarung ausländischem Recht zu unterwerfen, um den Schwierigkeiten nach deutschem Aktienrecht, namentlich wegen § 136 Abs. 2 AktG, auszuweichen und *Wagner*, Standstill Agreements, 2000, S. 213 f.

160 Ebenso *Herrmann*, Abwehrmaßnahmen, 1993, S. 135.

161 Dazu § 4I.3.d).

162 Geibel/Süßmann/*Schwennicke*, WpÜG, § 33 Rz. 1.

resse der Zielgesellschaft handeln muss und gemäß § 3 Abs. 4 S. 2 WpÜG die Geschäftstätigkeit der Zielgesellschaft nicht unangemessen beeinträchtigt werden darf, andererseits aber die Aktionäre gemäß § 3 Abs. 2 WpÜG ausreichend über die Übernahmesituation informiert werden müssen. Die Entscheidung der Aktionäre über das Übernahmeangebot darf nicht dadurch vereitelt werden, dass der Vorstand eine Übernahme von vornherein abwehrt[163].

Ergänzt werden die Regelungen des § 33 WpÜG durch Kodex Ziff. 3.7 des Deutschen Corporate Governance Kodex (im Folgenden DCG Kodex). Der DCG Kodex „stellt wesentliche gesetzliche Vorschriften zur Leitung und Überwachung deutscher börsennotierter Gesellschaften (Unternehmensführung) dar und enthält international und national anerkannte Standards guter und verantwortungsvoller Unternehmensführung“[164]. Kodex Ziff. 3.7 Abs. 2 S. 1 beschreibt in Anlehnung an § 33 Abs. 1 WpÜG das Verhinderungsverbot des Vorstands nach Veröffentlichung eines Übernahmeangebots und nimmt ähnlich wie § 33 Abs. 1 S. 2 Alt. 1 WpÜG Handlungen des gewöhnlichen Geschäftsverkehrs von diesem Verbot aus. Das Gebot, die Interessen der Aktionäre ausreichend zu wahren, legt Kodex Ziff. 3.7 Abs. 2 S. 2 für Vorstand und Aufsichtsrat fest. Dieses Gebot wird durch Kodex Ziff. 3.7 Abs. 3 ergänzt, der dem Vorstand empfiehlt, in „angezeigten Fällen“ eine außerordentliche Hauptversammlung einzuberufen, um das Übernahmeangebot zu diskutieren und ggf. gesellschaftsrechtliche Maßnahmen beschließen zu können[165]. Es ist den Unternehmen freigestellt, ob sie den DCG Kodex befolgen, da der Kodex kein Gesetz ist. Allerdings bestimmt § 161 AktG n. F., dass Vorstand und Aufsichtsrat einmal jährlich eine sog. Entsprechenserklärung abgeben müssen, in der sie erklären, ob sie den DCG Kodex befolgen oder warum sie das möglicherweise nicht tun[166]. Eine ausführliche Analyse geht über den Untersuchungsrahmen dieser Arbeit hinaus. Nachfolgende Darstellungen beschränken sich demzufolge auf die zwingende gesetzliche Regelung des § 33 WpÜG.

---

163 Geibel/Süßmann/*Schwennicke*, WpÜG, § 33 Rz. 1; Kölner Kommentar WpÜG/*Hirte*, § 33 Rz. 3.

164 S. 1 der Präambel des DCG Kodex; ausführlich zum Inhalt und Ziel des DCG Kodex Ringleb u. a./*v. Werder*, Kodex-Kommentar, Präambel Rz. 58 ff.; *Ulmer*, ZHR 166 (2002), 150 (152 ff.).

165 Ausführlich zu den Grenzen der Befugnisse des Vorstands und der Einberufung einer außerordentlich Hauptversammlung Ringleb u. a./*v. Werder*, Kodex-Kommentar, Ziff. 3.7 Rz. 317 ff.

166 § 161 AktG n. F. wurde durch das TransPuG neu gefasst; zu den Schwierigkeiten der Entsprechenserklärung vgl. Hirte/*Hirte*, TransPuG, 2003, 1. Kap. Rz. 10 ff; Ringleb u. a./*Ringleb*, Kodex-Kommentar, Anh. 1 Rz. 961 ff.; *Seibt*, AG 2002, 249 (251 ff.); *Ulmer*, ZHR 166 (2002), 150 (170 ff.).

aa) Tatbestandliche Voraussetzungen des § 33 Abs. 1 WpÜG und Rechtsfolgen bei Verstoß

Zu dem Zweck bestimmt § 33 Abs. 1 S. 1 WpÜG, dass der Vorstand während eines Übernahmeverfahrens, das heißt nach Veröffentlichung der Entscheidung zur Abgabe eines Angebots bis zur Veröffentlichung des Ergebnisses nach § 23 Abs. 1 S. 1 Nr. 2 WpÜG keine Handlungen vornehmen darf, die das Verfahren behindern könnten. Davon macht § 33 Abs. 1 S. 2 WpÜG drei Ausnahmen, und zwar in Bezug auf: erstens Handlungen, die einer ordnungsgemäßen Geschäftsführung entsprechen, zweitens, die Suche nach einem konkurrierenden Angebot und drittens Handlungen mit Zustimmung des Aufsichtsrats. § 33 Abs. 2 WpÜG betrifft den Zeitraum vor Abgabe eines Übernahmeangebots und erklärt Handlungen des Vorstands zur Verhinderung von Übernahmeangeboten dann für zulässig, wenn die Hauptversammlung den Vorstand dazu durch Beschluss mit satzungsändernder Mehrheit ermächtigt hat und der Aufsichtsrat den Maßnahmen zustimmt. § 33 Abs. 3 WpÜG regelt schließlich das Verbot der Vorteilsgewährung seitens des Bieters, das hier allerdings mangels sachlicher Nähe zum Untersuchungsgegenstand nicht behandelt werden soll[167].

Zu prüfen ist zunächst, ob Stillhaltevereinbarungen zwischen dem Investor und der Gesellschaft, vertreten durch den Vorstand, Handlungen darstellen, die nach § 33 Abs. 1 S. 1 WpÜG verboten sind. Das wäre dann der Fall, wenn durch sie „der Erfolg des Angebots verhindert werden könnte". Wann eine Maßnahme erfolgsverhindernden Charakter hat, ergibt sich aus dem Wortlaut der Norm nicht. Allerdings ist nach der Gesetzesbegründung zu § 33 Abs. 1 WpÜG auf die objektive Eignung der Handlung, den Erfolg eines Übernahmegebotes zu verhindern, abzustellen. Objektive Eignung ist gegeben, wenn eine Maßnahme im Falle ihrer Durchführung den Aktionären der Zielgesellschaft die Möglichkeit nimmt, selbst über die Annahme oder Ablehnung des Übernahmeangebots zu entscheiden. Auf eine subjektive Vereitelungsabsicht des Vorstands kommt es nicht an[168]. Die Gesetzesbegründung nennt als Beispiele für Maßnahmen, die objektive Verhinderungswirkung haben, u. a. die Ausgabe von Aktien der Zielgesellschaft, den

167 Ausführlich zur Entstehungsgeschichte und europarechtlichen Dimension des § 33 WpÜG Kölner Kommentar WpÜG/*Hirte*, § 33 Rz. 5 ff.; zu § 33 Abs. 3 WpÜG ausführlich Kölner Kommentar WpÜG/*Hirte*, § 33 Rz. 183 ff.

168 Begründung zum Regierungsentwurf eines WpÜG BT-Drucks. 14/7034, S. 57 zu § 33 Abs. 1 S. 1; Geibel/Süßmann/*Schwennicke*, WpÜG, § 33 Rz. 19; Kölner Kommentar WpÜG/*Hirte*, § 33 Rz. 55.

Erwerb eigener Aktien durch die Zielgesellschaft oder die Veräußerung wesentlicher Bestandteile des Gesellschaftsvermögens, sog. Crown Jewels[169].

Standstill Vereinbarungen werden dagegen nicht ausdrücklich genannt. Da sie aber in der Begründung auch nicht ausdrücklich ausgeschlossen sind und die Norm selbst die verbotenen Maßnahmen nicht näher spezifiziert, ist zu prüfen, ob Stillhaltevereinbarungen objektiv geeignet sein können, den Erfolg eines Übernahmeangebots zu verhindern. Dagegen könnte sprechen, dass anders als bei den vorstehend genannten Beispielen die Gesellschaft nicht selbst aktiv die Übernahme verhindert, sondern sich von dem Investor versprechen lässt, dass dieser seine Beteiligung nicht erhöht und die Gesellschaft nicht übernimmt. Dieses Argument überzeugt jedoch wenig, da auch in der Verpflichtung des Investors eine Rechtshandlung des Vorstands enthalten ist, da er die Vereinbarung für die Gesellschaft abschließt. Die objektive Eignung der Stillhalteverpflichtung ergibt sich daraus, dass eine Übernahme durch diesen Investor von vornherein ausgeschlossen wird, weil der Investor die notwendige Beteiligung nicht erreichen kann und sich so eine Übernahmesituation, über deren Ausgang dann die Aktionäre mit zu entscheiden hätten, gar nicht erst ergibt. Daher zählt die Literatur auch Stillhalteabkommen zu den nach § 33 Abs. 1 AktG verbotenen Handlungen[170].

Schließt der Vorstand also nach Abgabe eines Übernahmeangebots durch den Bieter mit diesem eine Stillhaltevereinbarung, so verstößt dies grundsätzlich gegen § 33 Abs. 1 S. 1 WpÜG. Dies gilt dann nicht, wenn eine der Ausnahmen des § 33 Abs. 1 S. 2 WpÜG vorliegt.

Es wäre zunächst an die Ausnahme nach § 33 Abs. 1 S. 2 Alt. 1 WpÜG zu denken, wonach Handlungen im Rahmen der ordentlichen Geschäftsführung des Vorstands von dem Verbot nach S. 1 ausgenommen sind. Maßstab für die Entscheidung, welche Handlungen einer ordentlichen Geschäftsführung entsprechen ist der Drittvergleich mit einer hypothetischen Gesellschaft gleicher Lage, die nicht von einem Übernahmeangebot betroffen ist[171]. Hätte der Geschäftsleiter einer nicht von einem Übernahmeangebot betroffenen Gesellschaft zulässigerweise eine Stillhaltevereinbarung eingehen dürfen? Soweit ersichtlich finden sich in der Literatur keine Ausführungen dazu, was im Falle des Abschlusses einer Stillhaltevereinbarung gilt. Schwierigkeiten bereitet aber insbesondere die Tatsache,

---

169 Begründung zum Regierungsentwurf eines WpÜG BT-Drucks. 14/7034, S. 58 zu § 33 Abs. 1 S. 1; Geibel/Süßmann/*Schwennicke*, WpÜG, § 33 Rz. 20 ff.; Kölner Kommentar WpÜG/*Hirte*, § 33 Rz. 58.

170 Geibel/Süßmann/*Schwennicke*, WpÜG, § 33 Rz. 35; Kölner Kommentar WpÜG/*Hirte*, § 33 Rz. 59; vor Erlass des WpÜG bereits *Wagner*, Standstill Agreements, 2000, S. 182.

171 Kölner Kommentar WpÜG/*Hirte*, § 33 Rz. 67.

dass ein Stillhalteabkommen gerade zum Zweck der Abwehr einer Übernahme abgeschlossen wird. Ohne dass Anzeichen einer drohenden Übernahme bestehen, besteht keine Notwendigkeit für den Abschluss einer Stillhaltevereinbarung. Der Drittvergleich scheitert daher an der Eigenart des Stillhalteabkommens, da es ausschließlich zur Abwehr von Übernahmen dient[172].

Da auch die in § 33 Abs. 1 S. 2 Alt. 2 WpÜG genannte Ausnahme der Suche nach einem Alternativangebot bei der hier vorzunehmenden Prüfung nicht weiterhilft, bleibt verbleibt die in § 33 Abs. 1 S. 2 WpÜG Alt. 3 genannte Ausnahme der Zustimmung durch den Aufsichtsrat. Sie wäre dann nicht einschlägig, wenn der Abschluss der Stillhaltevereinbarung in die Zuständigkeit der Hauptversammlung fiele. Denn § 33 Abs. 1 S. 2 Alt.3 WpÜG ist entsprechend teleologisch zu reduzieren, weil sonst alle Verteidigungsmaßnahmen des Vorstands nur der Zustimmung des Aufsichtsrats bedürften, um zulässig zu sein[173]. Bei der Stillhaltevereinbarung handelt es sich um eine schuldrechtliche Vereinbarung zwischen der Zielgesellschaft und dem Bieter. Die Vertretungsbefugnis des Vorstands beim Vertragsabschluss folgt aus § 78 Abs. 1 AktG und ist gemäß § 82 Abs. 1 AktG grundsätzlich nicht beschränkbar. Ausnahmsweise kann eine Zustimmung der Hauptversammlung durch Hauptversammlungsbeschluss erforderlich sein, so z. B. gemäß § 179 a AktG bei der Verpflichtung zur Übertragung des ganzen Gesellschaftsvermögens[174] oder auch bei Unternehmensverträgen gemäß § 293 Abs. 1 AktG. Diese Verträge stimmen darin überein, dass sie Organisationsverträge darstellen und wegen ihrer weitreichenden Wirkung der Zustimmung der Hauptversammlung bedürfen[175].

Stillhaltevereinbarungen sind jedoch dieser Vertragskategorie nicht zuzuordnen, da weder Vermögen oder Leitungsmacht übertragen noch in vergleichbarer Form in die Organisation der Gesellschaft eingegriffen wird. Die Hauptversammlung muss daher nicht zustimmen. Der Vorstand ist für den Abschluss von Stillhaltevereinbarungen zuständig[176]. Daher sind die Voraussetzungen des § 33 Abs. 1 S. 2 Alt. 3 WpÜG erfüllt. Mit Zustimmung des Aufsichtsrats kann der Vorstand Stillhaltevereinbarungen während eines Übernahmeverfahrens abschließen, wobei der Aufsichtsrat durch Mehrheitsbeschluss nach § 108 Abs. 1 AktG entscheidet.

---

172 So auch *Bayer*, ZGR 2002, 588 (618) für das Beispiel der Bildung einer Abwehrholding, die auch nur als Abwehrinstrument Sinn mache.

173 Kölner Kommentar WpÜG/*Hirte*, § 33 Rz. 80 auch mit Ausführungen zum gesetzeshistorischen Hintergrund dieser Einschränkung.

174 Vgl. zu § 179 a AktG die Ausführungen oben in § 41.4.

175 *Schmidt*, GesR, § 30 IV.1. S. 924.

176 So auch, allerdings noch vor Erlass des WpÜG, *Wagner*, Standstill Agreements, 2000, S. 178 ff.

Verstößt der Vorstand durch den Abschluss einer Stilhaltevereinbarung gegen § 33 Abs. 1 WpÜG, z. B. weil er die Vereinbarung ohne die erforderliche Zustimmung des Aufsichtsrats abgeschlossen hat, so ist die Vereinbarung im Außenverhältnis, also gegenüber dem Bieter, schwebend unwirksam. Denn die Zustimmungspflicht begrenzt die Vertretungsbefugnis des Vorstands nach §§ 79, 82 Abs. 1 AktG durch gesetzliche Bestimmung[177]. Ähnlich wie bei der Zustimmung des Aufsichtsrats über die Bedingungen der Aktienausgabe nach § 204 Abs. 1 S. 2 1. Hs. AktG ist auch hier dessen Zustimmung Voraussetzung dafür, dass die Vereinbarung wirksam ist. Sie stellt eine gesetzliche Beschränkung der Vertretungsmacht dar[178]. Im Einzelfall kommt auch ein Missbrauch der Vertretungsmacht wegen kollusiven Zusammenwirkens zwischen Vorstand und Bieter nach § 179 Abs. 1, 3 S. 1 BGB in Betracht[179]. Die Gesellschaft kann dann gemäß § 93 Abs. 1 AktG wegen pflichtwidrigen Verhaltens des Vorstands Schadensersatz verlangen, den eine Aktionärsminderheit nach § 147 Abs. 1 S. 1AktG geltend machen kann[180]. Darüber hinaus stellt der Verstoß gegen § 33 Abs. 1 S. 1 WpÜG eine Ordnungswidrigkeit nach § 60 Abs. 1 Nr. 8 WpÜG dar.

bb) Tatbestandliche Voraussetzungen nach § 33 Abs. 2 WpÜG

Anders als § 33 Abs. 1 WpÜG betrifft § 33 Abs. 2 WpÜG den „vor dem in Abs. 1 S. 1 genannten Zeitraum“, folglich den Zeitraum vor Veröffentlichung der Entscheidung zur Abgabe eines Angebots. Diese Norm regelt die Zulässigkeit sog. Vorratsbeschlüsse, in denen die Hauptversammlung den Vorstand zur Durchführung von Abwehrmaßnahmen ermächtigt, ohne dass ein aktuelles öffentliches Übernahmeangebot vorliegt. Erforderlich ist, dass es sich um Maß-

---

177 Kölner Kommentar WpÜG/*Hirte*, § 33 Rz. 137; a. A. Geibel/Süßmann/*Schwennicke*, WpÜG, § 33 Rz. 85, allerdings ohne nähere Begründung; ähnlich wohl auch Haarmann u. a./*Röh*, § 33 Rz. 129 und *Winter/Harbarth*, ZIP 2002, 1 (8), die eine Einwilligung des Aufsichtsrats verlangen und eine nachträgliche Genehmigung für nicht ausreichend erachten.

178 Kölner Kommentar WpÜG/*Hirte*, § 33 Rz. 137; zu den Voraussetzungen der Zustimmung und Rechtsfolgen bei Verstoß bei § 204 AktG Großkommentar AktG/*Hirte*, § 204 Rz. 15, 19.

179 So übereinstimmend Geibel/Süßmann/*Schwennicke*, WpÜG, § 33 Rz. 85 und Kölner Kommentar WpÜG/*Hirte*, § 33 Rz. 145 a. E.

180 Kölner Kommentar WpÜG/*Hirte*, § 33 Rz. 151; *Winter/Harbarth*, ZIP 2002, 1 (16); auf die in der Literatur umstrittene Frage, ob § 33 Abs. 1 WpÜG ein Schutzgesetz im Sinne des § 823 Abs. 2 BGB darstellt, wird hier nicht näher eingegangen, da sie nicht mehr zum Untersuchungsgegenstand gehört, näher dazu Kölner Kommentar WpÜG/*Hirte*, § 33 Rz. 159, der die Schutzgesetzeigenschaft bejaht; Geibel/Süßmann/*Schwennicke*, WpÜG, § 33 Rz. 88 und *Winter/Harbarth*, ZIP 2002, 1 (16) lehnen die Schutzgesetzeigenschaft dagegen ab.

nahmen handelt, „die in die Zuständigkeit der Hauptversammlung fallen“. In der Literatur ist umstritten, ob diese Formulierung alle Zuständigkeiten der Hauptversammlung umfasst oder nur solche, für die auch das AktG eine Delegationsmöglichkeit an den Vorstand vorsieht, wie dies z. B. im Falle der Schaffung genehmigten Kapitals nach § 202 Abs. 1 AktG der Fall ist[181]. Auch wenn wegen der zwingenden aktienrechtlichen Kompetenzordnung die wohl besseren Gründe für eine einschränkende Auslegung der Norm sprechen, muss der Streit hier nicht entscheiden werden, weil bereits festgestellt wurde, dass für den Abschluss der Stillhaltevereinbarung ausschließlich der Vorstand zuständig ist[182]. Es stellt sich daher schon gar nicht die Frage, ob die Hauptversammlung ihre Zuständigkeit auf den Vorstand übertragen kann. Daher ist § 33 Abs. 2 WpÜG nach seinen tatbestandlichen Voraussetzungen auf Stillhaltevereinbarungen nicht anwendbar. Die Hauptversammlung kann insoweit keinen Vorratsbeschluss treffen[183].

cc) Exkurs: Stillhaltevereinbarungen als präventive Abwehrmaßnahmen

Aus der Unanwendbarkeit des § 33 Abs. 2 WpÜG folgt allerdings nicht, dass der Vorstand vor Beginn des Übernahmeverfahrens keine Stillhaltevereinbarung mit dem Bieter schließen kann. Soweit präventive Abwehrmaßnahmen nicht eines Vorratsbeschlusses der Hauptversammlung bedürfen, richtet sich ihre Zulässigkeit nach den allgemeinen aktienrechtlichen Vorschriften[184]. Somit kann der Vorstand grundsätzlich auch vor Abgabe eines Übernahmenangebots mit dem potentiellen Bieter eine Stillhaltevereinbarung abschließen[185]. Es gelten dann die allgemeinen aktienrechtlichen Grundsätze, so insbesondere die Pflicht zu ordnungsgemäßer Geschäftsführung nach §§ 76, 93 AktG, welche auch das Schädigungsverbot mit einbezieht[186]. An diesem Maßstab ist auch der Abschluss der Stillhaltevereinbarung zu messen. Es kommt auf die Umstände des Einzelfalls an, ob die

---

181 Für eine weite Auslegung Haarmann u. a./*Röh*, § 33 Rz. 98; *Schneider*, AG 2002, 125 (131); dagegen Kölner Kommentar WpÜG/*Hirte*, § 33 Rz. 96 f.

182 S. dazu oben § 4II.3.b)aa).

183 Auf die Rechtsfolgen bei Verstoß gegen Abs. 2 ist daher nicht näher einzugehen, vgl. dazu Kölner Kommentar WpÜG/*Hirte*, § 33 Rz. 138 ff; zur geringen praktischen Relevanz des § 33 Abs. 2 WpÜG, weil die mit § 33 Abs. 2 verbundene Unangreifbarkeit der Gesellschaft vor einer feindlichen Übernahme einen negativen Einfluss auf den Aktienkurs haben könnte *v. Bülow*, FAZ v. 12.02.2003, Nr. 36, S. 19; ebenso *Schaefer/Eichner*, NZG 2003, 150 (154).

184 *Bayer*, ZGR 2002, 588 (618 f.); Geibel/Süßmann/*Schwennicke*, WpÜG, § 33 Rz. 61; Kölner Kommentar WpÜG/*Hirte*, § 33 Rz. 44; *ders.* in ZGR 2002, 623 (627 f.).

185 So ausdrücklich für das Stillhalteabkommen Geibel/Süßmann/*Schwennicke*, WpÜG, § 33 Rz. 72 a. E.

186 Vgl. statt aller Kölner Kommentar WpÜG/*Hirte*, § 33 Rz. 73.

Stillhaltevereinbarung im Ergebnis der Gesellschaft dient oder ihr schädigt und die Rechte der Aktionäre unangemessen beschneidet. Jedenfalls kann eine solche Vereinbarung nicht per se als mit den Grundsätzen ordnungsgemäßer Geschäftsführung unvereinbar beurteilt werden. Dagegen spricht auch nicht, dass in diesem Abschnitt unter Punkt aa) die Ausnahmeregelung des § 33 Abs. 1 S. 2 Alt. 1 WpÜG, der Maßnahmen im Rahmen der ordnungsgemäßen Geschäftsführung betrifft, für unanwendbar erklärt wurde. Denn die Unanwendbarkeit betraf das Scheitern des dort vorzunehmenden Drittvergleichs, nicht aber die Geschäftsführung als solche. Es ist daher festzuhalten, dass Stillhaltevereinbarungen als präventive Abwehrmaßnahmen grundsätzlich zulässig sind[187].

dd) Zurechnung von Stimmrechten gemäß § 30 Abs. 2 WpÜG

Auch bei Stillhaltevereinbarungen kann sich die Frage stellen, ob die Stimmrechte der an der Vereinbarung beteiligten Parteien dem Bieter über § 30 Abs. 2 WpÜG zuzurechnen sind. Entscheidend ist der notwendige gesellschaftsrechtliche Bezug der Vereinbarung, der dann zu bejahen wäre, wenn gerade über die Stimmrechte Einfluss auf die Gesellschaft genommen werden soll[188]. Hier kommt es auf die Ausgestaltung im Einzelfall an, ob die Vereinbarung auch Verpflichtungen über die Ausübung der Stimmrechte enthält oder nicht. Enthält sie keine die Stimmrechtsausübung betreffenden Verpflichtungen ist der gesellschaftsrechtliche Bezug zu verneinen. Denn in einem solchen Fall bezieht sich die Pflicht, die Beteiligung nicht zu erhöhen, nur darauf, den konkreten Bezugsrechtsanspruch nicht wahrzunehmen. Die Pflicht bezieht sich jedoch nicht darauf, das Stimmrecht in bestimmter Weise auszuüben. Die Stimmrechte werden nicht gemäß § 30 Abs. 2 WpÜG zugerechnet[189].

Allerdings ist auch denkbar, dass Stillhaltevereinbarungen auch ausdrücklich die Pflicht enthalten, zukünftigen Kapitalerhöhungen nicht zuzustimmen oder sich jedenfalls der Stimme zu enthalten[190]. In dem Fall ist ein gesellschaftsrecht-

187 Auf die Streifrage des Verhältnisses des § 33 WpÜG zu den allgemeinen aktienrechtlichen Grundsätzen kann hier im einzelnen nicht eingegangen werden, da es über das Untersuchungsziel hinausgeht. Es wird insoweit verwiesen auf die Ausführungen bei *Bayer*, ZGR 2002, 588 (598 ff.); Haarmann u. a./*Röhl*, § 33 Rz. 77; Kölner Kommentar WpÜG/*Hirte*, § 33 Rz. 26 ff., 44; *ders.* in ZGR 2002, 623 (626 ff.); *Krause*, AG 2002, 133 (136).

188 Zu den Voraussetzungen des § 30 Abs. 2 WpÜG vgl. auch § 4I.3.d)bb).

189 So auch Kölner Kommentar WpÜG/*v. Bülow*, § 30 Rz. 124.

190 Das geplante standstill agreement zwischen der Continental AG und Pirelli SpA sollte einen weitreichenden Stimmrechtsverzicht der Pirelli AG enthalten, so LG Hannover ZIP 1992, 1236 (1241) und *Wagner*, Standstill Agreements, 2000, S. 211, 215.

licher Bezug zu bejahen, da sich das abgestimmte Verhalten auch auf das Stimmrecht bezieht, so dass eine Zurechnung nach § 30 Abs. 2 S. 1 WpÜG erfolgen muss. Dies gilt jedoch nicht, wenn sich die Vereinbarung nur punktuell auf eine bestimmte Kapitalmaßnahme bezieht, da diese eine Einzelmaßnahme nach § 30 Abs. 2 S. 1 2. Hs. WpÜG darstellt.

III. Genehmigtes Kapital

Im Aktienrecht besteht neben der effektiven Kapitalerhöhung auch die Möglichkeit, das Grundkapital durch genehmigtes Kapital nach § 202 Abs. 1 AktG zu erhöhen.

1. Gemeinsamkeiten und Unterschiede zur ordentlichen Kapitalerhöhung

Ebenso wie bei der effektiven Kapitalerhöhung wird das Grundkapital durch Ausgabe neuer Anteile gegen Aktien erhöht. Das genehmigte Kapital unterscheidet sich aber von der effektiven Kapitalerhöhung dadurch, dass nicht die Hauptversammlung sondern der Vorstand aufgrund einer Ermächtigung durch die Hauptversammlung die Kapitalerhöhung durchführt[191]. Mit genehmigtem Kapital kann die AG schneller und flexibler auf neue Kapitalbedürfnisse reagieren, weil der Vorstand je nach Bedarf das genehmigte Kapital verwenden kann oder nicht. Die Hauptversammlung entscheidet durch Beschluss, genehmigtes Kapital zu schaffen.

Der Beschluss stellt eine Satzungsänderung dar, für welche die §§ 179 ff. AktG gelten, soweit nicht die §§ 202 ff. AktG Sonderregelungen enthalten. Die Entscheidung des Vorstands, das genehmigte Kapital zu verwenden, ist dagegen Geschäftsführungsmaßnahme nach § 77 AktG. Daher schafft § 202 Abs. 1 AktG eine Ausnahme von dem Grundsatz, dass das Grundkapital, weil es gemäß § 23 Abs. 3 Nr. 3 AktG einen zwingenden Satzungsbestandteil bildet, nur durch Hauptversammlungsbeschluss nach §§ 182 Abs. 1, 179 Abs. 1 AktG geändert werden kann[192]. Denn die tatsächliche Erhöhung des Grundkapitals nimmt beim genehmigten Kapital der Vorstand vor. Das bedeutet, dass der Vorstand nach eigenem Ermessen darüber entscheidet, ob, wann und ggf. in welcher Höhe er das

---

191 Zum Ablauf der Schaffung genehmigten Kapitals s. oben § 2IV.3; ausführlich zum historischen Hintergrund *Hirte*, Bezugsrechtsausschluß, 1986, S. 101.

192 Großkommentar AktG/*Hirte*, § 202 Rz. 91; *ders.*, Bezugsrechtsausschluß, 1986, S. 105; Kölner Kommentar AktG/*Lutter*, § 202 Rz. 10.

genehmigte Kapital ausnutzt. Der Vorstand erhöht das Grundkapital kraft Verleihung einer innerkorporativen Organzuständigkeit, die er sonst nicht hat. Der Vorstand ist zur Kapitalerhöhung berechtigt, aber nicht verpflichtet[193]. Die Hauptversammlung kann den Vorstand nicht anweisen, die Kapitalerhöhung durchzuführen. Das folgt aus § 119 Abs. 2 AktG, wonach die Hauptversammlung für Geschäftsführungsmaßnahmen grundsätzlich nicht zuständig ist. Ihr bleibt allein der Weg, eine ordentliche Kapitalerhöhung zu beschließen, wenn sie eine solche für erforderlich hält. Diese Kompetenz besteht unbenommen von der Ermächtigung des Vorstands.

2. *Korporativer und schuldrechtlicher Gestaltungsspielraum beim genehmigten Kapital*

Da den Vorstand kraft Gesetzes keine Verpflichtung trifft, das Grundkapital durch Einführung genehmigten Kapitals zu erhöhen, stellt sich die Frage, ob sich der Vorstand gegenüber der Hauptversammlung oder gegenüber Dritten zur Kapitalerhöhung verpflichten kann.

Eine korporative Verpflichtung scheitert daran, dass die Kompetenzordnung zur Schaffung genehmigten Kapitals zwingend ist[194]. Die Zuständigkeit des Vorstands zur Kapitalerhöhung aus genehmigtem Kapital ist, wie bereits vorstehend erwähnt, eine Ausnahme von dem Grundsatz, dass das Grundkapital nur durch Satzungsänderung erhöht werden kann. Würde man diese dadurch entkräften, dass sich der Vorstand gegenüber der Hauptversammlung zur Durchführung verpflichtet, würde man auf Umwegen wieder zur ordentlichen Kapitalerhöhung gelangen, für welche die Hauptversammlung ausschließlich zuständig ist. Dies entspricht dem oben unter I.3.b) gefundenen Ergebnis hinsichtlich der Zulässigkeit korporativer Kapitalerhöhungsverpflichtungen der Gesellschaft gegenüber Dritten, die ebenfalls aus kompetenzrechtlichen Gründen verneint wurde.

---

193 OLG Hamm WM 1985, 197 (198); Großkommentar AktG/*Hirte*, § 202 Rz. 91; *ders.*, Bezugsrechtsausschluß, 1986, S. 107; *Hüffer*, AktG, § 202 Rz. 6; Kölner Kommentar AktG/*Lutter*, § 202 Rz. 10; *ders.*, BB 1981, 861 (861); wenig überzeugend daher die Gegenansicht von *Venrooy*, AG 1981, 205 (207 f.), der bereits in dem Hauptversammlungsbeschluss die Entscheidung zur Expansion des Unternehmens sieht, an die der Vorstand gebunden sei.

194 So für die Verpflichtung gegenüber Dritten ausdrücklich Großkommentar AktG/*Hirte*, § 202 Rz. 91; a. A. wohl *Technau*, AG 1998, 445 (457), der ohne nähere Begründung eine vertragliche Verwendungsverpflichtung der Vorstands gegenüber Emissionskonsortien für zulässig hält, aber dies nur in dem Zusammenhang erörtert, dass eine solche Vereinbarung jedenfalls nicht verhindern kann, dass die Hauptversammlung eine ordentliche Kapitalerhöhung beschließt.

Es wäre demnach nur an eine schuldrechtliche Verwendungsverpflichtung zu denken. Ausgangspunkt für die Frage, ob eine solche Verpflichtung gegenüber der Hauptversammlung zulässig ist, ist die Frage nach der Kompetenzordnung. Wird diese durch eine schuldrechtliche Verpflichtung untergraben? Dies wäre dann der Fall, wenn die Hauptversammlung aus einer solchen Vereinbarung den Vorstand veranlassen könnte, das Grundkapital zu erhöhen. Einen solchen Anspruch wird man wohl verneinen müssen, da auch insoweit gilt, dass die korporative Ebene von einer solchen schuldrechtlichen Verpflichtung unberührt bleibt. Es bleibt auf korporativer Ebene bei der vorstehend beschriebenen Kompetenzordnung. Der Hauptversammlung stehen keine korporationsrechtlichen Sanktionen zu, den Vorstand zur Ausnutzung des genehmigten Kapitals zu veranlassen. Sie kann allenfalls – diese Möglichkeit hat sie ohnehin – eine ordentliche Kapitalerhöhung beschließen; unter den Voraussetzungen des § 122 AktG können das auch die Minderheitsaktionäre veranlassen.

Damit ist die Rechtslage derjenigen der rechtsgeschäftlichen Bezugsrechte im Rahmen des § 187 AktG vergleichbar. Dort war festgestellt worden, dass die Gesellschaft den Bezug von Aktien zusichern kann, der Berechtigte aber daraus keinen Anspruch auf tatsächliche Durchführung der Kapitalerhöhung hat, da insoweit die Hauptversammlung zwingend zuständig ist[195]. Da die Kompetenzordnung durch eine solche Verpflichtung des Vorstands nicht beeinflusst wird, sind somit schuldrechtliche Vereinbarungen, das genehmigte Kapital auszunutzen, zulässig. Der Vorstand bleibt frei, das Grundkapital tatsächlich zu erhöhen. Aus den gleichen kompetenzrechtlichen Erwägungen kann der Vorstand auch Dritten nur auf schuldrechtlicher Ebene zusagen, das genehmigte Kapital auszunutzen. Die korporative Ebene bleibt davon unbeeinflusst.

Vorstehende Ausführungen zeigen, dass der rechtspraktische Vorteil solcher Verpflichtungen gering ist, weil der Vorstand nach wie vor frei ist, seine Entscheidung nach ordnungsgemäßem unternehmerischem Ermessen zu treffen[196].

IV. Bedingte Kapitalerhöhung

Schließlich ist es in der AG möglich, das Grundkapital im Wege der bedingten Kapitalerhöhung zu erhöhen.

---

195 S. dazu oben § 4I.6.a).

196 Dies deckt sich auch mit den Rechercheergebnissen der Verfasserin, die in den ihr zur Verfügung gestellten Verträgen kein Beispiel einer Verpflichtung zur Ausnutzung des genehmigten Kapitals fand.

Die bedingte Kapitalerhöhung nach §§ 192 ff. AktG erhält ihren Namen daher, dass ihre Durchführung unter der Bedingung steht, dass die Aktionäre von den eingeräumten Bezugs- oder Umtauschrechten Gebrauch machen. Im Unterschied zur ordentlichen Kapitalerhöhung ermöglicht die bedingte Kapitalerhöhung eine bedarfsabhängige Kapitalbeschaffung[197]. Dies ist bei einer ordentlichen Kapitalerhöhung nur in Ansätzen dadurch möglich, dass im Kapitalerhöhungsbeschluss ein Mindest- und/oder Höchstbetrag angegeben wird, um den das Grundkapital erhöht wird.

Ein weiterer Unterschied zur ordentlichen Kapitalerhöhung liegt darin, dass die bedingte Kapitalerhöhung nur zu bestimmten, in § 192 Abs. 2 AktG aufgeführten Zwecken durchgeführt werden darf, nämlich zur Gewährung von Umtausch- oder Bezugsrechten an Gläubiger von Wandelschuldverschreibungen, zur Vorbereitung des Zusammenschlusses mehrerer Unternehmen und zur Schaffung von Aktien für Arbeitnehmer, Vorstandsmitglieder und Geschäftsführer verbundener Unternehmen.

Der Begriff der Wandelschuldverschreibung in § 192 Abs. 2 Nr. 1 AktG umfasst zunächst die Wandel- und Optionsanleihen nach § 221 Abs. 1 S. 1 Alt. 1 AktG. Wandelanleihen sind Schuldverschreibungen, die dem Gläubiger das Recht gewähren, innerhalb vorbestimmter Fristen den Anspruch auf Rückzahlung des Nennbetrags gegen Aktien einzutauschen[198]. Optionsanleihen sind Schuldverschreibungen, die mit einem Bezugsrecht auf Aktien verbunden sind, dessen Ausübung aber die Stellung als Schuldverschreibungsgläubiger unberührt lässt. Der ursprüngliche Optionsanleihegläubiger ist damit nach Ausübung des Optionsrechts sowohl Gläubiger als auch Aktionär[199]. Schließlich sind, wenn auch in § 192 Abs. 2 Nr. 1 AktG nicht ausdrücklich genannt, Gewinnschuldverschreibungen umfasst, da diese in § 221 Abs. 1 S. 1 Alt. 2 AktG den vorstehend genannten Anleiheformen gleichgestellt werden[200]. Gewinnschuldverschreibungen sind Schuldverschreibungen „bei denen die Rechte der Gläubiger mit Gewinnanteilen von Aktionären in Verbindung gebracht werden“[201]. Der Unterschied zu Wandel- und Optionsanleihen liegt darin, dass Gläubigerstellung und aktionärstypische Gewinnbeteiligung nicht aufeinander folgen, sondern zeitgleich gegeben sind[202]. Auf die Ausgestaltung der hier beschriebenen Rechtsverhältnisse soll je-

---

197 *Hüffer*, AktG, § 192 Rz. 1; *Schmidt*, GesR, § 29.III.2. S. 900.

198 *Hüffer*, AktG, § 221 Rz. 4.

199 *Hirte*, Kapitalgesellschaftsrecht, Rz. 5.5; *Hüffer*, AktG, § 221 Rz. 3.

200 *Hüffer*, AktG, § 192 Rz. 9; Kölner Kommentar AktG/*Lutter*, § 192 Rz. 4.

201 *Hirte*, Kapitalgesellschaftsrecht Rz. 5.9.

202 *Hirte*, Kapitalgesellschaftsrecht, Rz. 5.9.

doch nicht näher eingegangen werden, da sie nicht die Kapitalbeschaffungsmaßnahme als solche beeinflussen, sondern nur den dann entstehenden Anspruch näher ausgestalten[203]. Das bedingte Kapital dient in dieser Verwendungsalternative dazu, den Anspruch der Schuldverschreibungsgläubiger auf späteren Aktienerwerb zu sichern[204].

§ 192 Abs. 2 Nr. 2 AktG sieht vor, dass das bedingte Kapital auch dazu verwendet werden kann, einen Unternehmenszusammenschluss vorzubereiten. Der Begriff des Unternehmens ist rechtsformneutral und meint jeden organisierten Zusammenschluss von sachlichen und persönlichen Mitteln zur Erreichung wirtschaftlicher Zwecke; neben der AG sind dies auch GmbH, OHG, KG oder Einzelkaufleute[205].

Zusammenschluss ist jede Verbindung ohne Rücksicht darauf, ob die rechtliche Selbständigkeit der Unternehmen verloren geht oder erhalten bleibt, sofern Aktien zur Durchführung benötigt werden[206].

Die Kautelarpraxis setzt das bedingte Kapital für Unternehmenszusammenschlüsse eher selten ein, sondern greift häufiger auf das genehmigte Kapital zurück, weil dieses im Vergleich zum bedingten Kapital noch flexibler und weniger formalisiert ist. Auch in business combination agreements wird das bedingte Kapital als Kapitalbeschaffungsmaßnahme, mit welcher der Zusammenschluss realisiert werden soll, eher selten verwendet[207].

Schließlich kann bedingtes Kapital auch dazu eingesetzt werden, Arbeitnehmern oder Mitgliedern der Geschäftsführung Bezugsrechte zu gewähren, § 192 Abs. 2 Nr. 3 AktG. Auch die Anforderungen, die an den Inhalt von Arbeitneh-

---

203 Näher dazu Großkommentar AktG/*Wiedemann*, vor § 182 Rz. 100 ff.; *Hirte*, Kapitalgesellschaftsrecht, Rz. 5.4 ff.; *Schmidt*, GesR, § 26 IV.1. S. 779; zur Sonderfrage der Zulässigkeit sog. naked warrants, also der Zulässigkeit isolierter Bezugsrechte ohne Anleihe s. *Dierks*, Selbstständige Aktienoptionsscheine, 2000, insbes. S. 83 ff.; *Hirte*, Kapitalgesellschaftsrecht, Rz. 592; *ders.* in ZGR Sonderheft 16, 2000, 1 (4 f.); *Roth/Schoneweg*, WM 2002, 677 (insbes. S. 679 ff.); *Schlitt/Löschner*, BKR 2002, 150 (153 f.).

204 *Hirte*, Kapitalgesellschaftsrecht, Rz. 5.8.

205 Großkommentar AktG/*Lutter*, § 192 Rz. 11.

206 *Hüffer*, AktG, § 192 Rz. 14.

207 Vgl. *Aha*, BB 2001, 2225 (2226 f.), der verschiedene Möglichkeiten der Kapitalerhöhung bei business combination agreements diskutiert, u. a. das genehmigte Kapital, eine einfache Sachkapitalerhöhung oder eine gemischte Bar-/ Sachkapitalerhöhung, im Gegensatz dazu das bedingte Kapital nicht nennt. Auch in den der Verfasserin zur Verfügung gestellten Zusammenschlussvereinbarungen erklärten die Parteien in keinem der Verträge die Absicht, bedingtes Kapital zur Realisierung ihres Vorhabens zu verwenden. Auch in Gesprächen mit Rechtsanwälten wurde diese Einschätzung bestätigt; s. zur Definition des Begriffs „business combination agreement“ oben § 1.

meroptionsplänen, oder auch „stock option plans" genannt, werden hier nicht näher erläutert, weil sie nicht die Kapitalbeschaffungsmaßnahme also solche beeinflussen, sondern nur das durch das bedingte Kapital geschaffene Bezugsrecht näher ausgestalten[208].

Für den Beschluss über die bedingte Kapitalerhöhung ist gemäß § 192 Abs. 1 AktG die Hauptversammlung zuständig, die gemäß § 193 Abs. 1 S. 1 AktG mindestens mit dreiviertel Mehrheit des vertretenen Grundkapitals entscheidet.

Im Zusammenhang mit schuldrechtlichen Gestaltungsmöglichkeiten bei der bedingten Kapitalerhöhung interessiert insbesondere die Frage, wie die Bezugsrechtsvereinbarungen ausgestaltet sein müssen, da es, wie nun nachstehend unter 2 erörtert wird, bei der bedingten Kapitalerhöhung kein gesetzliches Bezugsrecht gibt.

2. *Vorgezogene Zusicherungen auf das Bezugsrecht*

Bei der bedingten Kapitalerhöhung haben die Aktionäre kein gesetzliches Bezugsrecht. Ein solches würde den Zweck des bedingten Kapitals vereiteln, der darin besteht, die neuen Aktien nur für den im Kapitalerhöhungsbeschluss genannten Zweck und nur bei Bedarf auszugeben[209].

Fraglich ist, wie das Bezugsrecht, also der Anspruch des Zeichners gegen die Gesellschaft auf Abschluss eines Zeichnungsvertrages, entsteht. Angesichts des Wortlauts des § 197 S. 2 AktG, wonach der Anspruch auf Aktienausgabe erst mit Eintragung des Kapitalerhöhungsbeschlusses, der gemäß § 193 Abs. 2 Nr. 2 AktG auch den Kreis der Bezugsberechtigten nennen muss, entsteht, könnte man der Auffassung sein, dass das Bezugsrecht also erst mit Eintragung entstehe und deswegen ein statutarisches sei[210]. Nach der heute ganz überwiegenden Auffassung entsteht das Bezugsrecht dagegen durch rechtsgeschäftliche Vereinbarung

208 Vgl. allgemein zu stock options *Hirte*, RWS-Forum 15, 2000, 211 (insbes. S. 216 ff. zur Ausgestaltung des Zustimmungs- oder Ermächtigungsbeschlusses); *Martens* in FS Ulmer, 2003, 399 (insbes. S. 405 ff. zur aktuellen Rechtslage), jeweils m. w. N.; aktuell die Diskussion der Corporate Governance Kommission um die Einführung von Höchstbeträgen für stock options in FAZ v. 21.05.2003, Nr. 117, S. 11.

209 Geßler u.a./*Bungeroth*, Aktiengesetz, § 192 Rz. 1; *Hüffer*, AktG, § 192 Rz. 3.

210 So noch *Würdinger*, Aktienrecht, S. 190; einschränkend Großkommentar AktG[3]/ *Schilling*, § 197 Anm. 3, der zwar § 197 S. 2 AktG auch so versteht, dass der Anspruch erst mit Eintragung des Beschlusses besteht, aber nicht unmittelbar, sondern bedingt durch Ausübung des Bezugs- oder Umtauschrechts.

zwischen der Gesellschaft und dem Zeichner[211]. Dies wird zum einen damit begründet, dass ein statutarisches Bezugsrecht bei der Aufnahme neuer Aktionäre eine „aufgedrängte Bereicherung“ bedeuten würde, da ihnen die mit dem Bezugsrecht entstehenden Pflichten ohne Einflussmöglichkeit auferlegt würden[212]. Zum anderen werden kompetenzrechtliche Gründe angeführt. Nach § 192 Abs. 1 AktG räumt die Gesellschaft die Bezugsrechte ein. Gegenüber Dritten kann aber nur der Vorstand die Gesellschaft wirksam vertreten, nicht aber die Hauptversammlung[213].

Auch dies spricht dafür, dass nicht die Hauptversammlung das Bezugsrecht in der Satzung bzw. im Kapitalerhöhungsbeschluss schafft, sondern die Gesellschaft, vertreten durch den Vorstand, durch Vertrag. Damit ähnelt die Konstruktion dem Bezugsrecht der ordentlichen Kapitalerhöhung, bei welcher das Bezugsrecht nach § 186 Abs. 1 AktG ein gesetzliches ist, der konkrete Bezugsrechtsanspruch aber durch Zeichnungsvertrag nach § 185 AktG zustande kommt[214]. Auch § 198 AktG, der die Ausübung des Bezugsrechts auf Aktien aus bedingtem Kapital durch sog. Bezugserklärung festlegt, ist der Regelung in § 185 AktG nachgebildet.

Ebenso ist zu fragen, ob der Vorstand bereits *vor* dem Kapitalerhöhungsbeschluss Bezugsrechte zusichern darf. Insoweit ist § 193 Abs. 1 S. 3 AktG von Bedeutung, der § 187 Abs. 2 AktG für anwendbar erklärt. Zu § 187 Abs. 2 AktG war oben in I.6.a) festgestellt worden, dass die Regelung dahingehend zu verstehen ist, dass der Vorstand Bezugsrechte zwar auch schon vor dem Beschluss über die ordentliche Kapitalerhöhung zusichern kann, die Hauptversammlung aber daraus nicht verpflichtet wird, die Kapitalerhöhung zu beschließen. Fraglich ist, ob dieses Ergebnis auch für Zusicherungen vor Beschluss über eine bedingte Kapitalerhöhung bejaht werden kann. Teilweise wird dies unter Bezugnahme auf das der Regelung in § 187 Abs. 2 AktG zugrundgelegte Verständnis, wonach Zusicherungen vor dem Kapitalerhöhungsbeschluss der Gesellschaft gegenüber unwirksam sind, entsprechend für die bedingte Kapitalerhöhung verneint[215]. Überzeugender ist aber auch hier, die erweiternde Auslegung des § 187 Abs. 2 AktG zugrundezulegen, und Zusicherung des Vorstands vor dem Kapitalerhöhungsbeschluss zwar für zulässig zu erklären, aber die Wirksamkeit unter den Vorbehalt

211 Jetzt auch Großkommentar AktG/*Frey*, § 197 Rz. 38; *Hüffer*, AktG, § 197 Rz. 5; Kölner Kommentar AktG/*Lutter*, § 197 Rz. 4; MünchHdbGesR IV/*Krieger*, § 57 Rz. 27.

212 So ausdrücklich Kölner Kommentar AktG/*Lutter*, § 197 Rz. 4; ähnlich Geßler u.a./*Bungeroth*, Aktiengesetz, § 197 Rz. 6.

213 Kölner Kommentar AktG/*Lutter*, § 197 Rz. 4.

214 S. dazu oben § 4I.6.a).

215 *Baumbach/Hueck*, AktG, § 193 Rz. 2.

eines entsprechenden Hauptversammlungsbeschlusses zu stellen, den diese nicht fassen muss[216].

V. Zusammenfassung der Abschnitte II bis IV

Verpflichtungen, künftig Kapitalerhöhungen zu unterlassen oder die Beteiligung nicht zu erhöhen, können in Form von Stillhalteverpflichtungen zwischen dem Investor, der bereits an der Gesellschaft beteiligt ist und der Gesellschaft oder anderen Aktionären geschlossen werden. Sie sind vorrangig im Zusammenhang mit Übernahmesituationen von Bedeutung. Schließt der Vorstand nach Abgabe eines Übernahmeangebots eine Stillhaltevereinbarung mit einem Investor, so verstößt dies gegen § 33 Abs. 1 S. 1 WpÜG, weil eine solche Vereinbarung objektiv geeignet ist, den Erfolg der Übernahme zu verhindern. Jedoch kann der Aufsichtsrat der Vereinbarung nach § 33 Abs. 1 S. 2 Alt. 3 WpÜG zustimmen. Denn es handelt sich nicht um eine Maßnahme, der die Hauptversammlung zustimmen muss. Stimmt der Aufsichtsrat nicht zu, ist die Vereinbarung schwebend unwirksam. Da der Abschluss der Stillhaltevereinbarungen in die ausschließliche Zuständigkeit des Vorstands fällt, kommen keine Vorratsbeschlüsse nach § 33 Abs. 2 WpÜG in Betracht.

Die Zulässigkeit von Stillhaltevereinbarungen als präventive Abwehrmaßnahmen ist nach allgemeinen aktienrechtlichen Grundsätzen zu beurteilen, insbesondere nach der Pflicht ordnungsgemäßer Geschäftsführung. Die Stimmrechte der an der Vereinbarung beteiligten Aktionäre werden dem Bieter nach § 30 Abs. 2 WpÜG zugerechnet, wenn die Vereinbarung auch die Verpflichtung zur Ausübung der Stimmrechte in bestimmter Weise enthält. Nur dann besteht der nach § 30 Abs. 2 S. 1 WpÜG notwendige gesellschaftsrechtliche Bezug.

Schuldrechtliche Vereinbarungen im Zusammenhang mit genehmigtem Kapital haben nicht die gleiche kautelarpraktische Bedeutung wie im Zusammenhang mit effektiven Kapitalerhöhungen, weil das genehmigte Kapital bereits eine Vereinfachung gegenüber der regulären Kapitalerhöhung bedeutet. Schuldrechtliche Verwendungspflichten des Vorstands gegenüber der Hauptversammlung sind zulässig. Es entsteht daraus jedoch nicht die korporative Pflicht, tatsächlich genehmigtes Kapital zu schaffen.

Im Rahmen der bedingten Kapitalerhöhung haben die Aktionäre kein gesetzliches Bezugsrecht. Zusicherungen vor dem Kapitalerhöhungsbeschluss sind in

---

216 Geßler u.a./*Bungeroth*, Aktiengesetz, § 197 Rz. 10; Großkommentar AktG/*Frey*, § 197 Rz. 39 a. E.; *Hüffer*, AktG, § 193 Rz. 3 und § 197 Rz. 5; Kölner Kommentar AktG/*Lutter*, § 197 Rz. 10; MünchHdbGesR IV/*Krieger*, § 57 Rz. 27.

erweiternder Auslegung des § 187 Abs. 2 AktG zulässig, verpflichten die Hauptversammlung aber nicht, den Kapitalerhöhungsbeschluss zu fassen.

§ 5 Schlussbetrachtung in Thesen

1. Schuldrechtliche Vereinbarungen über Kapitalbeschaffungsmaßnahmen in GmbH und AG dienen dazu, die Beschlussfassung über eine Kapitalerhöhung vorzubereiten und deren Durchführung sicherzustellen. Diese Ziele können durch Kapitalerhöhungsverpflichtungen, Übernahmeverpflichtungen, Anteilszusicherungen und durch schuldrechtliche Mehrleistungen anlässlich von Kapitalbeschaffungsmaßnahmen erreicht werden. Mögliche Vertragspartner können die Gesellschafter, die Gesellschaft und Dritte, die sich an der Gesellschaft beteiligen möchten, sein.
2. Die Zulässigkeit schuldrechtlicher Vereinbarungen bestimmt sich nach allgemeinem Zivilrecht, nicht nach Gesellschaftsrecht. Die weitgehende inhaltliche Gestaltungsfreiheit von schuldrechtlichen Vereinbarungen sowie ihre fehlende Form- und Publizitätspflicht gewähren ein Maß an Flexibilität, welches korporative Vereinbarungen wegen ihrer strengen gesetzlichen Vorgaben nicht bieten können. Die Grenze der Zulässigkeit schuldrechtlicher Vereinbarungen verläuft dort, wo die Regelungsinhalte zwingende Normen des GmbH- oder Aktienrechts berühren.
3. Kapitalerhöhungsverpflichtungen sind Vereinbarungen über die Verpflichtung zur Beschlussfassung über eine Kapitalerhöhung. Sie sind gerichtet auf die Zustimmung zu einer Satzungsänderung, da der Kapitalerhöhungsbeschluss eine Satzungsänderung darstellt.
4. Kapitalerhöhungsverpflichtungen beinhalten ein stimmbindendes Element, weil sich die Gesellschafter untereinander, gegenüber ihrer Gesellschaft oder gegenüber Dritten ihre Zustimmung zum Kapitalerhöhungsbeschluss zusichern. Kapitalerhöhungsverpflichtungen ersetzen nicht die Beschlussfassung, sie bereiten den Beschluss vor.
5. Weder die Stimmverbote des § 47 Abs. 4 GmbHG noch ein gesellschaftsvertraglich geregeltes Stimmbindungsverbot begrenzen die Zulässigkeit von Kapitalerhöhungsverpflichtungen der GmbH-Gesellschafter. Solche Verpflichtungen sind formfrei wirksam. Die Formvorschrift des § 53 Abs. 2 S. 1 GmbHG gilt nicht analog für Kapitalerhöhungsverpflichtungen.
6. Verstößt ein Gesellschafter gegen seine schuldrechtliche Zustimmungspflicht berührt sein abredewidriges Verhalten die Wirksamkeit der Abstimmung grundsätzlich nicht. Die schuldrechtliche und die korporative Ebene sind voneinander zu trennen. Ausnahmsweise schlägt die schuldrechtliche

auf die korporative Ebene durch mit der Rechtsfolge der Anfechtbarkeit des Kapitalerhöhungsbeschlusses, wenn sich alle Gesellschafter in einer Ad-hoc-Vereinbarung verpflichtet haben, einer konkreten Kapitalerhöhung zuzustimmen. In diesem Fall kann der Verstoß gegen die Zustimmungspflicht als Anfechtungsgrund des Kapitalerhöhungsbeschlusses herangezogen werden, weil die Verpflichtung selbst wie ein Kapitalerhöhungsbeschluss wirkt. Gleiches gilt auch für Kapitalerhöhungsverpflichtungen der Aktionäre.

7. Kapitalerhöhungsverpflichtungen der GmbH-Gesellschafter gegenüber einem Dritten sind zulässig. Die Einheit von Mitgliedschaft und Stimmrecht ist gewahrt. Die GmbH-Gesellschafter treffen die Entscheidung über die Kapitalerhöhung selbstbestimmt. Die GmbH kann sich gegenüber Dritten nur mit entsprechender Ermächtigung der Gesellschafterversammlung zur Beschlussfassung über eine Kapitalerhöhung verpflichten. Der entsprechende Ermächtigungsbeschluss ist mit satzungsändernder Mehrheit zu fassen. Er ist formfrei wirksam und nicht publizitätspflichtig.
8. Der Übernehmer kann sich gegenüber der GmbH dazu verpflichten, einen Geschäftsanteil zu übernehmen. Der Verpflichtungsvertrag ist ein Vorvertrag, gerichtet auf den Abschluss des Übernahmevertrages. Die Verpflichtung zur Abgabe einer Übernahmeerklärung eines Alt-Gesellschafters ist formfrei wirksam. Die Verpflichtungserklärung eines Dritten muss nur dann notariell beglaubigt werden, wenn er sich entsprechend § 55 Abs. 2 S. 2 GmbHG zur Erbringung zusätzlicher Leistungen neben der Einlage verpflichtet.
9. Mit dem Zulassungsversprechen nimmt die GmbH die Übernahmeerklärung bereits vor Beschlussfassung an. Im Gegensatz zur Übernahmeverpflichtung ist das Zulassungsversprechen ein korporatives Rechtsgeschäft, weil es nur durch einen Gesellschafterbeschluss abgegeben werden kann.
10. Die GmbH-Gesellschafter dürfen anlässlich einer Kapitalerhöhung schuldrechtliche Mehrleistungen erbringen. Eine schuldrechtliche Mehrleistungsverpflichtung unterscheidet sich von einem Agio dadurch, dass letzteres an den Geschäftsanteil des GmbH-Gesellschafters gebunden ist und daher korporativen Charakter hat, während erstere lediglich eine schuldrechtliche Leistungspflicht des GmbH-Gesellschafters begründet. Eine schuldrechtliche Mehrleistungsverpflichtung stellt ein verdecktes Agio dar, wenn die Leistung von allen, auch zukünftigen Übernehmern erbracht werden muss und in engem zeitlichen und sachlichen Zusammenhang mit der Kapitalerhöhung steht. Es entspricht dann funktional einem Agio, ohne im Kapitalerhöhungsbeschluss als solches ausgewiesen zu sein. In seinen Rechtsfolgen steht das verdeckte Agio einem unwirksam vereinbarten Agio gleich.

11. Schuldrechtliche Vereinbarungen in der GmbH, die sich inhaltlich einem nur im Aktienrecht geregelten genehmigten oder bedingten Kapital annähern sind denkbar, jedoch nicht praktikabel.
12. Kapitalerhöhungsverpflichtungen der Aktionäre können nur auf schuldrechtlicher Ebene vereinbart werden, weil das in § 54 Abs. 1 AktG geregelte Verbot der Mehrleistungsverpflichtung eine korporative Zustimmungspflicht zu Kapitalerhöhungen untersagt.
13. Weder § 54 Abs. 1 AktG, § 136 Abs. 2 AktG noch statutarische Stimmbindungsverbote beschränken die Zulässigkeit schuldrechtlicher Zustimmungspflichten der Aktionäre. § 54 Abs. 1 AktG gilt nur für korporative Pflichten. § 136 Abs. 2 AktG ist nicht verletzt, weil die Aktionäre ihren Stimmrechtseinfluss in Bezug auf die Kapitalerhöhung untereinander und nicht gegenüber anderen Organen der AG koordinieren. Verpflichten sich die Aktionäre gegenüber der AG, verstoßen sie nicht gegen § 136 Abs. 2 AktG, wenn feststeht, auf welche zukünftige Kapitalerhöhung sich die Zustimmungspflicht bezieht. Ein statutarisches Stimmbindungsverbot kann wegen § 54 Abs. 1 AktG gar nicht festgelegt werden. Kapitalerhöhungsverpflichtungen der Aktionäre sind ebenso wie die der GmbH-Gesellschafter formfrei wirksam. § 130 Abs. 1 S. 1 AktG gilt nicht analog.
14. Kapitalerhöhungsverpflichtungen der Aktionäre und ihrer Gesellschaft gegenüber Dritten sind unter den gleichen Voraussetzungen zulässig wie die der GmbH-Gesellschafter und deren Gesellschaft. Bei börsennotierten Gesellschaften ist in Übernahmesituationen aus Sicht des Bieters der Zurechnungstatbestand des § 30 Abs. 2 WpÜG zu beachten. Kapitalerhöhungsverpflichtungen der Aktionäre gegenüber dem Bieter, die sich auf eine bestimmte zukünftige Kapitalbeschaffungsmaßnahme beziehen, fallen unter die Ausnahmeregel des §§ 30 Abs. 2 S. 1 2. Hs. WpÜG.
15. Zeichnungsvorverträge sind bereits vor dem Kapitalerhöhungsbeschluss zulässig, unterliegen aber den Formvorgaben der §§ 185 Abs. 1 S. 1, S. 3 Nr. 2-4 AktG. Die AG ist wegen § 187 Abs. 2 AktG nicht verpflichtet, die Kapitalerhöhung zu beschließen. Die Gesellschaft kann im Rahmen des § 187 AktG den potentiellen Zeichnern rechtsgeschäftliche Bezugsrechte einzuräumen.
16. Schuldrechtliche Mehrleistungsverpflichtungen anlässlich von Kapitalerhöhungen zwischen den Aktionären und gegenüber der AG sind grundsätzlich zulässig. Sie verstoßen nicht gegen zwingende aktienrechtliche Grundsätze. Korporative Mehrleistungsverpflichtungen können allerdings nur als Agio vereinbart werden und müssen als solches im Kapitalerhöhungsbeschluss und Zeichnungsschein genannt und vor Eintragung der Durchführung der Kapitalerhöhung in das Handelsregister vollständig erbracht sein. Das Agio

darf nur unter den engen Voraussetzungen des §§ 150 Abs. 3, 4 AktG ausgeschüttet werden. Ein verdecktes Agio im Aktienrecht liegt ebenso wie im GmbH-Recht dann vor, wenn eine Mehrleistungspflicht funktional ein Aufgeld darstellt, ohne als solches ausgewiesen zu sein. Wann dies der Fall ist, bestimmt sich im Einzelfall nicht nur nach der Form der Vereinbarung, sondern auch nach objektiven und subjektiven Umständen der Erbringung. Liegt ein verdecktes Agio vor, steht es bezüglich der Rechtsfolgen einem unwirksam vereinbarten Agio gleich. Zum Zweck der vollumfänglichen registerrechtlichen Prüfungspflicht muss der Registerrichter in Zweifelsfällen auch Einsicht in die Vereinbarung über die Mehrleistungspflicht nehmen können.

17. Stillhalteverpflichtungen zwischen einem bereits an der Gesellschaft beteiligten Investor und der Gesellschaft, die u. a. darauf gerichtet sind, die Beteiligung an der Gesellschaft nicht zu erhöhen, sind vorrangig im Zusammenhang mit Übernahmesituationen von Bedeutung. Schließt der Vorstand nach Abgabe eines Übernahmeangebots eine Stillhaltevereinbarung mit einem Investor, so verstößt dies gegen § 33 Abs. 1 S. 1 WpÜG, weil eine solche Vereinbarung objektiv geeignet ist, den Erfolg der Übernahme zu verhindern. Der Aufsichtsrat kann jedoch dem Abschluss nach § 33 Abs. 1 S. 2 Alt. 3 WpÜG zustimmen, denn der Abschluss der Stillhaltevereinbarung bedarf nicht der Zustimmung der Hauptversammlung. Die Zulässigkeit von Stillhaltevereinbarungen als präventive Abwehrmaßnahmen im Vorfeld eines Übernahmeangebots ist nach allgemeinen aktienrechtlichen Grundsätzen zu beurteilen.
18. Schuldrechtliche Vereinbarungen im Zusammenhang mit genehmigtem Kapital können Verwendungspflichten des Vorstands gegenüber der Hauptversammlung über das genehmigte Kapital beinhalten. Es entsteht aus der Vereinbarung jedoch keine korporative Pflicht des Vorstands, das genehmigte Kapital tatsächlich zu schaffen. Im Rahmen der bedingten Kapitalerhöhung sind Zusicherungen seitens der Gesellschaft vor dem Kapitalerhöhungsbeschluss in erweiternder Auslegung des § 187 Abs. 2 AktG zulässig, verpflichten die Hauptversammlung aber nicht, den Kapitalerhöhungsbeschluss zu fassen.

Literaturverzeichnis

Achterath, Oscar F., Die Nebenleistungsverpflichtung bei der GmbH, 1937, Universität Köln Dissertation (zit. *Achterath*, Nebenleistungsverpflichtung GmbH, Köln Univ. Diss. 1937)

Adler, Hans/Düring, Walther/Schmaltz, Kurt, Rechnungslegung und Prüfung der Unternehmen, Teilband 5 §§ 264-274, 274 a, 275-283 HGB 6. Aufl. 1997, Ergänzungsband zur 6. Auflage 2001, Stuttgart (zit. *Adler/Düring/Schmaltz* bzw. *Adler/Düring/Schmaltz*, Ergänzungsband)

Aha, Christof, Vorbereitung des Zusammenschlusses im Wege der Kapitalerhöhung gegen Sacheinlage durch ein „Business Combination Agreement", BB 2001, 2225-2233

Altvater, Wilhelm, Die Stimmrechtsbindung im Aktienrecht, 1935, Universität Rostock Dissertation (zit. *Altvater*, Stimmrechtsbindung AG, Rostock Univ. Diss. 1935)

Amend, Hans-Joachim, Das Nebenleistungsverhältnis bei der GmbH, 1936, Universität Erlangen Dissertation (zit. *Amend*, Nebenleistungsverhältnis GmbH, Erlangen Univ. Diss. 1936)

Bankrecht und Bankpraxis, Thorwald Hellner/Jürgen Schröter/Stephan Steuer/Ahrend Weber (Hrsg.), Bd. 5, Teil 10, Stand 12.1997, Köln (zit. BuB/*Bearb.*, Bd.)

Bär, Biner K.-W., Anmerkung zu LG Hamburg AG 1995, 92, AG 1995, 93-94

Barthelmeß, Stephan/Braun, Yvonne, Zulässigkeit schuldrechtlicher Verfügungsbeschränkungen über Aktien zugunsten der AG, AG 2000, 172-177

Bartl, Harald/Fichtelmann, Helmar/Schlarb, Eberhard/Schulze, Hans-Jürgen, Heidelberger Kommentar zum GmbH-Recht, Handbuch und Kommentar, 5. Aufl. 2002, Heidelberg (zit. HK GmbH-Recht/*Bearb.*)

Barz, Carl H., Anmerkung zu BGHZ 48, 163, GmbHR 1968, 100-101

Baumann, Horst/Reiss, Wilhelm, Rechtstatsächliche Untersuchung über schuldrechtliche Nebenabreden, ZGR 1989, 157-215

Baumbach, Adolf/Hueck, Alfred, GmbH-Gesetz, 17. Aufl. 2000, 15. Aufl. 1988, München (zit. Baumbach/Hueck/*Bearb.*, GmbHG bzw. Baumbach/Hueck/*Bearb.*, GmbHG[15])

Baumbach, Adolf/Hueck, Alfred/Hueck, Götz, Aktiengesetz, 13. Aufl. 1968, München (zit. *Baumbach/Hueck*, AktG)

Bayer, Walter, Vorsorge- und präventive Abwehrmaßnahmen gegen feindliche Übernahmen, ZGR 2002, 588-622

Beck'scher Bilanzkommentar, Handels- und Steuerrecht – §§ 238 bis 339 HGB, Axel Berger/Helmut Ellrott/Gerhart Förschle/Burkhard Hense (Hrsg.), 5. Aufl. 2003, München (zit. Beck'scher Bilanzkommentar/*Bearb.*)

Beck'sches Formularbuch, Bürgerliches, Handels- und Wirtschaftsrecht, Michael Hoffmann-Becking/Peter Rawert (Hrsg.), 8. Aufl. 2003, München (zit. Beck'sches Formularbuch/*Bearb.*)

Berger, Christian, Nebenverträge im GmbH-Recht, 1995, Universität Münster Dissertation (zit. *Berger*, Nebenverträge, Münster Univ. Diss. 1995)

Beuthien, Volker/Gätsch, Andreas, Einfluß Dritter auf die Organbesetzung und Geschäftsführung bei Vereinen, Kapitalgesellschaften und Genossenschaften, ZHR 157 (1993), 483-512

Blaurock, Uwe, Der Vorvertrag zur Zeichnung von Aktien, FS Rittner, Manfred Löwisch/Christian Schmidt-Leithoff/Burkhard Schmiedel (Hrsg.),1991, München, 33-53

Blaurock, Uwe, Unterbeteiligungen und Treuhand an Gesellschaftsanteilen. Formen mittelbarer Teilhabe an Gesellschaftsverhältnissen, 1981, Baden-Baden (zit. *Blaurock*, Unterbeteiligungen)

Boesebeck, Ernst, Abstimmungsvereinbarungen mit Aktionären, NJW 1960, 7-10

Boesebeck, Ernst, Aufnahme von Wandeldarlehen durch eine GmbH, GmbHR 1962, 2-5

Brixner, Friedrich/Brixner Jörg, Bäuerliche Aktiengesellschaften mit genossenschaftlicher Zielsetzung, AG 1965, 262-265

Brodmann, Erich, Gesetz betreffend die Gesellschaften mit beschränkter Haftung: Kommentar, 1924, Berlin (zit. *Brodmann*, GmbHG)

Brunkhorst, Heike, Verteilung der Finanzierungskompetenzen bei der bestehenden Aktiengesellschaft – ohne Gründung und Liquidation, 1995, Universität Hamburg Dissertation (zit. *Brunkhorst*, Finanzierungskompetenzen AG, Hamburg Univ. Diss. 1995)

Bülow, Christoph von, Wünschenswerte Korrekturen: Hat sich das Übernahmegesetz in der Praxis bewährt?, FAZ v. 12.02.2003, Nr. 36, S. 19

Busch, Torsten, Aktuelle Rechtsfragen des Bezugsrechts und Bezugsrechtsausschlusses beim Greenshoe im Rahmen von Aktienemissionen, AG 2002, 230-235

De Meo, Francesco, Bankenkonsortien, 1994, München (zit. *De Meo*, Bankenkonsortien, 1994)

Decher, Christian E., Rechtsfragen des grenzüberschreitenden Merger of Equals, FS Lutter, Uwe H. Schneider/Peter Hommelhoff/Karsten Schmidt/Wolfram Timm/Barbara Grunewald (Hrsg.), 2000, Köln, 1209-1225

Dierks, Silke, Selbstständige Aktienoptionsscheine, 2000, Berlin (zit. *Dierks*, Selbstständige Aktienoptionsscheine, 2000)

Druey, Jean Nicolas, Empfiehlt es sich, das Recht faktischer Unternehmensverbindungen – auch im Hinblick auf das Recht anderer EG-Staaten – neu zu regeln?, Gutachten H zum 59. Deutschen Juristentag Hannover, 1992, München (zit. *Druey*, Gutachten H, 1992)

Duden, Das große Wörterbuch der deutschen Sprache. In 10 Bänden, Bd. 6 Lein-Peko, 3. Aufl. 1999, Mannheim (zit. *Duden*, Das große Wörterbuch der deutschen Sprache, Stichwort:)

Dürr, Martin, Nebenabreden im Gesellschaftsrecht: Außersatzungsmäßige Bindungen von Gesellschaftern und die Willensbildung in der GmbH, 1994, Frankfurt/M., (*Dürr*, Nebenabreden, 1994)

Ehricke, Ulrich, Schuldvertragliche Nebenabreden zu GmbH-Gesellschaftsverträgen – Deutsches, Schweizer und Englisches Recht im Vergleich, Heidelberg, 2004 (*Ehricke*, Schuldvertragliche Nebenabreden, 2004)

Eilers, Stephan/Sieger, Jürgen J./Wienands, Hans-Gerd, Die Finanzierung der GmbH durch ihre Gesellschafter, 2. Aufl. 2001, Köln (zit. *Eilers u.a.*, Finanzierung GmbH)

Eylmann, Horst/Vaasen, Hans-Dieter (Hrsg.), Bundesnotarordnung, Beurkundungsgesetz. Kommentar, 2. Aufl. 2004, München (zit. Eylmann/Vaasen/*Bearb.*, BeurkG)

Fischer, Robert, Ist der Vorvertrag bei der Errichtung einer GmbH formbedürftig?, GmbHR 1954, 129-132

Fischer, Robert, Zulässigkeit und Wirkung von Abstimmungsvereinbarungen, GmbHR 1953, 65-70

Fleck, Hans-Joachim, Schuldrechtliche Verpflichtungen der GmbH im Entscheidungsbereich der Gesellschafter, ZGR 1988, 104-139

Fleischer, Holger, Gesetz und Vertrag als alternative Problemlösungsmodelle im Gesellschaftsrecht, ZHR 168 (2004), 673-707

Flume, Werner, Anmerkung zu OLG Stuttgart, WM 1987, 10, JZ 1987, 572-574

Forstmoser, Peter, Aktionärsbindungsverträge, FS Schluep, Peter Forstmoser/Pierre Tercier/Roger Zäch (Hrsg.), 1988, Zürich, 359-381

Fox, Thomas/Hüttche, Tobias/Lechner, Florian, Mitarbeiterbeteiligung in der GmbH. Aktuelle Entwicklungen, steuerliche Aspekte, Gestaltungsmöglichkeiten, GmbHR 2000, 521-534

Fredebeil, Uta, Aktienemissionen. Das underwriting agreement (der Übernahmevertrag) und seine spezifischen Klauseln, 2002, Frankfurt/M. (zit. *Fredebeil*, Underwriting Agreement, 2002)

Frey, Kaspar, Anmerkung zu OLG Köln EWiR § 53 GmbHG 1/03 121-122

Friedewald, Rolf, Die personalistische Aktiengesellschaft, 1991, Köln, (zit. *Friedewald*, Personalistische AG, 1991)

Geibel, Stephan/Süßmann, Rainer (Hrsg.), Wertpapiererwerbs- und Übernahmegesetz (WpÜG). Kommentar, 2002, München (zit. Geibel/Süßmann/*Bearb.*, WpÜG)

Geßler, Ernst, Bedeutung und Auslegung des § 23 Abs. 5 AktG, FS Luther, Ottoarndt Glossner/Walter Reimers (Hrsg.), 1976, München, 69-84

Geßler, Ernst/Hefermehl, Wolfgang/Eckardt, Ulrich/Kropff, Bruno (Hrsg.), Aktiengesetz. Kommentar, 1973 ff., München (zit. Geßler/Hefermehl/*Bearb.*, AktG)

Godin, Reinhard Freiherr von/Wilhelmi, Hans, neubearbeitet von Sylvester Wilhelmi, Aktiengesetz. Kommentar, 4. Aufl. 1971, Berlin, (zit. *Godin/Wilhelmi*, AktG)

Goette, Wulf, Satzungsdurchbrechung und Beschlussanfechtung, RWS-Forum 8 Gesellschaftsrecht 1995, Hartwig Henze/Wolfram Timm/Harm Peter Westermann (Hrsg.), 1996, Köln 113-139

Grimm, Helmut, Uneinheitliche Stimmrechtsausübung und vertragliche Stimmrechtsbindung im Aktienrecht, 1959, Universität Köln Dissertation (zit. *Grimm*, Stimmrechtsbindung im Aktienrecht, Köln Univ. Diss., 1959)

Großkommentar zum Aktiengesetz, Klaus J. Hopt/Herbert Wiedemann (Hrsg.), 4. Aufl. 1995 ff., 3. Aufl. 1970 ff., Berlin (zit. Großkommentar AktG/*Bearb.* bzw. Großkommentar AktG^3/*Bearb.*)

Grunewald, Barbara, Gesellschaftsrecht, 5. Aufl. 2002, Tübingen (zit. *Grunewald*, Gesellschaftsrecht)

Haarmann, Wilhelm/Riehmer, Klaus/Schüppen, Matthias, Öffentliche Übernahmeangebote. Kommentar zum Wertpapiererwerbs- und Übernahmegesetz, 2002, Heidelberg (zit. Haarmann u. a./*Bearb.*)

Hachenburg, Max (Begr.), Großkommentar GmbHG, Peter Ulmer (Hrsg.), 8. Aufl. 1989-1997, Berlin (zit. Hachenburg/*Bearb.*, Großkommentar GmbHG)

Happ, Wilhelm (Hrsg.), Aktienrecht, Handbuch-Mustertexte-Kommentar, 2. Aufl. 2004, Köln (zit. *Happ*, Aktienrecht)

Happ, Wilhelm, Stimmbindungsverträge und Beschlussanfechtung – Besprechung der Entscheidung BGH WM 1983, 334, ZGR 1984, 168-178

Heckschen, Heribert, Agio und Bezugsrechtsausschluss bei der GmbH, DStR 2001, 1437-1445

Hellwig, Hans-Jürgen, Der werdende Geschäftsanteil aus einer Kapitalerhöhung, FS Rowedder, Gerd Pfeiffer/Günther Wiese/Klaus Zimmermann (Hrsg.), 1994, München, 141-154

Henn, Günter, Handbuch des Aktienrechts, 7. Aufl. 2002, Heidelberg (zit. *Henn*, HdbAktienrecht)

Henze, Hartwig, Aktienrecht – Höchstrichterliche Rechtsprechung, 5. Aufl. 2002, Köln, (zit. *Henze*, Aktienrecht)

Herchen, Hilke, Agio und verdecktes Agio im Recht der Kapitalgesellschaften, 2004, Köln (zit. *Herchen*, Agio und verdecktes Agio, 2004)

Herfs, Achim, Einwirkungen Dritter auf den Willensbildungsprozeß der GmbH: Eine Untersuchung von Mitwirkungsrechten Dritter im Entscheidungsbereich der Gesellschafter aufgrund von Satzungsrechten, Stimmbindungsverträgen oder Verpflichtungen der GmbH, 1994, Baden-Baden (zit. *Herfs*, Einwirkungen Dritter, 1994)

Hergeth, Armin/Eberl, Thomas, Wirksamkeitsvoraussetzungen eines Zeichnungsvorvertrags, NZG 2003, 205-208

Hergeth, Armin/Eberl, Tobias, Schuldrechtliche Zuzahlungspflichten bei einer Kapitalerhöhung einer AG, DStR 2002, 1818-1822

Hergeth, Armin/Mingau Katja, Beteiligungsverträge bei der GmbH, DStR 2001, 1217-1220

Hermanns, Marc, Gestaltungsmöglichkeiten bei der Kapitalerhöhung mit Agio, ZIP 2003, 788-792

Herrmann, Marcus, Zivilrechtliche Abwehrmaßnahmen gegen unfreundliche Übernahmeversuche in Deutschland und Großbritannien, 1993, Heidelberg (*Herrmann*, Abwehrmaßnahmen, 1993)

Hintz-Bühler, Monika, Aktionärsbindungsverträge, 2001, Bern (*Hintz-Bühler*, Aktionärsbindungsverträge, 2001 (CH))

Hirte, Heribert (Hrsg.), Das Transparenz- und Publizitätsgesetz: Einführende Gesamtdarstellung, 2003, München (zit. Hirte/*Bearb.*, TransPuG)

Hirte, Heribert (Hrsg.), Der Vertragskonzern im Gesellschaftsrecht, 1993, Köln, (zit. *Hirte*, Vertragskonzern, 1993)

Hirte, Heribert, Ausgewählte Fragen zu Stock-option-Plänen, RWS-Forum 15 Gesellschaftsrecht 1999, Karsten Schmidt/Bodo Riegger (Hrsg.), 2000, Köln, 211-249

Hirte, Heribert, Berufshaftung: Ein Beitrag zur Entwicklung eines einheitlichen Haftungsmodells für Dienstleistungen, 1996, München (zit. *Hirte*, Berufshaftung, 1996)

Hirte, Heribert, Bezugsrechtsausschluß und Konzernbildung. Minderheitenschutz bei Eingriffen in die Beteiligungsstruktur der Aktiengesellschaft, 1986, Köln (zit. *Hirte*, Bezugsrechtsausschluß, 1986)

Hirte, Heribert, Der Anfang vom Ende der GmbH droht, FAZ v. 22.01.2003, Nr. 18, S. 19

Hirte, Heribert, Die aktienrechtliche Satzungsstrenge, ZGR Sonderheft Nr. 13, Gestaltungsfreiheit im Gesellschaftsrecht, Marcus Lutter, Herbert Wiedemann (Hrsg.), 1998, Berlin, 61-98

Hirte, Heribert, Die Entwicklung des Unternehmens- und Gesellschaftsrechts in Deutschland in den Jahren 2000-2002 – 1. Teil: Allgemeines Unternehmensrecht und Aktienrecht, NJW 2003, 1090-1096

Hirte, Heribert, Die vereinfachte Kapitalherabsetzung bei der GmbH, Kölner Schrift zur Insolvenzordnung. Das neue Insolvenzrecht in der Praxis, Arbeitskreis für Insolvenz- und Schiedsgerichtswesen e. V. Köln (Hrsg.), 2. Aufl. 2000, Herne/Berlin, 1253-1281 (zit. *Hirte* in Kölner Schrift zur InsO, 2000)

Hirte, Heribert, Kapitalgesellschaftsrecht, 4. Aufl. 2003, Köln (zit. *Hirte*, Kapitalgesellschaftsrecht)

Hirte, Heribert, Verteidigung gegen Übernahmeangebote und Rechtsschutz des Aktionärs gegen die Verteidigung, ZGR 2002, 623-658

Hirte, Heribert, Wandel- und Optionsanleihen im Rechtsvergleich, ZGR Sonderheft 16, Wandel- und Optionsanleihen in Deutschland und Europa, 2000, Marcus Lutter/Heribert Hirte (Hrsg.), 2000, Berlin, 1-26

Hoffmann-Becking, Michael, Der Einfluß schuldrechtlicher Gesellschaftervereinbarungen auf die Rechtsbeziehungen in der Kapitalgesellschaft, ZGR 1994, 442-464

Hoffmann-Becking, Michael, Neue Formen der Aktienemissionen, FS Lieberknecht, Ernst Niederleithinger/Rosemarie Werner/Gerhard Wiedemann (Hrsg.), 1997, München, 25-43

Hommelhoff, Peter, Satzungsfreiheit und Gestaltungsfreiheit in der Europäischen Aktiengesellschaft, FS Ulmer, Mathias Habersack/Peter Hommelhoff/Karsten Schmidt/Wolfgang Zöllner (Hrsg.), 2003, Berlin, 267-278

Hommelhoff, Peter/Kleindiek, Detlef, Flexible Finanzierungsinstrumente im GmbH-Recht, FS 100 Jahre GmbH-Gesetz, Marcus Lutter/Peter Ulmer/Marcus Lutter (Hrsg.), 1992, Köln

Hopt, Klaus J. (Hrsg.), Vertrags- und Formularbuch zum Handels-, Gesellschafts-, Bank- und Transportrecht, 2. Aufl. 2000, München (zit. Hopt/*Bearb.*, Vertrags- und Formularbuch)

Hopt, Klaus J., Familien- und Aktienpools unter dem Wertpapierhandelsgesetz, ZGR 1997, 1-31

Horn, Norbert, Verträge über internationale Unternehmenszusammenschlüsse, FS Lutter, Uwe H. Schneider/Peter Hommelhoff/Karsten Schmidt/Wolfram Timm/Barbara Grunewald (Hrsg.), 2000, Köln, 1113-1131

Hüffer, Uwe, Aktiengesetz, 6. Aufl. 2004, München (zit. *Hüffer*, AktG)

Immenga, Ulrich, Die personalistische Kapitalgesellschaft, 1970, Bad Homburg (zit. *Immenga*, Personalistische Kapitalgesellschaft, 1970, S.)

Immenga, Ulrich, Einlagenschutz beim mittelbaren Bezugsrecht, FS Beusch, Heinrich Beisse/Marcus Lutter/Heribald Närger (Hrsg.), 1993, Berlin, 413-422

Janke, Raimund, Die Nebenleistungspflichten bei der GmbH, 1996, Frankfurt/M. (zit. *Janke*, Nebenleistungspflichten GmbH, 1996)

Joussen, Edgar, Gesellschafterabsprachen neben Satzung und Gesellschaftsvertrag, 1995, Köln (zit. *Joussen*, Gesellschafterabsprachen, 1995)

Kallmeyer, Harald (Hrsg.), Umwandlungsgesetz: Kommentar, 2. Aufl. 2001, Köln (zit. Kallmeyer/*Bearb.*, UmwG)

Kamga Wafo, Guy Léopold, Die Finanzverfassung der Genossenschaft: ein deutsch - französischer Vergleich, 1999, Konstanz (zit. *Kamga Wafo*, Finanzverfassung Genossenschaft, 1999)

Köhler, Claudio, Nebenabreden im GmbH- und Aktienrecht – Zulässigkeit und Wirkung, 1992, Frankfurt/M. (zit. *Köhler*, Nebenabreden, 1992)

Kölner Kommentar zum Aktiengesetz, Wolfgang Zöllner (Hrsg.), 2. Aufl. 1985 ff., 1. Aufl. 1970 ff., Köln (zit. Kölner Kommentar AktG/*Bearb.*, § Rz. bzw. Kölner Kommentar AktG[1]/*Bearb.*)

Kölner Kommentar zum Wertpapiererwerbs- und Übernahmegesetz, Heribert Hirte/Christoph von Bülow (Hrsg.), 2003, Köln (zit. Kölner Kommentar WpÜG/*Bearb.*)

König, Wolfgang, Der satzungsergänzende Nebenvertrag, 1996, Baden-Baden (zit. *König*, Nebenvertrag, 1996)

Krause, Hartmut, Prophylaxe gegen feindliche Übernahmeangebote, AG 2002, 133-144

Kulenkampff, Hans-Heinrich, Die Nebenleistungs-Aktiengesellschaft, 1927, Universität Kiel Dissertation (zit. *Kulenkampff*, Nebenleistungs- AG, Kiel Univ. Diss. 1927)

Kulms, Rainer, Schuldrechtliche Organisationsverträge in der Unternehmenskooperation, 2000, Baden-Baden (zit. *Kulms*, Schuldrechtliche Organisationsverträge, 2000)

Lamb, Jochen, Die Vorfinanzierung von Kapitalerhöhungen durch Voreinzahlungen auf eine künftige Einlageverpflichtung, 1991, Frankfurt/M. (zit. *Lamb*, „Vorfinanzierung" von Kapitalerhöhungen, 1991*)*

Larenz, Karl/Canaris, Claus-Wilhelm, Methodenlehre der Rechtswissenschaft, 3. Aufl. 1995, Berlin (zit. *Larenz/Canaris*, Methodenlehre)

Lenk, Friedrich, Abstimmungsverpflichtungen bei der Aktiengesellschaft und der GmbH, 1935, Universität Heidelberg Dissertation (zit. *Lenk*, Abstimmungsverpflichtungen, Heidelberg Univ. Diss. 1935)

Liebmann, Jakob/Saenger, August, Kommentar zum Gesetz betreffend die Gesellschaften mit beschränkter Haftung. Nebst Mustern für Gesellschaftsverträge, für Anmeldungen und Gesellschafterbeschlüsse und dem österreichischen Gesetz über die Gesellschaften mit beschränkter Haftung, 7. Aufl. 1927, Berlin (zit. *Liebmann/Saenger*, GmbHG)

Liebscher, Thomas, Die Zurechnungstatbestände des WpHG und WpÜG, ZIP 2002, 1005-1017

Limbach, Jutta, Theorie und Wirklichkeit der GmbH, 1966, Berlin (zit. *Limbach*, Theorie und Wirklichkeit GmbH, 1966)

Lübbert, Hartmut, Abstimmungsvereinbarungen in den Aktien- und GmbH Rechten der EWG Staaten, der Schweiz und Großbritanniens, 1971, Baden-Baden (zit. *Lübbert*, Abstimmungsvereinbarungen, 1971)

Lutter, Marcus, Bezugsrechtsausschluss und genehmigtes Kapital, BB 1981, 861-864

Lutter, Marcus, Bilanzierung, Reservenbildung und Ausschüttung in der GmbH, DB 1978, 1965-1970

Lutter, Marcus, Der Letter of Intent, 3. Aufl. 1998, Köln (zit. *Lutter*, Letter of Intent)

Lutter, Marcus, Die Eintragung anfechtbarer Hauptversammlungsbeschlüsse im Handelsregister, NJW 1969, 1873-1879

Lutter, Marcus, Gescheiterte Kapitalerhöhungen, FS Schilling, Robert Fischer/Wolfgang Hefermehl, 1973, Berlin, 207-233

Lutter, Marcus, Kapital, Sicherung der Kapitalaufbringung und Kapitalerhaltung in den Aktien- und GmbH Rechten der EWG: Eine Untersuchung zur Ausfüllung des Artikel 54 Absatz 3 lit. g des Vertrages über die Errichtung der Europäischen Währungsgemeinschaft, 1964, Karlsruhe (zit. *Lutter*, Kapital, 1964)

Lutter, Marcus/Grunewald, Barbara, Zur Umgehung von Vinkulierungsklauseln in Satzungen von Aktiengesellschaften und Gesellschaften mbH, AG 1989, 109-117

Lutter, Marcus/Hommelhoff, Peter, GmbH-Gesetz: Kommentar, 16. Aufl. 2004, Köln (zit. *Lutter/Hommelhoff*, GmbHG)

Lutter, Marcus/Leinekugel, Rolf, Kompetenzen von Hauptversammlung und Gesellschafterversammlung beim Verkauf von Unternehmensteilen, ZIP 1998, 225-232

Mackenrodt, Heinrich, Inwieweit können von den Gesellschaftern oder Gründern einer GmbH außerhalb des Gesellschaftsvertrages wirksam nebenvertragliche Abreden getroffen werden?, 1953, Universität Freiburg Dissertation (zit. *Mackenrodt*, Nebenvertragliche Abreden GmbH, Freiburg Univ. Diss. 1953)

Martens, Klaus-Peter, Stand und Entwicklung der Stock-Options, FS Ulmer, Mathias Habersack/Peter Hommelhoff/Karsten Schmidt/Wolfgang Zöllner (Hrsg.), 2003, Berlin, 399-418

Martinek, Michael, Moderne Vertragstypen. Band I: Leasing und Factoring, 1991, München (zit. *Martinek*, Moderne Vertragtypen I)

May, Peter, Die Sicherung des Familieneinflusses auf die Führung der börsengehandelten AG, 1992, Köln (zit. *May*, Sicherung des Familieneinflusses in AG, 1992)

Mertens, Hans-Joachim, Satzungs- und Organisationsautonomie im Aktien- und konzernrecht, ZGR 1994, 426-441

Mertens, Hans-Joachim, Sozialakt und Vertretung. Anmerkung zu OLG Frankfurt/M. BB 1981, 1360, AG 1981, 216-218

Michalski, Lutz (Hrsg.), Kommentar zum Gesetz betreffend die Gesellschaften mit beschränkter Haftung, Bd. I: Systematische Darstellungen, §§ 1-34, Bd. II: §§ 35-86, 2002, München (zit. Michalski/*Bearb.*, GmbHG)

Müller, Hans-Peter, Differenzierte Anforderungen für die Leistung von Sacheinlagen in das Eigenkapital von Kapitalgesellschaften, FS Heinsius, Friedrich Kübler/Hans-Joachim Mertens/Winfried Werner (Hrsg.), 1991, Berlin, 591-609

Münchener Handbuch des Gesellschaftsrechts, Bd. III, Gesellschaft mit beschränkter Haftung, Hans-Joachim Priester/Dieter Mayer (Hrsg.), 2. Aufl. 2003; Bd. IV, Aktiengesellschaft, Michael Hoffmann-Becking Hrsg.), 2. Aufl. 1999, München (zit. MünchHdbGesR III bzw. IV/ *Bearb.*)

Münchener Kommentar zum Aktiengesetz, Bruno Kropff/Johannes Semler (Hrsg.), Bd. 1 §§ 1-53, Bd. 2 §§ 53 a-75, 2. Aufl. 2000 ff., München (MünchKommAktG/*Bearb.)*

Münchener Kommentar zum Bürgerlichen Gesetzbuch, Bd. 1 §§ 1-240, AGB-Gesetz 4. Aufl. 2001, Band 5 §§ 705-853, PartGG, ProdHaftG 4. Aufl. 2004, Kurt Rebmann, Franz Jürgen Säcker, Roland Rixecker (Hrsg.), München (zit. MünchKommBGB/*Bearb.*)

Münchener Vertragshandbuch, Bd. 1 Gesellschaftsrecht, Martin Heidenhain/Burkhardt W. Meister (Hrsg.), 5. Aufl. 2000, Bd. 4/III Wirtschaftsrecht, Rolf A. Schütze (Hrsg.), 5. Aufl. 2002, München (zit. MünchVertragshdb/ *Bearb.*, Bd.)

Neukamp, Ernst (Begr.), Das Reichsgesetz betreffend die Gesellschaften mit beschränkter Haftung, 5.-7. Aufl. 1922, 1. Aufl. 1893, Berlin (zit. *Neukamp/Becker*, Reichsgesetz betreffend die GmbH$^{5-7}$, *Neukamp*, Reichsgesetz betreffend die GmbH^{1})

Noack, Ulrich, Anmerkung zu BGH WM 1993, 641, DZWir 1993, 247-248

Noack, Ulrich, Gesellschaftervereinbarungen bei Kapitalgesellschaften, 1994, Tübingen (zit. *Noack*, Gesellschaftervereinbarungen, 1994)

o. V., Aktionäre bremsen Gehaltsexzesse, FAZ v. 21.05.2003, Nr. 117, S. 11

o. V., Carlyle steht vor Kauf von Fiat Avio. Absichtserklärung unterzeichnet, Chancen auf Fusion mit MTU, FAZ v. 08.04.2003, Nr. 83, S. 21

o. V., Daimler/Dasa. Der Kelch-Vertrag, manager-magazin Nr. 10/1990, S. 8-10

o. V., Der Kampf um die Continental AG, Das Wertpapier, Nr. 8/1991, S. 440-443

o. V., Risikokapital wird vor allem für Gründer immer knapper, FAZ v. 07.02.2003, Nr. 32, S. 27

Otto, Hans-Jochen, Gebundene Aktien: Vertragliche Beschränkung der Ausübung und Übertragbarkeit von Mitgliedschaftsrechten zugunsten der AG, AG 1991, 369-380

Overrath, Hans-Peter, Die Stimmrechtsbindung, 1973, Köln (zit. *Overrath*, Stimmrechtsbindung, 1973)

Palandt, Otto (Begr.), Bürgerliches Gesetzbuch, 64. Aufl. 2005, München (zit. Palandt/*Bearb.*)

Perridon, Louis/Steiner, Manfred, Finanzwirtschaft der Unternehmung, 13. Aufl. 2004, München (zit. *Perridon/Steiner*, Finanzwirtschaft)

Piehler, Klaus, Beteiligung leitender Mitarbeiter an einer GmbH, in: Notar und Rechtsgestaltung, „Rheinische Notarkammer und Verein für das rheinische Notariat e. V.“ (Hrsg.), 1998, Köln, 321-334

Pötzsch, Thorsten/Möller, Andreas, Das künftige Übernahmerecht – Der Diskussionsentwurf des Bundesministeriums der Finanzen zu einem Gesetz zur Regelung von Unternehmensübernahmen und der Gemeinsame Standpunkt des Rates zur europäischen Übernahmerichtlinie, WM 2000 Sonderbeilage 2, 1-38

Priester, Hans-Joachim, Drittbindung des Stimmrechts und Satzungsautonomie, FS Werner, Walther Hadding/Ulrich Immenga/Hans-Joachim Mertens/Uwe H. Schneider (Hrsg.), 1984, Berlin, 657-679

Priester, Hans-Joachim, Kapitalaufbringung bei mittelbarem Bezugsrecht, FS Brandner, Gerd Pfeiffer/Joachim Kummer/Silke Scheuch (Hrsg.), 1996, Köln, 97-112

Priester, Hans-Joachim, Kapitalaufbringungspflicht und Gestaltungsspielräume beim Agio, FS Lutter, Uwe H. Schneider/Peter Hommelhoff/Karsten Schmidt/Wolfram Timm/Barbara Grunewald (Hrsg.), 2000, Köln, 617-635

Priester, Hans-Joachim, Körperschaftssteuerreform und Gewinnverwendung, ZGR 1977, 445-481

Priester, Hans-Joachim, Nichtkorporative Satzungsbestimmungen bei Kapitalgesellschaften, DB 1979, 681-687

Priester, Hans-Joachim, Rechtskontrolle und Registerpublizität als Schranken satzungsgleicher Gesellschaftervereinbarungen bei der GmbH, FS Claussen,

Klaus-Peter Martens/Harm Peter Westermann/Wolfgang Zöllner (Hrsg.), 1997, Köln, 319-335

Raiser, Thomas, Recht der Kapitalgesellschaften, 3. Aufl. 2001, München (zit. *Raiser*, KapGesR)

Rayermann, Marcus, Der internationale Konsortialvertrag: rechtliche Einordnung und Vertragsgestaltung in der Bundesrepublik Deutschland und den USA, 2002, Köln (zit. *Rayermann*, Internationaler Konsortialvertrag, 2002)

Reimann, Wolfgang, Anmerkung zu BGH WM 1993, 641, EWiR § 2 GmbHG 1/93, 455-456

Riegen, Arend von, Gesellschafterschutz bei Ausgliederungen durch Einzelrechtsnachfolge,1999, Köln (zit. *Riegen*, Gesellschafterschutz, 1999)

Ringleb, Henrik-Michael/Kremer, Thomas/Lutter, Marcus/Werder, Axel v. (Hrsg.), Kommentar zum Deutschen Corporate Governance Kodex. Kodex-Kommentar, 2003, München (zit. Ringleb u. a./*Bearb.*, Kodex-Kommentar)

Ripka, Bernd, Poolverträge und die neueren Entwicklungen des Gesellschaftsrechts, 2000, Herdecke (zit. *Ripka*, Poolverträge, 2000)

Rohrer, Andreas, Die Nebenleistungspflichten des GmbH-Gesellschafters, 1991, Freiburg (zit. *Rohrer*, Nebenleistungspflichten, 1991)

Rossig, Kai, Gesellschafterabsprachen bei GmbH und Close Corporation, 2003, Berlin (zit. *Rossig*, Gesellschafterabspachen bei GmbH und Close Corporation, 2003)

Roth, Günter H./Altmeppen, Holger, Gesetz betreffend die Gesellschaften mit beschränkter Haftung (GmbHG), 4. Aufl. 2003, München (zit. Roth/Altmeppen/*Bearb.*, GmbHG)

Roth, Markus/Schoneweg, Hans, Emission selbständiger Aktienoptionen durch die Gesellschaft – Zur aktienrechtlichen Zulässigkeit der Begebung sogenannter naked warrants, WM 2002, 677-683

Rowedder, Heinz (Begr.)/*Schmidt-Leithoff, Christian* (Hrsg.), Gesetz betreffend die Gesellschaften mit beschränkter Haftung: Kommentar, 4. Aufl. 2002, München (zit. Rowedder/*Bearb.*, GmbHG)

Schaefer, Franz W./Eichner, Christian, Abwehrmöglichkeiten des Vorstands von börsennotierten Aktiengesellschaften bei feindlichen Übernahmeversuchen – ein Rechtsvergleich zwischen Deutschland und den USA, NZG 2003, 150-155

Schäfer, Helge/Stephan, Marie-Luise, Venture-Capital-Verträge, 2003, Köln (*Schäfer/Stephan*, VC Verträge, 2003)

Scherf, Nina, Die Nachschußpflicht im Gesellschaftsrecht: eine rechtsformübergreifende Bestandsaufnahme, Analyse und Kritik, 2002, Frankfurt/M. (zit. *Scherf*, Nachschußpflicht, 2002)

Schippel, Helmut, Die Leistung der Bareinlage bei der Erhöhung des Kapitals von Aktiengesellschaften, FS Steindorff, Jürgen F. Baur/Klaus J. Hopt/K. Peter Mailänder (Hrsg.), 1990, Berlin, 249-255

Schlegelberger, Franz/Quassowski, Leo, Aktiengesetz. Gesetz über Aktiengesellschaften und Kommanditgesellschaften auf Aktien vom 30.01.1937, 3. Aufl. 1939, Berlin (zit. *Schlegelberger/Quassowski*, AktG 1937)

Schlitt, Michael/Löschner, Ramin, Abgetrennte Optionsrechte und Naked Warrants, BKR 2002, 150-157

Schlitt, Michael/Seiler, Oliver/Singhof, Bernd, Aktuelle Rechtsfragen und Gestaltungsmöglichkeiten im Zusammenhang mit Wandelschuldverschreibungen, AG 2003, 254-268

Schmidt, Karsten, Gesellschaftsrecht, 4. Aufl. 2002, Köln (zit. *Schmidt*, Gesellschaftsrecht)

Schmidt, Karsten, Sanierende Kapitalerhöhung, ZGR 1982, 519-538

Schneider, Uwe H., Die Zielgesellschaft nach Abgabe eines Übernahme- oder Pflichtangebots, AG 2002, 125-133

Scholz, Franz (Begr.), Kommentar zum GmbH-Gesetz, 9. Aufl. 2000 ff., Köln (zit. Scholz/*Bearb.*, GmbHG)

Schorling, Peter/Vogel, Frank, Schuldrechtliche Finanzierungsvereinbarungen neben Kapitalerhöhungsbeschluss und Zeichnung. Zugleich Besprechung des Beschlusses des BayObLG vom 27.2.2002 - 3 Z BR 35/02, AG 2003, 86-91

Schubert, Werner/Hommelhoff, Peter, Hundert Jahre modernes Aktienrecht. Eine Sammlung von Texten und Quellen zur Aktienrechtsreform 1884 mit zwei Einführungen, ZGR Sonderheft Nr. 4, 1985

Schubert, Werner/Schmiedel, Burkhard/Krampe, Christoph (Hrsg.), Quellen zum Handelsgesetzbuch von 1897, Bd. II/1 1987, Frankfurt/M. (zit. *Schubert u. a.*, HGB 1897, Bd. II 1)

Seibt, Christoph H., Deutscher Corporate Governance Kodex und Entsprechens-Erklärung (§ 161 AktG-E), AG 2002, 249-259

Semler, Johannes, Vorfinanzierung zukünftigen Aktienkapitals durch stille Gesellschaften, FS Werner, Walther Hadding/Ulrich Immenga/Hans-Joachim Mertens/Uwe H. Schneider (Hrsg.), 1984, Berlin, 855-875

Semrau, Susanne, Die Dritteinflussnahme auf die Geschäftsführung von GmbH und Personengesellschaften, 2001, Köln (zit. *Semrau*, Dritteinflussnahme, 2001)

Sieger, Jürgen/Schulte, Norbert, Vereinbarungen über Satzungsänderungen, GmbHR 2002, 1050-1054

Soergel, Hans Theodor (Begr.), Bürgerliches Gesetzbuch, Allgemeiner Teil 2 §§ 104-240, 13. Aufl. 1999 (zit. Soergel/*Bearb.*, BGB)

Staudinger, Julius von, Kommentar zum Bürgerlichen Gesetzbuch, Buch 2, Recht der Schuldverhältnisse, §§ 705-740, 13. Bearbeitung 2003, Berlin (Staudinger/*Bearb.*, BGB)

Sudmeyer, Jan, Mitteilungs- und Veröffentlichungspflichten nach §§ 21, 22 WpHG, BB 2002, 685-692

Technau, Konstantin, Rechtsfragen bei der Gestaltung von Übernahmeverträgen („Underwriting Agreements") im Zusammenhang mit Aktienemissionen, AG 1998, 445-459

Teichmann, Arndt, Gestaltungsfreiheit in Gesellschaftsverträgen, 1970, München (zit. *Teichmann*, Gestaltungsfreiheit, 1970)

Teichmann, Christoph, Vorschläge für das deutsche Ausführungsgesetz zur Europäischen Aktiengesellschaft, ZIP 2002, 1109-1116

Ulmer, Peter, Begründung von Rechten Dritter in der Satzung der GmbH, FS Werner, Walther Hadding/Ulrich Immenga/Hans-Joachim Mertens/Uwe H. Schneider (Hrsg.), 1984, Berlin, 911-931

Ulmer, Peter, Der Deutsche Corporate Governance Kodex – ein neues Regulierungsinstrument für börsennotierte Aktiengesellschaften, ZHR 166 (2002), 150-181

Ulmer, Peter, Nochmals: Begründung von Rechten für Dritte in der Satzung einer GmbH?, FS Wiedemann, Rolf Wank/Heribert Hirte/Kaspar Frey/Holger Fleischer/Gregor Thüsing (Hrsg.), 2002, München, 1297-1322

Ulmer, Peter, Verletzung schuldrechtlicher Nebenabreden als Anfechtungsgrund im GmbH-Recht, NJW 1987, 1849-1855

Venrooy, Gerd J. van, Voraussetzungen und Verwendbarkeit genehmigten Kapitals, AG 1981, 205-210

Wagner, Oliver, Standstill agreements bei feindlichen Übernahmen nach US-amerikanischem und deutschem Recht, 2000, Frankfurt/M. (zit. *Wagner*, Standstill Agreements, 2000)

Weber, Christoph, Privatautonomie und Außeneinfluß im Gesellschaftsrecht, 2000, Tübingen (zit. *Weber, Ch.*, Privatautonomie, 2000)

Weber, Werner, Der side letter zum GmbH Vertrag als Grundlage und Grenze von Gesellschafterbeschlüssen, 1996, Aachen (zit. *Weber, W.*, Side letter, 1996)

Weitnauer, Wolfgang, Der Beteiligungsvertrag, NZG 2001, 1065-1073

Westermann, Harm Peter, Das Verhältnis von Satzung und Nebenordnungen in Kapitalgesellschaften, Festvortrag zum Gedenken von Max Hachenburg vom 27. Mai 1994, Heidelberger Forum Bd. 90, 1994, Heidelberg, 25-57

Wiedemann, Herbert, Ausgabekurs und Bezugskurs beim mittelbaren Bezugsrecht, WM 1979, 990-993

Wiedemann, Herbert, Kapitalerhöhung in der Publikums-KG, ZGR 1977, 690-697

Wilhelmi, Carl-Heinz, Der Notar in der Hauptversammlung der Aktiengesellschaft, 1987, BB 1987, 1331-1338

Winter, Heinz, Übersicht über die Ergebnisse der Umfrage zur rechtstatsächlichen Struktur der GmbH, GmbHR 1969, 145-149 (Teil II)

Winter, Martin, Mitgliedschaftliche Treubindungen im GmbH-Recht, 1988, München, (zit. *Winter*, Treubindungen GmbH, 1988)

Winter, Martin, Organisationsrechtliche Sanktionen bei Verletzung schuldrechtlicher Gesellschaftervereinbarungen, 1990, ZHR 154 (1990), 259-283

Winter, Martin, Satzung und schuldrechtliche Gesellschaftervereinbarungen: Die Sicht der Praxis, RWS-Forum 8 Gesellschaftsrecht 1995, Hartwig Henze/Wolfram Timm/Harm Peter Westermann (Hrsg.), 1996, Köln, 131-139

Winter, Martin/Harbarth, Stephan, Verhaltenspflichten von Vorstand und Aufsichtsrat der Zielgesellschaft bei feindlichen Übernahmeangeboten nach dem WpÜG, ZIP 2002, 1-18

Witteler, Hermann, Wandeldarlehen bei der GmbH, Universität Heidelberg Dissertation, 1966 (zit. *Witteler*, Wandeldarlehen GmbH, Heidelberg Univ. Diss. 1966)

Wöhe, Günter/Bilstein, Jürgen, Grundzüge der Unternehmensfinanzierung, 9. Aufl. 2002, München (zit. *Wöhe/Bilstein*, Unternehmensfinanzierung)

Würdinger, Hans, Aktienrecht und das Recht der verbundenen Unternehmen, 4. Aufl. 1981, Heidelberg (zit. *Würdinger*, Aktienrecht)

Zetzsche, Dirk, Sicherung der Interessen von (Wagnis-) Kapitalgebern, NZG 2002, 942-948

Zöllner, Wolfgang, Die Zulässigkeit von Mehrheitsregelungen in Konsortialverträgen, FS Ulmer, Mathias Habersack/Peter Hommelhoff/Karsten Schmidt/ Wolfgang Zöllner (Hrsg.), 2003, Berlin, 725-754

Zöllner, Wolfgang, Wechselwirkungen zwischen Satzung und Gesellschaftervereinbarung, RWS-Forum 8 Gesellschaftsrecht 1995, Hartwig Henze/Wolfram Timm/Harm Peter Westermann (Hrsg.), 1996, Köln, 89-111

Zöllner, Wolfgang, Zu Schranken und Wirkungen von Stimmbindungsverträgen, insbesondere bei der GmbH, ZHR 155 (1991), 168-189

Zutt, Jürg, Einstweiliger Rechtsschutz bei Stimmbindungen, ZHR 155 (1991), 190-208

Zutt, Jürg, Stimmbindungen gegenüber Dritten – Ergebnisse einer Umfrage, ZHR 155 (1991), 213-215

Peter Lang · Europäischer Verlag der Wissenschaften

Patricia Milch

Schuldrechtliche Absprachen in der GmbH

Zur Reichweite des Trennungsprinzips

Frankfurt am Main, Berlin, Bern, Bruxelles, New York, Oxford, Wien, 2004. 183 S.
Europäische Hochschulschriften: Reihe 2, Rechtswissenschaft. Bd. 3911
ISBN 3-631-52456-0 · br. € 39.–*

In der Praxis häufig anzutreffen sind schuldrechtliche Absprachen unter GmbH-Gesellschaftern in Bezug auf die Gesellschaft. Diese Arbeit untersucht deren Zulässigkeit und Verhältnis zum Gesellschaftsstatut. Im Zentrum steht die Frage nach der Reichweite des Trennungsprinzips, wonach die Sphäre der Gesellschafter und die Sphäre der Gesellschaft zu unterscheiden sind. Es werden Möglichkeiten und Grenzen der schuldrechtlichen Gestaltung dargestellt. Dabei wird zwischen Abreden in Bezug auf die Organisation der Gesellschaft einerseits und in Bezug auf den Geschäftsanteil oder einzelne Mitgliedschaftsrechte andererseits unterschieden. Für die praktische Behandlung von Gesellschaftervereinbarungen werden Fallgruppen gebildet und Auslegungskriterien erarbeitet.

Aus dem Inhalt: Nebenabreden in Bezug auf die Organisation der Gesellschaft · Absage an das Trennungsprinzip? · Vertragsfreiheit und Trennungsprinzip · Gleichsetzung von Nebenabrede und Beschluss · Konzept einer einheitlichen Grundordnung · Ausgestaltung der Treuepflicht durch Nebenabreden · Auslegung der Satzung anhand von Nebenabreden · Umdeutung formnichtiger Beschlüsse · Vorschläge zur Erreichung korporativer Wirkung von Nebenabreden · Umgehende Absprachen – Fallgruppen

Frankfurt am Main · Berlin · Bern · Bruxelles · New York · Oxford · Wien
Auslieferung: Verlag Peter Lang AG
Moosstr. 1, CH-2542 Pieterlen
Telefax 00 41 (0) 32 / 376 17 27

*inklusive der in Deutschland gültigen Mehrwertsteuer
Preisänderungen vorbehalten

Homepage http://www.peterlang.de

FSC
www.fsc.org
MIX
Papier | Fördert gute Waldnutzung
FSC® C083411

Kolibri 360 GmbH
Ferdinand-Jühlke-Straße 7
99095 Erfurt, Deutschland
produktsicherheit@kolibri360.de

Druck:
CPI Druckdienstleistungen GmbH
im Auftrag der
Kolibri 360 GmbH
Ferdinand-Jühlke-Str. 7
99095 Erfurt